Der Hinduismus – die älteste und zugleich rätselhafteste Weltreligion. Die Glaubensinhalte, die Philosophien vom Tantra bis zum Yoga, der überragende Einfluß auf den Buddhismus. Mit einer Fülle von Bildmaterial. Dargestellt von dem weltberühmten Historiker Otto Zierer.

GROSSE WELTRELIGIONEN

Hinduismus

GROSSE WELTRELIGIONEN

OTTO ZIERER

Hinduismus

KIESEL VERLAG

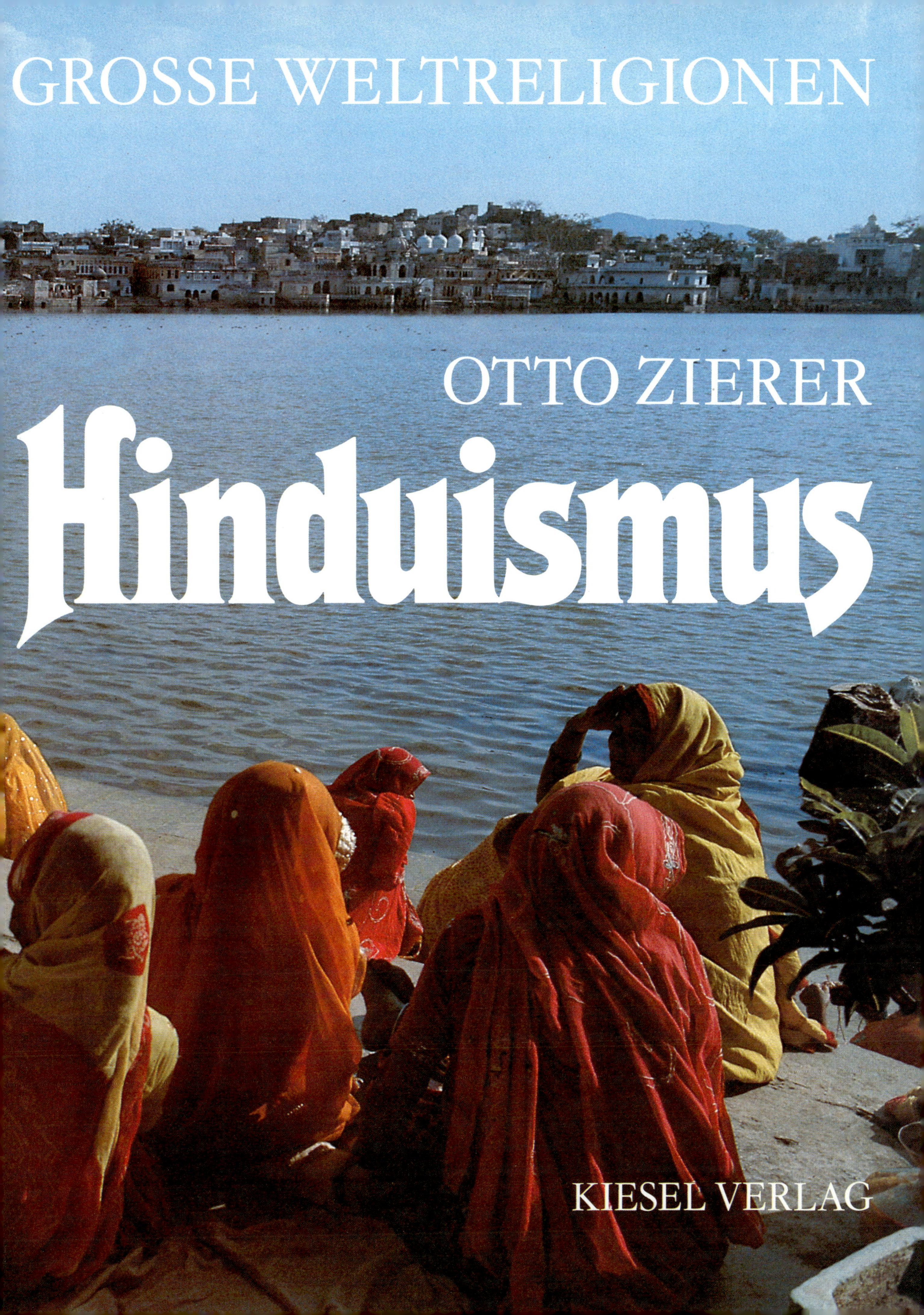

Inhalt

Die Ursprünge des Hinduismus

Der Hinduismus ist wohl die älteste der großen Religionen, über die wir ausreichende Quellen und Nachweise eines sehr frühen Ursprungs besitzen. Denn die »Veden« – was im »Altlatein« Indiens soviel wie »Wissen« bedeutet – gehen in ihren Anfängen vermutlich auf mehrere Jahrtausende v. Chr., sicherlich aber auf 1300 Jahre vor unserer Zeitrechnung zurück. Der Hinduismus ist somit älter als die Ursprünge des Judentums, wenn man dessen Ausbildung als erste monotheistische Hochreligion nicht auf Abraham – also 2100 Jahre v. Chr. –, sondern auf die mosaische Gesetzgebung am Sinai zurückführt, die ja erst um 1230 v. Chr. stattgefunden hat.

Man kann deutlich zwei Grundströmungen innerhalb des Hinduismus unterscheiden, die bis zum heutigen Tage immer wieder in neuen Aspekten hervortreten. Auf der einen Seite gibt es eine unpersönliche Mystik, die auf das »Göttlich-Eine« – wie es der indische Philosoph Radhakrishnan ausdrückt – zielt und an sich beinahe atheistisch ausgerichtet ist. Auf der anderen Seite findet man jene Hauptform, die sich um die Heilsgottheiten Vishnu oder Rudra-Shiva gruppiert; hier ist ein endloser Götterhimmel erbaut, in dem sich der Gläubige nach freier Wahl und inniger Liebeshingabe irgendeiner Personifizierung oder Gestalt der Gottheit zuwendet. Nach hinduistischen Auffassungen besteht zwischen beiden Grundtendenzen kein Widerspruch, da es sich immer nur um verschiedene Facetten ein und desselben Kristalls des Weltengeistes handelt.

Hinduismus ist eine Geisteswelt, die in sich viele Religionen, Philosophien und Denkformen enthält, so wie der Dschungel zahllose Formen von Blüten, Bäumen, Tieren und Lebensspiegelungen umfaßt und doch insgesamt Dschungel bleibt.

»Religion« bedeutete den alten Indern und später ihren Nachfahren etwas anderes als nur die »religio«, gleich »Bindung« an das Ewige und Göttliche, wie etwa Griechen, Römer oder Germanen sie auffaßten, sie definierten Religion (so wie es Jan Gonda in seinem Werk *Die Religionen Indiens – I Veda und älterer Hinduismus*, S. 15, ausdrückt): »Sorge für Heil und Wohlsein im weitesten Sinne, in dieser Welt und im Jenseits, (Religion ist) also eine entschieden praktische Angelegenheit. Diese ›Religion‹ ist jedoch mit allen möglichen Anschauungen über Leben und Welt und in der Praxis mit vielem, was wir Magie nennen würden, unlösbar verbunden.«

Die Frage stellt sich, ob der Hinduismus berechtigt ist, in der Reihe der »Weltreligionen« zu stehen.

Sicherlich unterscheidet sich der Hinduismus in mehreren

Indien hat viele Gesichter. Unter dem geistigen Dach des Hinduismus leben die unterschiedlichsten Rassen. Links: Indiens Ureinwohner, die Dravida, Südindien. Rechts: Spätere Eroberer, arischer Einfluß, Nordindien.

Oben: Der indisch-arisch geprägte Typ, Nepal.
Mitte: Arier oder Dravida? Oft ist dem Betrachter, wie bei diesem südindischen Spielmann, ein eindeutiges Urteil nicht möglich.
Unten: Arisch geprägte Frauen, Nordindien.

Punkten ganz wesentlich hinsichtlich seiner Gewichtigkeit von Judentum, Christentum, Islam und Buddhismus. Die ersten drei sind monotheistische Hochreligionen. Beim Ur-Buddhismus kommt allerdings schon etwas anderes hinzu: Er ist in Indien entstanden, läßt ein sehr wesentliches Element der Religion – nämlich die Voraussetzung eines persönlichen und allumfassenden Gottes – vermissen und bezieht erst in seinen späteren historischen Verwandlungen Ewigkeit, Weltengeist und Göttlichkeit ein. Dennoch hat der Buddhismus wie Judentum, Christentum und Islam durch seine weltweite Wirkung und Verbreitung, durch seine Denkanstöße und Prämissen das religiöse Leben der Menschheit ganz wesentlich beeinflußt, während der Hinduismus fast nur auf Indien und die ihm rassisch verwandten Nachbarstaaten eingewirkt hat. Erst in allerjüngster Zeit hat der Hinduismus durch Missionierung, Indienschwärmerei und Mystagogie eine gewisse Breitenwirkung für die Welt erlangt.
Im Jahre 1931 zählte man unter rund 350 Millionen Indern etwa 240 Millionen Hindus, 1978 waren es unter etwa 500 Millionen Indern 350 Millionen, die sich zu hinduistischen Religionsformen bekannten. Zählt man dazu die hinduistischen Einwirkungen, die nach Ceylon, Burma, Thailand, Laos, Vietnam bis Indonesien ausgreifen, so zeigt sich eben doch eine Vielzahl von Menschen dem Hinduismus verknüpft, ganz zu schweigen von den philosophischen Ausstrahlungen und dem hinduistischen Sektierertum, die heute bis Europa und Amerika ausufern.
In solchem Sinne darf man auch den Hinduismus, wenn schon nicht zu den weltbewegenden, so doch zu den weltbekannten Religionssystemen rechnen.
Indien war immer schon ein Kessel der Rassen, Völker und des tropisch wuchernden Denkens. Es entfaltete in grauer Vorzeit zahllose Naturreligionen und ließ sich mit jeder Erobererwelle von neuen Religionen durchdringen: Die Arier brachten die Veden ins Land, der Islam schuf die Mogulreiche, die Europäer missionierten mit dem Christentum und die Perser drangen mit ihrem Parsiglauben ins Land. All diese Beleuchtungen fielen über einen Subkontinent voller fruchtbarer Stromtäler, dschungelbedeckten Berglandes, auf kleine Paradiese und große Steppen und Wüsten – in einen von Menschenfülle, Fruchtbarkeit, Armut und Gegensätzen überquellenden Erdteil, den die Natur von der übrigen Welt beinahe abgetrennt hat. Vom Meer umgeben, im Norden durch hohe Gebirge verschlossen und nur durch einige wenige Paßstraßen erreichbar, war dieses riesige Land dennoch immer wieder das Ziel von Eroberern und Einwanderern, die vom Märchenland des Goldes, der Edelsteine, des überschäumenden Füllhornes der Natur

Für den Hindu selbstverständlich, für den Europäer ein Rätsel: die Verehrung des Heiligen Stieres Nandi (oben: Statue bei Maisur), Symbol der Zeugungskraft und Reittier Shivas. Unten: Die Kühe, die zu Tausenden Indiens Straßen bevölkern, gelten als Symbol der Urmutter und dürfen nicht getötet werden.

und der zauberischen Rätsel gehört hatten. Älteste Kulturbereiche der Menschheit waren schon in den Anfangszeiten der Geschichte, im 2. und sogar im 3. Jahrtausend vor unserer Zeitrechnung im Industal – um Mohendscho Daro, Taxila und Harappa – entstanden.
Karawanenwege führten in frühesten Tagen über die Pässe des Nordwestens nach Afghanistan, Persien und zum Vorderen Orient. Man hat Spuren der Induskultur in Ur und Babylon gefunden; Seeverbindungen von der Indusmündung nach Ceylon, Arabien, Somaliland, ja bis Südafrika haben bestanden: in Simbabwe (Südrhodesien) fand man indische Münzen und Stahlhämmer aus uralter Zeit.
Die Seefahrer nannten sich »Gentu«; Perser und Afghanen haben den großen Strom, an dem die Kulturplätze Mohendscho Daro, Taxila oder Harappa lagen, »Sindhu« genannt. Diesen Namen haben die Satrapen des Darius und nachmals die griechisch-makedonischen Eroberer unter Alexander dem Großen in »Indus« übersetzt und die Menschen des Landes »Hindu« oder »Inder« genannt. Aber erst die britischen Kolonialherren seit dem 18. Jahrhundert haben diesen Namen auf alle Bereiche des Subkontinents ausgedehnt.
In Indien selbst gab man den Namen »Hindu« jedoch nur jenen Angehörigen der verschiedenen Rassen, Völker und Stämme, die weder Buddhisten noch Christen, Parsi oder Moslems, sondern religiöse Abkömmlinge der Veden-Religion und Anhänger der Brahmanen waren. Diese »Hindus« bildeten von jeher die große Mehrheit des Völkergemisches.
Der Hinduismus ist – im Gegensatz zum Buddhismus, jener zweiten Religionsschöpfung Indiens, die mehr eine Religion der geistigen Elite und des Mönchstums darstellt – eine ausgesprochene Volksreligion, daher sind seine Entstehung, Fortentwicklung und auswuchernde Erscheinungsformen unauflöslich mit dem Charakter und der Geschichte jenes indischen Völkergemisches verbunden.
Die vorgeschichtliche steinzeitliche Entwicklung des Menschen hatte nicht nur im Orient, in Alteuropa oder in China stattgefunden, sondern – wie Funde an der indischen Ostküste, in Bihar und im Industal mit Graburnen, Steinwerkzeugen oder sogar Kyklopenmauern gleich Mykenä beweisen – auch den indischen Subkontinent erfaßt. Deutlicher wird für die Archäologen das Dasein einer höheren, schon bronzezeitlichen Kultur erst in den Ausgrabungen von Mohendschu Daro und Harappa im Industal. Diese »Induskultur«, deren Höhepunkt etwa zwischen 3250–2750 v. Chr. festgelegt werden kann, hat zwar keine schriftlichen Aufzeichnungen, sehr wohl aber zahlreiche Spuren und Ruinen hinterlassen, aus denen auf den Kulturzustand der damaligen

Indiens Landschaften sind voller Kontraste: Tropische Üppigkeit wie im südindischen Kerala . . .

indischen Urbevölkerung geschlossen werden kann. George Dunbar schreibt in seiner *Geschichte Indiens* über diese frühen Stätten: »In Alt-Ägypten und Mesopotamien wurde (zur gleichen Zeit) Geld und Arbeit auf prachtvolle Tempel, Paläste und Gräber verschwendet, während die Masse der Bevölkerung in Lehmhütten hauste. Aber in Mohendschu Daro, das heute mit seinen roten Ziegeltrümmern wie die Ruinen einer Arbeiterstadt in Lancashire wirkt, hat man nur ein einziges öffentliches Gebäude entdeckt: das prachtvolle öffentliche Bad. Sonst sind die schönsten Gebäude zweistöckige Privathäuser gewöhnlicher Bürger. Keine Spuren von Tempeln oder Palästen.«
Trotz dieses Mangels an königlicher oder priesterlicher Pracht der alten Städte und des Induslandes hatten die dort lebenden dunkelhäutigen, kleinwüchsigen und offenbar ziemlich unkriegerischen Menschen eine beachtliche Kulturstufe erreicht, die in vielen Formen des Lebens jener Ägyptens, Mesopotamiens, des frühen Orients und sogar noch des frühgeschichtlichen Griechenlands und Roms überlegen war. Die Häuser besaßen Rohrleitungen für Frischwasser zu Badezimmern und Klosetts, Kanalisation und Kläranlagen, ja sogar Müllschlucker, die in Abfalleimern endeten, was auf eine ständige städtische Müllabfuhr schließen läßt – etwas, das noch in mittelalterlichen europäischen Städten von herumstrolchenden Schweinen besorgt wurde.
Die Handelsbeziehungen Mohendschu Daros, Harappas und Taxilas zur weiten Welt Mesopotamiens, des Orients, ja Ceylons und Ostafrikas sind nachweisbar. In den Städten gab es große Handelshäuser und Magazine; die Bauern des weiten, fruchtbaren Industales bauten Weizen, Gerste und vielerlei Gemüse an, sie züchteten Rindvieh, Schafe, Schweine und Geflügel und wohnten in ansehnlichen Gutshöfen, von denen man mit ochsen-

. . . oder die Kargheit der Steppen und Wüsten wie im nordindischen Rajasthan.

bespannten Zweiräderkarren die Ware auf die Märkte schaffte. Neben Buckelochsen dienten Elefanten, Esel und Kamele – jedoch keine Pferde – der Fortbewegung der Karawanen. In diesem paradiesischen Lande des 4. oder 3. Jahrtausends vor unserer Zeitrechnung gab es bereits Geld in Form geprägter Kupfer- und Silberbarren, lange bevor in Lydien die ersten Münzen geschlagen wurden. Die Juweliere schufen aus Gold, Elfenbein, Silber und Edelsteinen hervorragende Schmuckgegenstände, Künstler gossen hübsche Bronzefigürchen; geschnittene Siegel und Kupfertafeln mit (unentzifferbaren) Bildinschriften beweisen, daß auch eine Art Schrift wohlbekannt war.

Dieses im Grunde mysteriöse Urvolk scheint sich mehr mit den schönen und nützlichen Dingen des Lebens als mit Krieg, Machtstreben und Eroberung befaßt zu haben. Die Frauen webten schöne Gewänder, die Kinder besaßen vielerlei Spielzeug wie Murmeln, Reifen, Tonfigürchen, Puppen und Brettspiele, nur die Krieger waren sehr mangelhaft mit Bogen und Pfeil, Speer, Streitaxt und Dolchen ausgerüstet, sie besaßen weder Schwerter noch Kampfwagen. – Die Religion verehrte, wie das in Urtagen vom Balkan bis Persien üblich war, eine Muttergöttin, die Spenderin aller Fruchtbarkeit. Ein Stierkult mit phallischen Symbolen befaßte sich mit dem Geheimnis der ewigen Neuschöpfung des Lebens. Auch gibt es Hinweise auf eine Gottheit, die viele Elemente des späteren Shiva-Kultes aufweist, aber kaum Spuren von Naturgottheiten, in welchen sich die wirkenden Naturkräfte und Elemente spiegeln. Eine heilige Feuerstätte, wie sie etwa die Arier in jedem Hause und an jeder Opferstätte besaßen, war unbekannt. Die Toten wurden verbrannt, ihren Urnengräbern legte man Grabbeigaben zu, wie es primitive Völker tun, die an eine körperliche Fortexistenz nach dem Tod glauben.

Auf welche Weise diese frühe Induskultur unterging und wer die Zerstörer waren, ist unbekannt. Man hat etwa in Mohendschu Daro drei übereinanderliegende Schichten zerstörter und wiederaufgebauter Siedlungen gefunden, doch keine Nachricht spricht von den Ereignissen, die zu solchen Katastrophen geführt haben. Als die Arier etwa um 1900 v. Chr. als Eroberer von den Pässen des Hindukusch herabzogen, fanden sie nur noch die Trümmer der einstmals blühenden Plätze. Vermutlich waren es wilde Bergvölker oder die »Dravidas«, die aus Wäldern und fernen östlichen und südlichen Ebenen hervorbrachen und das Ende der Induskultur herbeigeführt haben.

Alles, was wir von der Geschichte des Industales und Nordindiens nach dem Jahre 2000 v. Chr. erfahren, stammt aus den heiligen Gesängen der einwandernden Arier. Und da die Arier als Fremdlinge, als Landsucher und künftige Herrenmenschen kamen, berichten sie wenig Erfreuliches über die dunkelhäutige, so ganz anders geartete Urbevölkerung des Landes. Sie schildern die »Dravidas« als listenreich, tückisch, mit Zauberkräften begabt, als ein von Dämonen, Geistern und zahllosen, schrecklichen Göttern besessenes Volk. Denn die Arier begegnen einer gänzlich fremden, tropischen Kultur, die sie nicht verstehen und die ihrer einfachen und naiven Bauernwelt an Raffinement und magischer Weltschau überlegen ist. Die Welt der Dravidas ist nur ihrer kriegerischen Kampfkraft, nicht aber ihrem Geiste unterlegen.

Mit dem Auftauchen der Arier beginnt die große Völkermischung Indiens. Der Sammelname »Arier« bedeutet zunächst nur soviel wie »die Blutsverwandten«, erhält aber bald in der Begegnung mit fremden Völkern und Rassen den Sinn von »die Auserwählten« oder »die Edlen«.

Es war zunächst der Däne Rask, der den inneren Zusammenhang zwischen den Sprachen erkannte und nachwies, daß Altgriechisch, Latein, Germanisch, Litauisch und Slavisch aus der gleichen Wurzel herkommen. 1833 begann Franz Bopp den Nachweis zu führen, daß auch das persische Zend und das alt-indische »Latein«, das Sanskrit, von der gleichen Quelle stammen. Später wurde dieser Zusammenhang auf das Irische, Armenische, Albanische und die verbleibenden Reste des alten Illyrischen, Thrakischen und Phrygischen ausgedehnt.

Ein gewaltiger Völkerkessel gewann Gestalt, aus dem eine große Anzahl späterer Sprachgruppen hervorgegangen sein muß. Nach den entferntesten Zweigen dieses Völkerstromes hat man die darin vereinte Rasse »Indogermanen«, »Indoeuropäer« oder auch »Arier« benannt. Die Verwandtschaft der arischen Sprachen zeigt sich in der Übereinstimmung des inneren Gefüges, der Beugung und in der Gemeinsamkeit vieler Wortwurzeln (nach R. Goette: *Kulturgeschichte der Urgermanen*, S. 29). Aber die Verwandtschaft der vielen Völker ging weit über das Sprachliche hinaus. Trotz ihrer Trennung vor vielen Jahrhunderten hatten die arischen Stämme auch die Ähnlichkeit ihres Charakters, ihrer Kulte, ihrer religiösen und sozialen, ihrer geistigen und emotionellen Prägungen weitgehend behalten.

In der »Weltanschauung« der Arier nahm der Seelenkult eine wichtige Stelle ein. Es ist nicht mehr zu entscheiden, ob der Totendienst bei ihnen mehr aus Liebe und Anhänglichkeit an den Toten oder aus Furcht vor den Abgeschiedenen begründet ist. Jedenfalls begleiteten die Gedanken der Arier die Toten in ein jenseitiges Schattenreich; Opfer und Grabkult stellten die Brücke zwischen dem Diesseitigen und dem Jenseitigen dar. Da die Urheimat der arischen Völkergruppe vermutlich am Rande der mitteleuropäischen Mittelgebirge bis zum Meere lag und sie als erdverbundene Bauern an den Rändern und in den Lichtungen der Urwälder hausten, beseelte ihr religiöses Denken alles Natürliche: Wolke, Wetter, Meer, Teich und Baum. Sie waren Waldvölker, und ihre erste Kunstäußerung geschah daher in Holz, in Schnitzwerk und Ornament am Fachwerkbau, aber darüber hinaus wurde ihnen der Baum zum Ursymbol des göttlich Natürlichen. Der nordgermanische Weltenbau ruhte auf der Weltesche Yggdrasil, Wälder und Haine waren die ältesten Tempel der Arier, aus dem Baumstamm entwickelten Griechen ihre Säulenordnung, und sie versetzten die Geister der Dryaden in den lebenden Baumstamm. Nicht zufällig ereignete sich die Erleuchtung des Ariers Gautama Buddha unter dem Boddhibaum.

Die Arier opferten dem Vater Himmel, der Mutter Erde, verehrten Sonne, Mond und heiliges Feuer. Der Gott schwankt zuweilen zwischen menschlichem und tierischem Wesen, die indischen Acvin werden als Kinder einer Stute gedacht. Im preußischen und litauischen Mythus gibt es einen Gott der Schweine, der Schafe, der Rinder, der Fehde und der Eintracht ... Hammer, Kreuz, Hakenkreuz, Gabel, Rad und ähnliche Zeichen haben vorzugsweise zur Abwehr böser Mächte gedient, wahrscheinlich als Zeichen des Blitzgottes ... Der oberste Gott heißt im Griechischen Zeus pater und im Sanskrit Dyaus pita: beide Male gleich »Vater Himmel« (Goette, S. 32). Die Verbindung von Wortwurzeln und Vorstellungen geht sehr weit: Wenn der Grieche von Uranus spricht, so nennt der Sanskrit sprechende Arier Indiens diesen Gott »Varuna«, die Göttin der Morgenröte in Griechisch »Eos«, Lateinisch »Aurora«, Germanisch »Austro« und Sanskrit »Ushas«.

Nicht nur die Göttergemeinschaft, die übersetzte und personifizierte Natur und Elementarkraft, ist den Ariern gemeinsam. Sie behalten auch, trotz der zeitlichen und räumlichen Trennung, ihr gesellschaftliches Gefüge bei. »Dem« oder »domo« bezeichnet die Hausgemeinschaft, der Herr ist in Sanskrit »dampati«. Er ist Herr über Leben und Tod, Herr der Braut und der jungen Frau. Kinderreichtum wird hochgeschätzt, er ist die Grundlage für die Macht eines Geschlechts und sichert den Vollzug der Blutrache und des würdigen Totenkults.

Das Ansehen einer Familie wird nach der Zahl der »Viehhäupter« (Lateinisch: capiti) gemessen. Die großen Herdenbesitzer sind die Urväter der »Kapitalisten«, während jene, die der Gemeinschaft nur »Nachkommenschaft« (Lateinisch: proles) als Knechte und Mägde zu liefern imstande sind, als »Proletarier« eine untergeordnete Stellung in der Gesellschaft einnehmen. Denn aus

Reisfelder, kleine Seen und kahle Berge sind typisch für Nordindien.

Palmenwälder und Kanäle, auf denen Lastkähne verkehren, prägen Teile von Südindien.

अपूर्व
आयुर्वेद भवन

Vorhergehende Doppelseite:
Ein buntes Pilgerheer versammelt sich täglich bei Sonnenaufgang am Gangesufer in Benares.

den »Patres« oder »Patriarchen« der großen besitzreichen Familien wird nicht nur der Dorfälteste oder der Stammesführer, sondern auch durch viele Großfamilien der »Herzog« oder der »König« gewählt, der meist seinen Stammbaum auf legendäre Helden, Heroen oder gar auf Götter zurückzuführen versteht. Aus dieser Schicht der ehrwürdigen, der Tradition verbundenen Patriarchen geht auch der Rat der Alten (Lateinisch: Senex = Greis, also der »Senat«) hervor — bei dem indischen Zweige der Arier die Gruppe der »Brahmanen«, der Träger der Überlieferung und der Weisen.

Diese Völkergemeinschaft der Indogermanen ballte sich lange Zeit in dem Raum, der sich zwischen norddeutscher Tiefebene und Baltikum zum Meer erstreckt, wurde aber dann durch heute nicht mehr feststellbare Ereignisse — Naturkatastrophen, Klimaänderung, Sturmfluten, Erschöpfung des Ackerbodens oder auch durch die Kunde von fruchtbaren Süd- und Ostländern — aufgestört. Etwa seit 2500 v. Chr. begannen die Indogermanen in vielen Wellenschlägen von Wanderungen in die Räume einer noch dünnbesiedelten und offenen Welt hinauszufluten.

Etwa um 1900 v. Chr., als bereits die Ur-Latiner, die Kelten, die Griechen mit ihren ersten Wanderzügen ihre spätere Heimat erreicht hatten, gingen die arischen Hethiter nach Kleinasien, die Iranier nach Persien, und ein anderer Völkerhaufe brach aus den turanischen Tiefebenen und dem afghanischen Grenzgebiet zu den Pässen des Hindukusch, zum Kyberpaß an den Ausläufern des Himalaja auf und begann in jenes Paradies einzudringen, von dem Karawanen, Händler und Hirten berichtet hatten — in das fruchtbare und warme Land am Indus und an den fünf Strömen, das später von Griechen als das »Fünfstromland«, gleich »Pentapotamoi« oder »Pandschab«, bezeichnet wurde.

Die Eroberung Nord- und Westindiens durch die Arier nahm den Anfang. Zwei grundverschiedene Rassen, Völker und Kulturen begegneten sich, fingen an, sich zu durchdringen und in Kampf und Vermischung ein Drittes und Neues, nämlich Hindustan und damit den Hinduismus, zu schaffen.

Die Völker, welche nun die Bühne der Frühgeschichte betraten und dort für die Geschichtsschreibung sichtbar wurden — sei es durch die Selbstdarstellung der siegreichen Arier oder durch die Schilderung, welche die Sieger von den unterliegenden Dravidas gaben —, kommen allesamt aus jener langen biologischen Entwicklung her, die etwa ein bis zwei Millionen Jahre vordem mit der »Hominisierungsphase« der Pitheciden — also gewisser Affenwesen — begonnen und zum »aufrechtgehenden Steppenläufer« geführt hatte. Diese lange Periode biologischer Entwicklung des Menschen war für das Thema Religion oder Gottesvorstellung völlig unerheblich geblieben. In dieser Phase ging es um die Erhaltung der Art, nicht um die Selbstauffassung des Menschen. Nicht die geringsten Hinweise existieren für das Vorhandensein derartiger Denkprozesse während der langen Zeit der paläontologischen Ausbildung des Menschen.

Erst während der vierten Eiszeit — also in erdgeschichtlich jüngster Zeit, etwa 30.000 bis 15.000 Jahre vor unserer Zeit — trat ganz überraschend ein neuer Menschentyp, der »homo sapiens«, Stammvater der heutigen Menschheit, auf. Dieser war offenbar mit Geist und Empfindung begabt und nahm nun rasch den Weg zu höherer Kulturentwicklung, zu Weltgefühl und damit auch zu religiösem Denken.

Es war, als habe der Schöpfergeist dem nun aus dem Lehm der Erde ausgeformten Gefäß menschlichen Wesens jenen Funken des Göttlichen eingehaucht, der es erst im echten Sinne zum Menschen machte. Jetzt erst war dem fünften der sechste Schöpfungstag gefolgt.

In der Steinzeit des »homo sapiens« waren aus Familien, Sippen und Stämmen endlich Völker geworden, die unter verschiedenem Klima, Umwelt und Lebensbedingungen — sozusagen in unterschiedlichen Kinderstuben — ihre höchst andersgearteten Rassenmerkmale, Volkscharaktere und Lebensgefühle ausgebildet hatten.

Die Arier waren Bauern am Rande großer nordischer Wälder und Sümpfe, die unter regenverhangenem Himmel den ständigen Kampf mit Sturm, Schnee, Wald, wildem Getier und feindlichen Nachbarn Jahr für Jahr um ausreichende Ernten, um das Gedeihen der Viehherden und um den Besitz der engbegrenzten Weide- und Anbaugebiete zu führen hatten, um sich und ihre Art zu erhalten. Sie waren hochgewachsene, starke, kriegerische und durch den ewigen Existenzkampf mit einer rauhen Natur hartgeschmiedete Menschen, sie besaßen die ausgebleichten Farben eines kühlen, sonnenarmen und wolkenverhangenen Landes: hellhäutig, meist blau- oder grauäugig, blond, rothaarig oder fahllockig.

Sie hatten gelernt, aus dem Holz der Wälder feste Fachwerkhäuser zu zimmern und mit Moos, Häcksel und Lehm gegen Kälte, Schnee und Regen abzudichten. Ihren Bau gruppierten sie um die heilige Feuerstätte, denn Wärme war das Lebenselement in ihren kalten Bereichen. Das arische Haus geht bei allen Völkern dieser Gruppe auf den gleichen Grundtyp zurück. Vorn am Giebel liegt die geräumige offene Vorhalle, die oft von säulenartigen Baumstämmen getragen wird. Dahinter befindet sich ein ziemlich quadratischer Wohnraum mit dem Herd als Mitte, dessen Rauch durch ein Loch im Dach abzieht. Sogar die altgriechischen Tempel weisen noch diese Urform des arischen »Megaron-Hauses« auf.

Was die Bekleidung der Arier anbelangt, so war sie von Klima und Umwelt vorgeschrieben worden: Ursprünglich waren Pelze als älteste Gewandung im

Die Pilgerstadt Benares (Varanasi) ist für jeden gläubigen Hindu das Traumziel seines Lebens. Ein rituelles Bad im Ganges gilt als wichtige Stufe zur Erlösung.

Brauch; später – als man die Verwendung von Schafwolle und das Weben erlernt hatte – traten Umhänge aus Wolle oder Leinen an die Stelle der Pelze, die Männer wie Frauen gleichermaßen trugen. Auch dieser Urbrauch hat sich in dem Chiton des Griechen, in der Toga des Römers oder im Mantelumhang des Brahmanen oder des buddhistischen Mönches erhalten.
Angetrieben von dem harten Lebenskampf des Nordens hatten die Arier früh schon eine ausgedehnte Viehzucht, Haltung von Schafen, Ziegen, Geflügel entwickelt und auf ihren kleinen Äckern mit allerhand primitivem Gerät den Anbau von Speltweizen, Gerste, Gemüse und Beeren begonnen. Seit etwa 2000 v. Chr. war – vermutlich durch südländische Händler angeregt – der Gebrauch der Metalle in Schwung gekommen. Das harte Leben machte die Arier schon in der Steinzeit erfinderisch, sie kannten Bohr-, Säge- und Poliermaschinen und lernten bald Gußformen, Brennöfen und Schmieden einzurichten.
Diese Gesellschaft der Bauern, Jäger und Krieger wurde durch strenge moralische Regeln zusammengehalten, eine ethische Ordnung, die im Sinne völlig den Zehn Geboten entspricht, die Moses später dem Volke Israel am Sinai verkündet hat. Eine meist auf Abstammung, Besitz, Familienstärke und auf freie Wahl der Führungsschicht fundierende Organisation gab diesen Völkern eine politische Form, durch die sie ihre Lebensbereiche verteidigen, erweitern und im Falle kriegerischer Wanderung verlegen konnten. Wenn sie kamen, so geschah dies in Form eines keilförmigen Heerhaufens, dem im Schutz der Jungmannschaft der Wagenzug mit Frauen, Kindern, Geräten und Vorräten, Viehherden und Troß nachfolgte.

Anders war die Entwicklung der »schwarzen Dravidas« in den subtropischen und tropischen Gebieten Indiens verlaufen.
Hier war eine dunkelhäutige, schwarzäugige und feingliedrigere Rasse als »Kinder des Paradieses« erwachsen. Lebenskampf und Armut bedeuteten in der Savannen- und Dschungellandschaft dieses heißen, üppig wuchernden Landes nicht dasselbe als im kalten Norden. Kälte war hier kaum ein Feind. Das wärmende Feuer bedeutete dort etwas anderes: Es war nicht die rettende Himmelsgabe, sondern geheimnisvolle und reinigende Kraft, Hilfe bei Rodung und Nahrungsbereitung, aber auch göttliche Macht und Sprache des Überirdischen. Kleidung hatte nicht wie bei den Pelzen, Wollumhängen und engverschnürten »Braccas« (Hosen) des Nordens die Funktion von Schutz gegen Wetter, sondern eher die des Schmuckes oder der Verhüllung. Nahrung spendete die Natur in Überfülle aus Dschungel, Gärten und fruchtbaren Feldern. Selbst das Vieh bedeutete nicht nur Fleisch, Milch und Fell, sondern eine Art Lebenssymbol, ein geheiligtes Wesen im Strome unendlichen Daseins. Die Natur schenkte alles in Fülle ohne Kampf. Die Dravidas Indiens benötigten keine lehmbeworfenen, festen Fachwerkhäuser, keine winterfesten Behausungen. Sie bauten nur Palmblatthütten und kleine Lehmkaten, die sie vor den Monsunregen und dem Getier der Nacht schützten. Nur in den versunkenen Stadtkulturen des Industales, in denen Handel, Handwerk und höhere Lebensformen entstanden waren, hatte man den Schritt zu größeren Kulturleistungen getan. Doch diese Plätze waren untergegangen.
Das Land der Bauern und kleinen Dörfer, das die Arier bei ihrer Eroberung vorfanden, war, verglichen mit der jungsteinzeitlichen Kultur der Nordvölker, primitiv und paradiesisch einfach geblieben. Doch auch dieses große und reiche Indien hatte seine Gefahren. Unwetter, Monsunstürme, Wasserfluten, Dürre und sengende Sonne waren in diesem tropischen Lande groß-

Benares: Besonders während der frühen Vormittagsstunden baden Pilger im Ganges.

artiger und verheerender als im Norden. Die Dschungel bargen tödliche Drohungen: Moskitoschwärme, Parasiten, Schlangen, Tiger, Elefanten und den Pesthauch von tausenderlei Krankheiten. Dunkle Mächte überschatteten allen Überfluß und alle Fruchtbarkeit, nirgendwo waren Lebensfülle und Todesernte enger verflochten als hier.

Als kurz nach der Wende zum 2. vorchristlichen Jahrtausend der Pulsschlag der indogermanischen Völkerwanderung die Einfallspforte nach Indien erreichte und dann unwiderstehlich über die dunkelhäutige Dravidabevölkerung hereinbrach, hatten beide Volksgruppen, Arier wie Dravidas, eine länger als 10.000 Jahre währende Entwicklung hinter sich; diese Periode bleibt freilich für die Geschichtsschreibung ins Dunkel der Vorgeschichte gehüllt.

Beide Rassen oder Völker hatten sich aus frühen altsteinzeitlichen Horden des »homo sapiens« herausgebildet und einen kulturhistorischen Weg genommen, der zwar im Grundprinzip der gleiche und dem neuen Menschentyp entsprechende erschien, in den Ausdrucksformen aber durch die andere Umwelt, Lebensbedingungen und Klimaverhältnisse verschieden verlief. Von der biologischen Entwicklungskette her hatten diese Urvölker die Programmierung ihrer Art in der Million Jahre seit der Hominisierungsphase mitbekommen.

Der »Steppenläufer« hatte als »zoon politikon« zuerst in Rudeln gejagt, war über Sippenverband zu Stämmen und Volkszusammengehörigkeit fortgeschritten. Dieser Urmensch war ein Fleischfresser, mit Eckzähnen ausgerüstet, besaß aber auch die Mahlzähne der friedlichen Pflanzenfresser und war grundsätzlich aggressiv – nicht nur gegenüber allen jagbaren Tieren, sondern auch gegen Artgenossen. Denn ein anderes Prinzip, das ihm in Urzeiten eingeprägt war, demonstrierte sich im ewigen »Kampf um die Bereiche«, die Jagdreviere und Lebensräume, in welchen er keine fremden Horden duldete.

Daraus war das die gesamte spätere »Geschichte« des Menschen durchziehende Prinzip des Macht- und Ausdehnungsbestrebens geworden: kämpferische Wanderungen, Eroberung und Streit um Länder, Königreiche und Imperien. Die Steppenläufer-Horde besaß bereits ihre »Hackordnung«, das bedeutete ursprünglich wie im Wolfsrudel oder im Hühnerhof das Auskämpfen der Rangordnung, des Führungsanspruches und der sozialen Gliederung, was schließlich in der Einrichtung von Häuptlingsschaft, Adel, Königtum und der abgestuften Ordnung von Führern, Kriegern, Handwerkern, Bauern und Knechten einmündete.

Ablehnung und Feindschaft gegen alles Artfremde, gegen andere Rassen oder andere Völker waren in dieser paläologischen Kinderzeit der entstehenden Volksgruppen Naturgesetz und eine spätere Vorprogrammierung späterer Rassen- und Lebensraumkämpfe. Diese Tendenz führte dann etwa im indischen Bereich direkt zum Kastenwesen, im europäisch-mediterranen Kreis zur Einrichtung von Sklaverei, Feudalismus oder Ständestaat. Eine Million Jahre, die der Biologie und der Evolution des animalischen Lebens angehörten, waren dahingegangen, in denen das »Menschentier« sein Großgehirn und seine schöpferischen Hände ausbildete, jedoch all seine Lebenskraft nur der Erhaltung der Art, dem Kampf ums Dasein und der Vermehrung widmete.

Die Gespaltenheit der Menschwerdung begann mit dem Auftreten des »Homo sapiens«, als durch einen letzten Schöpfungsakt das biologische Gefäß – der »Lehm, aus dem Gott Adam schuf« – mit jenem »göttlichen Funken« erfüllt wurde, wie Michelangelo es in den Deckengemälden der Sixtina darstellt.

Die Bibel drückt diesen Vorgang symbolisch aus, wenn sie im I. Buch Moses Vers 8 sagt: »Und Gott der Herr

Benares: Straßen und Plätze sind stets von Besuchern aus ganz Indien geprägt.

machte den Menschen aus einem Lehmkloß und blies ihm den lebendigen Odem in seine Nase. Und also wurde der Mensch eine lebendige Seele.«
Der »homo sapiens« wurde damit zum »tragischen Geschöpf«: Durch seine biologische Programmierung war er als Teil der Natur von harten Überlebensgesetzen geprägt, ein durchaus amoralisches, triebhaftes, aggressives und von Instinkten beherrschtes Wesen. Der »göttliche Funke« — Seele und Geist — aber wirken in ihm als Mächte, die jenseits der Biologie das Höhere, das Überirdische und Göttliche erfühlen und die zu einer Überwelt drängen.
Nun begann dieses Wesen über sich selbst, seine Daseinssituationen, das Wunder der Schöpfung und über die in ihm wirkenden, unsichtbaren Kräfte nachzudenken. Es erschauerte plötzlich vor dem Tode, den das Tier als naturgegeben hinnimmt; es suchte das Dunkel jenseits des letzten Tages zu durchdringen; es empfand neue Begriffe, die einem animalischen Geschöpf gänzlich fremd sind: Schicksal, Seele, Dämonen, Geister und Götter. Langsam bahnte sich der Mensch den Weg zu Gott.
Mit dem Anfang eigentlicher Kulturentwicklung hob der Zwiespalt aller Geschichte an: einerseits der Kampf zwischen den uralten Programmierungen der Hackordnung, des Herdentriebes, der Aggression, des Krieges, andererseits die zu Moral, Gesetz, höherem Sein und Harmonie strebende göttliche Prägung.
Plötzlich erlangten Begräbnisriten, Gräber und Totenkult Bedeutung: Zeichen dafür, daß der Mensch der jüngeren Steinzeit über das Schicksal nach dem Tode nachdachte und zwischen Leib und Seele unterschied. In seiner Selbstauffassung sprach er sich jetzt etwas zu, das über das gewöhnliche Materielle und Biologische hinausging. Er entwickelte frühe Kunst, formte aus Bein und Holz Figuren, Kommandostäbe, Fetische, malte Jagdszenen, durch die er das Leben hinter dem Leben beschwörte und brachte Übermächten des Daseins Opfer dar.

Der See von Puschkar, nicht weit von Ajmer (Rajasthan), gilt als heiligster See Indiens und wird neben dem Ganges in Benares besonders häufig von Pilgern besucht, die ein rituelles Bad nehmen wollen.

Pilger am Ganges in Benares. Die steinernen Gehäuse dienen als Wohnstätten für Yogis.

Der Weg war beschritten, der zur »religio« — zur Bindung ans Ewige und Geistige — und zur Verkettung des Menschen mit dem Göttlichen führte. Es war eine lange und von den Geheimnissen einer klimatisch und landschaftlich höchst unterschiedlichen Welt begleitete Straße, welche die Völker in den 10.000 Jahren ihrer Vorgeschichte gingen. Andersartig zwar wie ihre Umwelt, aber in der Grundtendenz gleichlaufend, waren die Ausdrucksformen und Erkenntnisse die in 400 bis 500 Generationen den Urvölkern aus der Natur und dem Schicksal entgegenwuchsen.

Alle fühlten sie das Vorhandensein einer Dimension, die über das sinnlich Begreifbare hinausgreift, die Existenz eines Raumes jenseits von toter Materie, Pflanzen- und Tierwelt, ja sogar der menschlichen Existenz, sie spürten jene Überebene des Seins, in der nur noch gedacht und erfühlt werden kann.

Nun belebten sie die Natur mit Dämonen, Gespenstern, Kobolden, Trollen, Riesen, Monstern und endlich mit Göttern.

Elementarkräfte und Himmelserscheinungen, Katastrophen und segensreiche Fruchtbarkeit, Leben und Tod, Glück und Unglück, alles, was sich einer natürlichen Erklärung und Einsicht entzieht, wurden in eine Gedanken- und Gefühlswelt transportiert und, von der Lebensangst beflügelt, durch Riten, Zauberformeln und Opfer zu bewältigen versucht.

Natursichtige alte Männer, Visionäre, Sybillen und Seherinnen formten im Laufe vieler Generationen die Erfahrungen, Erkenntnisse und schicksalhaften Einsichten zu Weisheitssprüchen und Legenden, in denen sich letztlich der Volkscharakter widerspiegelt.

Die Arier, die aus den nebelverhangenen, rauhen Wäldern und Steppen des Nordens kamen und der Sonne zustrebten, durchstießen gewissermaßen die Wolkendecke und erhoben anbetend die Arme zum hellen Gestirn des Tages. Sie schufen sich Götter und Gedankengebäude von schlichter Klarheit und personifizierter Naturkräfte.

Die Dravidas aber in ihrer tropisch wuchernden und geheimnisvollen Dschungelwelt, über der eine strafende Sonne mitleidlos glüht und ein riesiger Mond im funkelnden Sternenhimmel schwimmt, erschufen sich Dämonen, von Fruchtbarkeit oder Grausamkeit überschäumende Götter, und verbanden ihre Lebensweisheit mit Magie, Zauberei und Mystik.

Nur eines war beiden Völkern gemeinsam: Sie waren zum höheren Leben, zur Religion, erwacht und suchten über allen Rätseln des Daseins den Weltengeist; sie waren auf dem Wege zu Gott.

In der Begegnung und Durchdringung beider Wege entstand jenes vielfältig schillernde Religionssystem, das wir nachmals als Hinduismus bezeichnen.

Die Arier erobern Indien

Die über die Pässe der Gebirgsmauern ins Pandschab einströmenden Arier betraten die Bühne der Geschichte als voll ausgeformtes Volk mit klaren Vorstellungen über das Göttliche und mit altüberlieferten Lebensweisheiten. Die nun beginnende Eroberung des Industales und dann Nordindiens vollzog sich — wie die indogermanische Wanderung selbst — in Wellenschlägen und großen zeitlichen Abständen. Manchmal saßen arische Bauern viele Jahre in ihren Gebirgsdörfern über den Tälern der Dravidas, bis die Ankunft weiterer Wanderzüge ihres Volkes sie wieder aufstörte, voranschob und zu weiterem Fortschritt ins Land der Dravidas nötigte.

Wohin sie auch kamen, behielten sie ihre traditionellen Religionsvorstellungen, ihre gesellschaftliche Gliederung und ihre Bräuche bei und vermieden jede Vermischung mit der indischen Urbevölkerung. Das Tal war dem Gott Varuna (Uranus) geweiht, er war der Herr des strömenden Wassers und des Rechts. Über den Himmel herrschte Indra, der Gott des Donners und des Blitzes, ihn begleitete wie eine Horde heulender Wölfe die Schar der Maruts, das Geistervolk der Sturmdämonen. Der Himmel der Arier (nach dem Rig-Veda) umfaßte 33 Götter: je elf wohnten im Himmel, auf der Erde oder im Wasser, einige griffen auf alle Bereiche über.

Zwar wurden die großen wirkenden Naturmächte als göttlich aufgefaßt, doch war ihre Personifizierung keineswegs nur die Übersetzung von Natur ins Göttliche, sondern der Glaube der Arier verband diese Gottheiten meist mit dem hintergründigen Versuch, das Weltgeschehen, das Gesetz oder das hinter der sichtbaren Wirklichkeit wirkende Allgemeine zu deuten und zu begreifen.

Wie J. W. Hauer in seinem Buch *Glaubensgeschichte der Indogermanen* (Bd. I, S. 116) sagt, versinnbildlicht der Gott stets auch ein allgemein gültiges, geistiges Prinzip: »Auch wenn einzelne Götter in besonderem Maße mit diesem oder jenem Phänomen verknüpft wurden, war dieser Bereich, in dem sich ihre Gewalt sozusagen konzentriert, doch nicht das g a n z e Feld ihres Seins und Wirkens.«

Hillebrandt stellt in seiner *Vedischen Mythologie* (Bd. II, S. 164) fest: »So wurde der ursprüngliche Indra, nachdem er früher als die zentrale Gestalt eines Gewittermythus angesehen worden war, als ein ›Gott der Frühlingssonne‹ erklärt, der den Eis- und Winterriesen bekämpft und damit den Flüssen die Freiheit gibt.«

Nachdem in Urtagen Indra, eng verwandt dem Donar-Thor der Germanen oder dem Jupiter tonans der Römer, ein blitzeschleudernder Sturmgott gewesen war, wurde er endlich zum Befreier und Kämpfer, der dem Leben Bahn brach. Mit dem Eintritt der Arier ins Pandschab, in dem die strömenden Flüsse höchste Bedeutung haben, wurde dem Wettergott die Aufgabe zuteil, durch seine befreienden Blitze und sein stürmisches Wüten die Wasser der Hochgebirge zu entfesseln und Lebensströme in die Täler zu schicken: er wurde zum Spender des Lebens schlechthin. Andere Gottheiten wirkten an Indras Seite: Parjanya, der Regen, und Vata, der Wind. Diese Fruchtbarkeitsbringer erschienen mit wechselnden Namen, sie wurden »Herr des Regens« oder auch (symbolisch) »besamter Stier« genannt; »Soma« konnte der Gebieter über Regen und Wind heißen, weil er die Lebensfeuchte und die Fruchtbarkeit bewirkte.

Die Arier stellten sich die Weltkonstruktion sehr bildhaft dar. Da molken die Maruts die Wolken in Regeneimer, trugen Schläuche herbei und ließen die Regenfluten zur Erde laufen; und Vata, der von fliegenden Rossen gezogene dahersausende Gott des Windes, trieb die lebenspendenden Regengüsse über die Felder, während eine andere Erscheinungsform des Windes als »Prana« den Atem oder — wie die Griechen es nennen, das »psi« — als belebendes Element nicht nur den Menschen, sondern die Natur beseelte.

Für die Menschen dieser »vedischen Zeit« war die gesamte Natur von Göttern und ihren Gesetzen, aber auch von speziellen Untergöttern und Geistern beseelt und regiert. Sie sahen sich selbst als ein Glied in der unendlichen Kette der Schöpfung und versuchten in Harmonie mit Weltgesetz, Himmel, Erde und »Atma« — »dem Beseelten« — zu sein. Darum wurden in jedem Fall, der für die Gesamtheit der Dorf- oder Stammesgemeinschaft bedeutsam war (wie etwa Aufbruch zu neuer Wanderung, Kampf gegen die Dravidas oder Landnahme), die ewigen Mächte beschworen, befragt und angerufen, denn alles mußte im Rahmen der großen Einheit zwischen Himmel und Erde geschehen.

Die Arier hatten ihren Göttern keine Tempel gebaut, sie waren zu lange schon auf Wanderschaft, um an die Beständigkeit von Menschenwerk aus Stein, Holz oder Lehm zu glauben. Was sie in unabsehbar langen Zeiträumen an mystischem Wissen gesammelt hatten: Geheimnisse der Überirdischen, Kenntnisse des Wesens von Himmel, Erde, Strom, Pflanze und Tier und über die Beschwörung der Dämonen, das übermittelten sie allein durch das Wort vom Vater zum Sohn und gruben dergestalt ihre Geistesschöpfungen in das Gedächtnis der nachfolgenden Generationen. In den Familien der weisen Priester wurde seit Urtagen ein Schatz an religiösem und weltlichem Wissen in einer gehobenen, dichterischen Sprache bewahrt und weitergebildet.

Die Arier nannten dieses heilige Wissengut die »Veden«.

Wenn sie mit den ewigen Mächten sprachen, bereiteten sie meist auf einsamer Anhöhe, inmitten eines steinernen Ringes, die Opferfeier und Ratsversammlung vor. Aber nur Männer hatten Zutritt, sobald die heilige Versammlung eröffnet wurde.

Im steinernen Ring erhob sich dann ein alter Mann,

Links oben: Pilger in Tirrukalikundram, Südindien.

Links unten und oben: Bunte Tempeltürme sind typisch für Südindiens Architektur. Hier: Tempel bei Srirangam, 18. Jahrhundert.

der Bewahrer der althergebrachten Gesänge. Unter dem ehrfürchtigen Schweigen der Männer begann er zunächst ein unverständliches, summendes Singen. Weit entfernt, auf Steinwällen oder Hügeln, kauerten die Frauen, Kinder und Halbwüchsigen. Alte Männer hatten unterdessen den heiligen Somatrunk aus den Wurzeln eines Gewächses gebraut, das psychosomatisch wirkende Stoffe enthält und als mildes Rauschgift Träume, Visionen, Bewußtseinserweiterung verschaffte. Soma beflügelte die inneren Gesichte der alten Weisen. Die Arier kannten zwei Arten, mit dem Göttlichen zu sprechen. So erhob der Grieche etwa frei seine Arme zum Himmel und blickte in das Unendliche, der Römer jedoch verhüllte sein Antlitz und blickte nach innen. Die Arier vor den Pforten Indiens taten beides. Zuerst verhüllten sie das Haupt, konzentrierten sich, ließen den Somatrunk wirken und erhoben dann erst die Arme zu den Göttern, um die uralten Weisspüche und Gesänge zu verkünden.

Bei solch frommen Tun durfte kein Falsch sein. Jeder Rhythmus, jede Strophe und jedes Wort mußte so bleiben, wie es immer war. Denn es war uralte Tradition, was nun als Sprechgesang ertönte.

Die Umsitzenden, die selbst meist jede Zeile der »Veden« kannten, kontrollierten jedes Wort. Sie verstanden

Die Tempel von Mahabalipuram (7. Jahrhundert n. Chr.), nahe Madras, gehören zu den bemerkenswertesten Südindiens. Kenner stufen »Die Buße des Arjuna« (Ausschnitte links oben und rechts) als das bedeutendste Flachrelief der Welt ein.

auch die altertümliche, vornehme Sprache der Vorfahren (Sanskrit), ohne sie jemals im täglichen Gebrauch zu entweihen. Es war, als würde in einer mittelalterlichen Messe der Evangelientext in Latein gesprochen.

Ein Vorsänger hob mit Beschwörungstexten aus dem »Rig-Veda« an: »Die beiden Götter, die an den Himmel rühren, Indra und Vayu, rufen wir, daß sie diesen Soma trinken. Indra und Vayu, die Gedankenschnellen, rufen die Sprecher zur Gnade, die tausendäugigen Meister der Gedanken ...«

Ein zweiter Greis antwortete im Sprechgesang:

»Mitra rufen wir und Varuna zum Somatrunk, die von Geburt an lauteres Wollen haben ... Varuna, Mitra mit all ihren Gnaden mögen Förderer sein. Sie sollen uns reich belohnt machen ...«

Der Rat der Alten wiegte nun die Oberkörper im Takt und sprach den Text weiter: »Indra in Begleitung der Maruts rufen wir her zum Somatrunk; mit all seiner Gefolgschaft, zusammen sollen sie sich gütlich tun. Ihr Götter, mit Indra an der Spitze, mit den Maruts als Gefolgschaft ... höret alle unseren Ruf! Erschlaget unsere Feinde, ihr Gabenschönen, mit dem starken Indra als Bundesgenossen. Nicht sollen die Fremden über uns Macht haben ...«

Diese »Maruts« oder Sturmgeister werden noch über Jahrtausende fortleben und in der Legende von Buddha, als er unterm Feigenbaum von Uruvela der Versuchung ausgesetzt war, dem Erhabenen erscheinen und sein Haupt umflattern. In Indien geht keine Vorstellung, kein Gespenst der Vorzeit jemals gänzlich unter. Es lebt fort und wandelt sich.

Der Ort, an dem sich die Männer versammelt hatten, hieß »Agnis Wiege«. In der Felsplatte befand sich eine Mulde, in welcher das heilige Feuer — Agnis Erscheinungsform — entzündet wurde.

Die Beschwörung des Feuergottes Agni war eine der ältesten und heiligsten Zauberhandlungen der Arier. Nach ihrem Glauben galt Ila, die Tochter Manus (des Menschen), als die Mutter und Amme Agnis, so wie seit Urzeiten die Frau die Hüterin der heiligen Herdflamme war. Der Mensch jedoch war der Bruder, so wie der Himmel der Vater des Feuers war.

Einer der »Wissenden« trat an die Feuermulde und hob zwei Hölzer auf, die Agnis Eltern versinnbildlichten. Er sprach:

»Dir, Agni, nahen wir Tag für Tag, du Dunkelerheller, mit Andacht und Huldigung darbringend! Dem Walter der Opferhandlung, dem Hüter des rechten Werkes, dem Leuchtenden, der heranwächst im eigenen Hause. Sei du, Agni, uns zugänglich wie ein Vater dem Sohne. Steh uns bei zum Glück!«

Wenn jählings in einem Windstoß die Flamme hell aufloderte, rief der Weise verzückt die alte Veden-Formel: »Siehe, Sterbliche gebären das Unsterbliche!«
Und die Alten murmelten das Dankgebet zum Himmelsherrn:
»Ich bin der Herrscher über alle Weisheit und über allen Reichtum. Ich sage Dinge aus, wichtig für Götter und Menschen. Ich gebe dem Vater Ursprung und wohne ihm zu Häupten. Alle Welt durchdringt meine Macht, ich durchwehe sie und umfasse den Himmel!«
Dann wiederholten sie die alten Weisheits- und Lebensregeln, die sich von Generation zu Generation überliefert haben: die »Veden«. Indem die Ratsversammlung diese Weissprüche überdachte und deutete, kam sie nach langem Hin und Her zu den Beschlüssen, die zu fassen waren, wenn der Stamm weiter talwärts gegen die Dravidas zu Felde zog, um bessere Äcker und mehr Land zu gewinnen.

Die moderne Archäologie nimmt heute allgemein an, daß die Blütezeit, ja die Existenz der frühen Indusstädte wie Mohendschu Daro, Taxila und Harappa bereits verweht war, als die Arier von den Pässen der »Himmelsmauern« herab ins Stromland »Sindh« oder Indien einfielen. An Stelle der bedeutenden Kultur dieser vorgeschichtlichen Plätze war eine zwischen Primitivität und Raffinement schwankende Bauernbevölkerung — eben die Dravidas — getreten.
Primitiv waren die Art der Rodungs- und Grabstockwirtschaft, der Bau der Blatthütten, der Palisadenbefestigungen an wichtigen Wegen und die Anlage von Burgen; auch die Werkzeuge und die technischen Hilfsmittel der Dravidas waren noch steinzeitlich, wenngleich auch sie den Gebrauch der Metalle bereits kannten. Aber insgesamt waren die kleinwüchsigen, dunkelhäutigen und schmalschädeligen Dravidas sowohl was Ackerbau, Viehzucht und Handwerk wie auch Kriegswaffen und Kriegskunst betraf den Ariern unterlegen.
Auch die Art ihrer Organisation in Dorfgemeinschaften, die Trennung durch zahlreiche Tabus und Sippenvorschriften, machte sie den in Stämmen, Heerhaufen und ständischer Gliederung schlagkräftig vereinigten Ariern gegenüber schwächer. Da gab es Leute in den Dörfern, denen ihr »Hausgott« verboten hatte, mit der Axt zu arbeiten oder überhaupt Holz anzurühren. Andere durften kein Fleisch essen. Eine dritte Sippe besaß Rot als Tabufarbe und durfte keine roten Früchte essen, kein rotgefärbtes Gewand tragen, kein Blut vergießen. Daher hatten die Dravidadörfer strenge Arbeitsteilung: die verschiedenen Berufsgruppen waren durch scharf beachtete Riten und Tabus voneinander getrennt.
So waren auch die Bräuche bei der Totenbestattung (wie etwa bei den Römern) ganz nach Familiengesetz verschieden: die einen verbrannten ihre Toten, die anderen begruben sie und legten ihnen Gaben bei. Der Götterhimmel war bunt und rätselhaft wie die Urwälder.

Straßenszenen im südindischen Staat Tamilnadu. Die dunkelhäutigen Inder sind meist Dravida, Ureinwohner, sie grenzen sich in Sprache und Kultur scharf von den Nordindern ab.

Jedes Dorf besaß seine eigenen Gottheiten, Schutzgeister und dämonischen Feinde. Weit verbreitet war der Kult des »Linga« (auch Lingam), eines Fruchtbarkeitssymbols, das meist durch konische Steine dargestellt wird und das etwa dem griechischen »Phallus« oder dem Zeichen des römischen »Priapus« entspricht.
Die Archäologie hat nachmals Tonfigürchen von schwangeren Frauen gefunden, die entweder Votivfiguren für eine weithin verehrte Fruchtbarkeitsgöttin oder diese selbst darstellen mochten.
Unter den vielen rätselhaften Göttern des tropischen Landes trat ein »dreigesichtiger, mit mächtigen Hörnern versehener Gott hervor, der meist von Tieren umringt ist«. Dieser Gott sitzt in Yogahaltung inmitten seiner animalischen Begleiter (wie das auf einem Siegelamulett aus dem Industal abgebildet ist). Man glaubt in dieser unbekannten Gottheit das frühe Vorbild des Shiva, des »Herrn der Yogins und der Tiere«, zu sehen; die vier Tiere: Elefant, Tiger, Nashorn und Büffel, symbolisieren vielleicht die vier Himmelsrichtungen. Diese Götterdarstellung erinnert an eine ähnliche Darstellung im Park von Sarnath (bei Benares), wo Elefant, Löwe, Pferd und Stier vierköpfig ebenfalls die Windrose versinnbildlichen, und die Steinböcke zu Füßen dieses »Shiva« haben starke Bezüge zu Buddhas späterer Predigt im Hirschpark Anathapindikos.

Mag dieses bunte Geflecht von Dorf- und Naturgottheiten ebenso wie die Ausbildung des täglichen Lebens primitiv erscheinen, so sind die Weisheiten und Praktiken, welche die Dravidas im Laufe ungezählter Jahrhunderte aus ihrem Dschungeldasein und ihrem Zusammensein mit geheimnisvollen Dorfgöttern, Naturkräften, Dämonen und Geistern als Lehren gezogen haben, nicht wenig raffiniert.
Die Dravidas haben ein weitgehend magisches Weltbild entwickelt, sie verstehen vielerlei Methoden der Beschwörung, der Zauberei und der geistigen Überlistung ewiger Mächte.
Jahrhunderte nach der ersten Begegnung der Arier mit den Dravidas hat ein arischer Brahmane namens Kautylya ein Werk verfaßt, das »Arthakathastra«; dort hat er einige der überkommenen Geheimkenntnisse der Dravidas gleichsam als »schwarze Veden« niedergeschrie-

ben. Da hört man von erstaunlichen Methoden, welche die Dravidas, die körperlich und waffentechnisch den Ariern unterlegen sind, zur Verteidigung ihrer Dörfer und Ländereien anwenden. Man erhält zugleich einen Eindruck, wie kontrastreich und verbissen der langwährende Krieg der arischen Landnahme gegen die dunkle Urbevölkerung gewesen sein muß.

Auf der einen — der arischen — Seite wurde der übliche indogermanische »Heldenkampf« geführt, wie ihn Ilias, Nibelungenlied oder Mahabarata schildern: wilde Waffengänge mit Schwert, Lanze, Schild und Streitaxt, offene Feldschlachten und heroische Einzelkämpfe, Erstürmung von »Burgen« und beutereiche Eroberung. Auf Seite der Dravidas aber wandte man Mittel an, die aus einer ganz anderen, einer »magischen« Welt kamen. Hier stritten Dämonen, Beschwörungen, Zaubersprüche und Hexenwesen mit.

Da wirbelte in der Nacht Feuer im Dschungel. Die Arierkrieger sahen blaue Flammen auf Wassertümpeln tanzen, während als »Waldgeister« schneeweiß geschminkte Gespenster im Dickicht auftauchten und »Feuer und Rauch aus ihrem Munde ausgehen lassen«.

Kautylya verrät das Geheimnis der Dravidas:

»Ein aus pilu gemachtes Kügelchen, das Feuer (Phosphor) im Innern birgt, in den Wurzeln der Hanfpflanze Suvarcala geknotet oder in Leinfäden eingesponnen wird und mit Baumwolle umwickelt ist, bildet ein gutes Mittel, um Feuer und Rauch aus dem Munde ausgehen zu lassen.« Um Feuer auf dem Wasser brennend zu erhalten, wurde von den Dravidazauberern Öl aus den Früchten des Kuca und des Mangobaumes gemischt. Die kreisenden Flammen erzeugten sie dann laut »Arthacathastra« auf folgende Weise: »Die Knochen des Tintenfisches mit diesem Öl getränkt, werden in die Höhlung schwarzweißgefleckter Bambusrohre gebracht und mit den Flammen eines aus den Knochen des Affen gequirlten Feuers entzündet.«

Die Dravidas waren fest überzeugt, daß ein derartiges Zauberfeuer, »mit Hilfe eines herumgewirbelten schwarzweißen Bambusstabes aus den Rippenknochen der linken Seite eines mit der Waffe getöteten Feindes oder einer gepfählten Frau entzündet worden ist, dreimal herumgewirbelt in der Nacht ... alle Herd- und Lagerfeuer der Feinde erstickt« (bei Kautylya).

In den Nächten erstiegen die schwarzen Dravidas Trompeten- oder Banyanbäume und sprachen durch hohle Tonkrüge oder Bambusrohre, daß es wie die Stimme von Gespenstern hallte: »Wir werden das Fleisch eures Königs und der Besten seiner Leute essen. Macht euch davon, ehe es zu spät ist!«

Die Dschungelbewohner kämpften mit all ihrer Macht gegen die fremden hellhäutigen Riesen, die aus den Gebirgen herab in ihr Land eindrangen. Sie schickten Giftschlangen in die Quartiere der Arier, vergifteten Brunnen, Quellen und Früchte, formten sich Tonfigürchen ihrer Gegner, in welche sie ein Stück vom Körper der Fremden — eine Haarlocke, Fingernägel oder auch nur Speichel — einkneteten, und versuchten durch Fernzauber Tod und Krankheit über ihre Gegner zu bringen, indem sie diese Figürchen mit glühenden Nadeln durchstachen und zugleich beschwörten. Alle Mittel von Zauberei und Magie wurden entfesselt, all die rätselhaften Dorfgötter und Dschungeldämonen mußten zum Kampf gegen den blitzeschleudernden Indra, den brausenden Vata, den rauschenden Varuna antreten. Die Götter des Walddunkels, der Nacht und des tropischen Dschungels rangen in diesem Völkerkampf mit den Göttern des Nordens, der Sonne, dem Sturm, dem Regen und dem Strom. Die Weisheit der Veden stand gegen die magischen Erfahrungen, die Arier wider die Dravidas.

Die Eroberung dauerte Jahrhunderte und vollzog sich im langsamen, aber unwiderstehlichen Vordringen der Arier ins »Fünfströmeland« des Indusgebietes und dann hinüber in die noch größeren Stromtäler der Dschamma und der heiligen Ganga.

Indra, der Gewittergott, Rudra, der Herr der Stürme, und Agni, der Feuergott, überstrahlt von Mjitra oder Suraya, der sieghaften Sonne, betraten das Land fremder tropischer Götter und umschlangen sich kämpfend, wie es später symbolhaft die vielen Plastik- und Gemäldedarstellungen vom »Himmelstanz Indras mit Sita« darstellen. Götterhimmel durchdrang Götterhimmel.

Indra, der Gewittergott und zugleich Kriegergott, der auch als Narajana oder »Männerhort« auftritt, war der Liebling der Arier; sein kraftvolles, kämpferisches Wesen mit aller Klarheit einer Naturkraft entsprach am meisten dem Charakter des kriegerischen Bauernvolkes. Manchmal auch wandten sich die arischen Helden einer geistigen Überhöhung dieses Hauptgottes in »Brahma«, der Weltseele, zu, und je kultivierter und weiser sie wurden, um so mehr gaben sie dem mehr geistigen Prinzip des »Brahma« den Vorzug vor dem rauhen, allzu personifizierten Indra. Brahma ist im Sanskrit ein Neutrum — eine abstrahierte Verallgemeinerung, kein persönlicher Gott mehr, sondern ein Prinzip des wehenden Weltengeistes. In diesem Weltengeist versinnbildlicht sich das Gemüt, die den Göttern zustrebende Andacht, die Urkraft der Natur und das Absolute, ja die Religion schlechthin.

Dieser »Gott« Brahma wird dargestellt, wie er von einer vielarmigen Sita, der Göttin der Ackerfurche und der Fruchtbarkeit, umarmt und zum »Himmelstanz« mitgerissen wird. In Sita aber scheinen viele dravidische Elemente, die der alten Fruchtbarkeitsgöttin, auf. Und so ist es von höchstem Symbolwert, wenn die geistige Himmelskraft Brahmas mit Sita, der fruchtbaren, drängenden Erde zusammen, das ewig strömende Leben zeugt.

Je länger der Kampf mit dem Urvolk andauerte, je tiefer die Arier in das geheimnisvolle Land vordrangen, um so mehr vermengten sich auch die Religionsvorstellungen der Völker.

Einst war Indra, der »Weitausschreitende«, der Männer- und Kriegergott, in dessen Schatten der Bauernkrieger heroisch-tragisch geborgen war. Seine Verehrung bedeutete Kampf und Opfer. Im Dravidaland vermählte sich Indra mit der Liebes- und Fruchtbarkeitsgöttin Lakshmi, sein Ideal wandelte sich in Opfer und Liebe, er veränderte sogar seinen Namen und hieß nun in der

Typisch südindische Kleinstadtstraße. Die Straße mündet beim Tempeleingang von Srirangam.

arischen Bauernbevölkerung in Radschputana »Vishnu« oder der »Allwirkende«. Im Dschamma- und Gangestal wurde er als »Hari« oder als richtender Gott »Krishna« in mystisch-erotischen Kulten verehrt.
Die weich-träumerische, vom Zauber des fruchtbaren Friedens überwältigte Seele Indiens streifte die kriegerischen und kämpferischen Attribute des alten Indra ab und wandelte den Gott zum vielgestaltigen Lenker des Himmels und der Menschen.
Wie in »Sitas Himmelstanz« sich die Götter umschlingen, so durchdrangen sich nun die beiden Ur-Religionen der Arier und der Dravidas, wobei die Elemente der siegreichen Arier die stärkeren und bestimmenden bleiben.
Hindustan entstand und gebar den Hinduismus.
Da sich jedoch zwei fremde Rassen im gleichen Lebensraum trafen, von denen vor allem die der Herren und Sieger nicht in Vermischung untergehen wollte, bildete sich ein soziales und politisches System des Zusammenlebens heraus, das scharfe, ja unübersteigbare Grenzen zwischen Ständen und Volkszugehörigkeit zog. Zugleich mit der geistigen Verschmelzung von Veden-Religion und Dravida-Wesen entstand die unabdingbare Trennung im Kastenwesen.

Der Tempel von Srirangam, der zwischen dem 13. und 17. Jahrhundert entstand, zählt zu den größten Vishnu-Heiligtümern Indiens.

Das Kastenwesen

Die Eroberer brachten eine soziale Grundstruktur mit, die jener aller anderen indogermanischen Bauern- und Kriegervölker gleichzusetzen ist. Über einer breiten Schicht von »Herimanen« – also Bauernkriegern – sitzt eine durch Geburt, Führungseigenschaften oder Volkswahl erhobene Gruppe der »Edlen«, des »Adels«. Diese Auserwählten sind Herren, die von der Masse der Freien als Dorfsprecher, Stammeshäuptlinge, Führer des Heerbannes oder als Könige anerkannt werden und im Kampf, bei Landverteilung und Gerichtstag befehlen können. Die wahlberechtigten »Freien« sprechen in der Versammlung wehrhafter Männer, an der die mindere Schicht der Knechte, Hörigen oder integrierten Gefangenen keinen Anteil haben.

Bei dem Zweig der Arier, der nach Indien einbrach, hatte sich jedoch ein weiterer »Stand« herausgebildet. Das waren die »Wissenden«, die Träger der Tradition und die Kenner der »Veden«, also jener Summe von uralten Volkserfahrungen, Erkenntnissen über Götter, Menschen und Natur, die sich seit Urzeiten erhalten hatten. Diese »Rishi« oder »Brahmanen« – die dem »Weltengeist Brahma« Verbundenen – genossen und genießen bis heute ihrer Kenntnisse wegen hohes Ansehen. Nach vedischer Auffassung steht der Brahmane sogar höher als der König (Aitareya brahmana 7. 15. 8 und Gautama smriti 11. 1). Denn kein Fürst kann der Weisheit des Brahmanen entbehren.

Nach dem Buch des Manu (1. 98) ist der Brahmane eine Inkarnation des ewigen Dharma, also des »Lebensgesetzes«; er ist eine Manifestation Brahmas, des »Weltengeistes«, und infolge seiner Vorzüglichkeit als Träger des »Veda« und Herr der Schöpfung besitzt er ungeheure geistige Macht. Er hat daher Anspruch auf die Verehrung und die Gaben aller anderen.

Dieser hochgehobenen Stellung des Brahmanen ist sicherlich ein langandauernder Kampf mit der Herrenschicht der »Kshatriyas« – dem »Adel« – vorausgegangen. Die Rivalität endete jedoch in einem Arrangement der beiden oberen Gruppen, indem sie die Herrschermacht (Sanskrit = Kshatra) unter sich aufteilten: Die Brahmanen wurden die geistigen Ratgeber, die Philosophen, Politiker und Richtunggeber; die Kshatriya jedoch die Exekutiven, die Vollzieher, Anführer und praktischen Herrscher. Zu diesen beiden oberen Schichten blickten die »Vaishyas« oder »Vaicyas« – also die Menge der gemeinfreien Bauern, die Handwerker oder sonstwie berufstätigen Arier – ehrfürchtig empor.

Als die Arier den weiten Raum eines fremden Landes mit all seinen dunkelhäutigen und so ganz anders gearteten Menschen betraten, gab es bald noch eine vierte Schicht: die »Sudras«, bestehend aus Dravidas, Tamilen, Mahratten und anderen Urvölkern, die durch die Rassenschranke streng von den drei Ständen der Eroberer geschieden waren. Später kamen noch die »Paria« hinzu, unterdrückte Urvölker, die ganz außerhalb der Kastenordnung standen und die allerniedrigsten Arbeiten (wie etwa Kloaken reinigen) zu verrichten hatten.

In dieser Gliederung der Völker lag wohl die Wurzel des Kastenwesens, das sich freilich erst langsam herausbildete.

Mit dem Beginn der Eroberung traten die Arier als Träger einer voll ausgebildeten Naturreligion und einer Mythologie, die in Urzeiten entstanden waren, auf. Ihre Religions- und Lebenserfahrungen waren in den Weisheitssprüchen und Erzählungen der »Veden« fixiert und wurden durch den Stand der Priester oder Philosophen, die »Brahmanen«, als geistiges Erbe erhalten und weitergetragen. Als sich in den langen Jahrhunderten von Eroberung, Landnahme und Durchdringung eines klimatisch, geographisch, ethnisch und religiös völlig fremden Subkontinents die kühleren, nordischen, »geistigen Luftmassen« mit der Tropenluft des Dschungels zu vermengen begannen, entstand gewissermaßen eine gewitterige Schwüle, in der sich das bisherige Wesen der Arier veränderte.

Lang vor dem aber bestand bereits eine sowohl bildungsmäßig wie sozial begründete Kluft zwischen der geistigen Oberschicht der Brahmanen und dem einfachen Volk der Bauern und Krieger.

Die Weisheit der Brahmanen war längst zu abstrakten, philosophischen Erkenntnissen fortgeschritten. Um jedoch Macht und Einfluß über die Massen zu behalten, waren sie klug genug gewesen, die primitiven Götter, Mythen und Glaubensvorstellungen des Volkes beizubehalten und lediglich mit ihren geistigen Thesen zu unterlegen. Mochte das Volk zu vielerlei Gottheiten beten, im Grunde verehrte es ja doch nur verschiedene Eigenschaften und Kräfte des ewigen Weltengeistes »Brahma«, so argumentierten die Brahmanen.

Je weiter die Arier in Indien vordrangen, um so deutlicher wurde es, daß sie es nicht nur mit den Dravidas, sondern mit einer Vielzahl noch älterer, noch geheimnisvollerer und noch fremdartigerer Völkerschaften zu tun hatten, die ihrerseits in grauer Vorzeit von den Dravidas überwandert und unterworfen worden waren. Alle hatten ihre Göttervorstellungen und Mythologien, ihre sozialen und rituellen Eigenheiten. Die Gefahr bestand, daß die Arier sowohl biologisch wie geistig in diesem Dschungel der Fremdheit untergehen könnten.

Derartigen Auflösungstendenzen widersetzten sich die Brahmanen, deren Vorrang und geistiger Führungsanspruch ja mit dem Volkscharakter der Arier gemeinsam untergegangen wäre. Sie erhielten daher sorgfältig die

Eine der zahlreichen Götterstatuen im Menakshi-Tempel von Madurai, Südindien. Im Hintergrund ein Verkaufsstand von Opfergaben.

überkommene Weisheit der Veden und brachten den sich ausweitenden Götterhimmel und die wuchernden Mythen in das System philosophischer Spekulationen, wie sie das bereits mit Erfolg in der Vorzeit ihres Volkes geübt hatten.

Das indische Pantheon weitete sich maßlos aus, es hatte Platz für alle Gottesvorstellungen und viele Mythen.

Doch die zunehmende Kompliziertheit und Abstraktion der vielerlei verflochtenen Glaubensinhalte ging bald über das schlichte Begriffsvermögen des Volkes hinaus. »Entweder blieb dieses (das Volk) bei seinem alten Glauben, dessen mythologischer Inhalt sich stärker auf seine einfachen Beschäftigungen bezog, oder es nahm die neuen Glaubensvorstellungen unter der Voraussetzung an, daß es die neuen mit den alten Göttern indentifizieren konnte« (Veronica Jons, *Indische Mythologie,* S. 12). Bei diesem Prozeß leisteten die Brahmanen wirksame Hilfe. So erklärt sich die Vielgestalt und die wechselnden Namen indischer Götter und Heroen, die endlose Umdeutungen erfuhren.

Auch die Idee der Reinkarnation, also der Wiedergeburt, die in den Veden völlig unbekannt ist und erst durch die Berührung mit den Urindern auftritt, wurde übernommen. Allerdings wurde dieser Gedanke so wuchernd ausgebaut, daß jede Gottheit, jeder Heros oder Dämon, ja jedes menschliche Wesen als Wiederverkörperung eines anderen erscheinen konnte. So konnte jedermann, welchen heimischen, dörflichen oder berufsständischen Spezialgott er auch immer verehrte, der Meinung sein, nur die abgewandelte Form ein und derselben Gottheit zu verehren. Auf diese Weise konnten auch stets fremde Bevölkerungsgruppen als besondere Gruppe im riesigen Verband des Hinduismus voll integriert werden. Mit all ihren eigenen Kulten, Glaubensthesen und Riten fanden sie stets ihren Platz im Gemeinsamen. Wenn also ein Hindu auch eine abartige Verkörperung eines göttlichen Prinzips anbetete, so lehnte er deswegen nicht die Existenz all der anderen Gottheiten ab, sondern mündete stets ein in das »Brahma«, das Weltenprinzip.

Aus dem biologisch-sozialen Bestreben der Trennung von Eroberern und Besiegten einerseits und aus der brahmanischen Toleranz und Großzügigkeit in der Anerkennung von vielerlei Formen der Gottesverehrung andererseits bildete sich das Kastenwesen heraus. Dieses Kastenwesen, das uns heute so fragwürdig erscheint, hat erst spät seine mittelalterliche Rigorosität und seine unabdingbare Eingrenzung erreicht, war jedoch sicherlich schon in den Tagen Buddhas (um 500 v. Chr) in voller Ausformung begriffen. Es ist ein religiös-soziales Phänomen von höchster Kompliziertheit, das heute etwa 3000 verschiedene Kasten umfaßt und immer noch fortbesteht.

Den Indern ist das Kastenwesen eine so selbstverständliche Einrichtung, daß sie dafür keinen besonderen Ausdruck hervorgebracht haben. Die Portugiesen waren es, die das indische Wort für »Stand«, gleich »dschati«, in »casta«, soviel wie »Geschlecht«, übersetzten.

Eine Kaste ist eine streng durch Sitten, Lebensgesetze und Abstammung von anderen Menschengruppen abgesonderte Gemeinschaft. Eine Kaste ist erblich und unabwendbar wie das Schicksal: Karma, der »Zwang der Dinge«. Menschen einer Kaste sind durch ihr »Dharma«, das heißt, durch ihr besonderes »Lebensgesetz«, in Regeln und Geboten miteinander verbunden. Diese Lebensregeln beziehen sich auf »Reinheit«, Heirat, Mahlzeiten, Berufstätigkeit, Behandlung der Toten und körperliche Kontakte mit anderen Menschen.

So hoch wuchsen im Laufe der Zeit die Mauern der Kasten gegeneinander, daß es zum Beispiel unmöglich wurde, daß die Tochter eines Töpfers, der Eßgeschirr herstellt, den Sohn eines Töpfers heiratet, der nur Fäkalienkrüge oder Vorratsgefäße produziert. Die Berührung der verschiedenen Gruppen galt und gilt bis heute nicht nur gefährlich, sondern wird zu »Sünde« und »Verunreinigung«, die gesühnt und durch ausgedehnte Reinigungsrituale aufgehoben werden muß. So hat etwa ein Bettler einer höheren Kaste seine volle Reisschale auszuleeren, wenn nur der Schatten eines »Sudra« — eines Niederkastigen — auf sie gefallen ist.

Die Kastenregeln sind religiös-sozial fixiert wie »Dharma« oder »Karma« — nur im Glauben besitzen alle völlige Freiheit. Die Auswahl im hinduistischen Götterhimmel ist groß, sowohl was Gottheitssymbole, als was Riten, Gebräuche und Gebete anbelangt.

Am Anfang gab es nur vier Hauptgruppen von Kasten: Brahmanen, Kashitryas, Vaicyas und die Sudras, in deren ungeheurem Sammelbecken sich viele Fremdrassige befanden. Doch bereits Manu führte in seinem »Dharmacastra« (um 100 v. Chr.) an die 50 Kasten an, die sich als Unterabteilungen aus den vier ursprünglichen Gruppen meist nach sozialem Stand, Beruf oder Abstammung herausgebildet hatten. Die vier traditionellen »Stände« oder »Varna«, gleich »Gattung«, die schon im »Rig-Veda«, also in uralter Zeit, erwähnt sind, konnten sich noch gelegentlich durch Heiraten untereinander verbinden. Später jedoch wurden die Mauern unübersteigbar; wer sie dennoch einzureißen versuchte, verlor seine Kaste und damit seine Seele.

»Jati« ist ein Begriff, der bereits im Gesetzbuch des Manu unumstößlich festliegt: er bedeutet: »Geburt und damit bestimmte Daseinsform, Rang und Zugehörigkeit zu einer Klasse oder Gattung.«

Im »Dharmabuch« des Manu werden derartige Lebensformen genau umrissen. »Der Mensch, der jede Speise ißt, jede Arbeit verrichtet, das Vedastudium vernachlässigt, unrein ist und sich schlecht benimmt, ist eben ein Sudra.«

Die Brahmanen aber sollen vor allem die Veda studieren, das Volk lehren und den Göttern opfern; die Ksatriyas müssen Krieger sein, das Volk beschützen; die Vaicyas sollen Ackerbau, Handwerk, Handel und Viehzucht betreiben. Alle drei oberen Kasten dürfen die Veda kennen und innerhalb ihrer Kastenordnung heiraten. Doch vor allem haben die Brahmanen den Vorrang.

Doch selbst unter den Sudras gibt es eine noch tieferstehende Volksgruppe, die außerhalb jeder Kastenordnung steht. Da gibt es die Gruppe der »Candalas«, von denen es in den Cadogiya Upanishaden heißt: »Sie sind von

Der Menakshi-Tempel in Madurai wurde im 17. Jahrhundert erbaut. Er ist Shiva geweiht, gilt als ausgedehntester Tempelbau Indiens und als Höhepunkt dravidischer Baukunst.

widerlicher Geburt gleich den Hunden oder Schweinen.« Ihnen bleiben die abscheulichsten Beschäftigungen in der Sozialordnung überlassen, vor allem solche, die mit Tod und Verwesung zu tun haben. Aus ihnen rekrutieren sich die Leichenbeschauer, Totengräber, Lederarbeiter, Müllmänner, Tierfänger, Fleischhauer, Fäkalienräumer und Henker. Diese zahlenmäßig starke Gruppe der »Ausgestoßenen« und »Unberührbaren« wurde später von den Europäern mit dem Namen »Paria« belegt.

Während sich in Indien diese höchst eigenartige Sozialordnung und religiöse Toleranz hinsichtlich der Auswahl des einzelnen im vielgestaltigen Olymp des Hinduismus herausbildete, schälte sich im Denken der Brahmanen langsam eine Grundidee der Religion heraus.

Glück und Heil erreicht der Mensch, wenn er im Streben nach Erlösung vom Rad der Wiedergeburten die richtigen Normen (Dharma) einhält, die sich auf drei Punkte konzentrieren: 1. dem auf sittlichen Vorschriften beruhenden richtigen Betragen; 2. in der pflichtgetreuen Sorge für den Lebensunterhalt, für das irdisch Nützliche; 3. in der legitimen Befriedigung des Dranges nach Lebensgenuß. Diese drei Ziele heißen Dharma, Artha und Kama, das rechte Maß aller drei ergibt den Durchbruch zu Erlösung und zum Göttlichen (bei Manu 2. 224).

Der Hinduismus kennt ebenso wie das Kastenwesen keine bestimmte Geburtsstunde, so wie er keinen Stifter besitzt. Er ist vielmehr das Ergebnis einer in vielen Jahrhunderten gewachsenen religiösen Nachdenklichkeit der Brahmanen, die sich im Spiegelfeld sehr alter und verschiedenartiger Naturreligionen erging.

Der große Mahatma Gandhi sagte vom Hinduismus: »Er ist das Streben nach Wahrheit mit gewaltlosen Mitteln« (in *Young India* 24. 4. 1924). Dieses Streben beinhaltet große Toleranz gegenüber allen möglichen Denkformen, Vorstellungen, Symbolfiguren, Göttern, Geistern und Riten, soferne sie nur dem gleichen Ziele zustreben: dem »Brahma«, dem Weltengeist. In diesem gewaltlosen und toleranten Zug des Hinduismus liegt aber auch seine unendliche Vielfalt, sein Zerfließen in tausenderlei Formen der Götterverehrung und in die Anerkennung der vielen, möglichen Wege beschlossen, die alle zum gleichen Ziele führen.

Nach indischer Auffassung ist jeder in Indien von indischen Eltern Geborener ein Hindu, sofern er sich nicht selbst ausschließt und zu einer anderen Religion überwechselt. Sogar jene Gruppen gelten als Hindus, die das Ansehen der großen Götter herabsetzen, die Tempel meiden, die Autorität der heiligen Schriften und die Kastentrennung leugnen, wie das etwa die heutigen Manbhavs, die Bhagavatas oder Krishna-Verehrer tun. Sie bleiben Hindus, weil ihr Dharma sie dazu bestimmt hat.

Die klassische Literatur des Hinduismus

Eines dürfte inzwischen klar geworden sein: Der Hinduismus ist keine Offenbarungsreligion, nicht das Werk eines einzelnen Stifters, Propheten oder Visionärs; er stellt auch nicht die Reform früherer Religionsauffassungen oder einen Gegensatz zu anderen Religionen dar, sondern er ist das gewachsene Produkt einer aus Urzeiten herüberreichenden seelisch-geistigen Entwicklung.
Die Ausgangsbasis bildeten die auf Naturgottheiten, ethischen Erkenntnissen und uralt erfahrenen Weisheiten beruhenden Vorstellungen der arischen Völker, die sich in »vedischen« Liedern, Weissprüchen und Mythen niedergeschlagen hatten. Darum kann man von der ältesten Periode des Hinduismus als jener des »Vedischen Zeitalters« sprechen.
Erst mit der fortschreitenden Landnahme der Arier in Indien und der damit verbundenen Berührung mit den Religionsvorstellungen fremder, meist dravidischer Völker begann die eigentliche Periode des Hinduismus, die man auch als die Stufe des »Brahmaismus« bezeichnet hat.
In dieser zweiten, ebenso polytheistischen wie pantheistischen Stufe der Entwicklung, die von oben herab durch die Lehren der Brahmanen, von unten her aber von den dschungelhaft wuchernden Kulten und Riten der Kasten gekennzeichnet wird, trat vor allem die Lehre von »Brahma« – der Weltseele – und die Emanationslehre auf. Letztere bedeutet, daß »das Brahma« als Weltseele die Welt nicht nur schafft, sondern sich auch vielgestaltig in ihr entfaltet. Die Natur und all ihre Erscheinungen, wie Krankheit, Leiden, Unheil und Tod, ist »getrübtes Brahma«.
So wie alles Leben, aller Geist vom reinen Brahma ausgehen, so muß auch alles wieder zu ihm zurückkehren. Die Vorstellung vom großen, pulsierenden Atem der Weltenbrust tritt auf, und aus ihr geht der Gedanke an die Seelenwanderung hervor, das Hinschreiten der Seelen über die zahllosen Treppen der Existenzen bis zur Reinigung und zum Eingehen ins Brahma.
Da es nach den tropisch vielfältigen, durch die verschiedenen Lebensumstände, sozialen oder beruflichen Kriterien der Volksgruppen unendlich verschiedenartige Wege, göttliche oder mythologische Wegbegleiter, Helfer, Beschützer und geheimnisvolle Mächte gibt, die dem Menschen beistehen, ja ihn zur Erlösung führen können, übersetzt sich das dem Hinduismus allgemein innewohnende Streben nach Wahrheit und Eingehen ins Brahma in zahllose Götter-, Heroen- und Dämonenkulte. Unter diesen Kulten kann sich der einzelne aussuchen, welchem er sich – passend für seine Kaste, seine soziale oder berufliche Stellung – zuwendet. Das Bedürfnis nach einem persönlichen Erlöser wächst an.
Letztlich ist ja auch Gautama Buddha neben vielen anderen Wegbereitern den Pfad einer neuen möglichen Selbsterlösung gegangen. Doch Buddhas ungemein abstrakte und ganz geistige Lehre vermochte sich in Indien auf die Dauer nicht durchzusetzen. Die Volksmassen wandten sich in einer dritten Periode des Hinduismus der Dreieinigkeit der großen Götter zu: Vishnu, Shiva und einem personifizierten Brahma.
Vor allem im »Vishnuismus« und im »Shivaismus« fand und findet das einfache Volk seine breite Heilsstraße. Was dann noch an Entwicklung nachfolgte, war unübersehbares Sektenwesen der Massen und brahmanische Ausweitung der Philosophie.
Die Kenntnis von all diesen komplizierten, geistigen Vorgängen kommt uns aus der wohl ältesten Mythologie und Religionsliteratur der Menschheit zu.
Die älteste arisch-indische Literatur sind die vier Veden. In ihnen sieht der Hindu die »göttliche Offenbarung«, während alle späteren »Samhitas« oder Textsammlungen nur als heilige Überlieferung betrachtet werden. All diese sakralen Texte werden in der altertümlichsten Form des »Sanskrits« überliefert.
»Sanskrit« bedeutet »die zurechtgemachte Sprache«, die im Gegensatz zum volkstümlichen »Prakrit« steht. Sanskrit kommt aus dem Altindogermanischen und war in uralten Tagen ausgebildete Hochsprache der Priester, Gelehrten und Poeten, die mit Sorgfalt von dieser Oberschicht erhalten und gepflegt, vom Volk jedoch vermutlich schon während der Einwanderung in Indien nicht mehr gebraucht wurde.
Ganz ähnlich hatten einst die altägyptischen Priester ihre »hieratische« Sprache entwickelt und erhalten, die sich im Laufe der Zeit vom »demotischen« Sprachgebrauch der volkstümlichen Dialekte so weit unterschied, daß heilige Texte oder geheimnisvolle Riten nur noch der Priesterschicht verständlich blieben. Ein ähnlicher Vorgang spielte sich bei der Ausbreitung des Christentums ab, als die unveränderlichen Wahrheiten, Messen, Gebete und Rituale im lapidaren, unveränderlichen Latein weitergetragen wurden, während das Volk sich in seinen vielfältigen Dialekten verlor.
Nur der Gebrauch einer erstarrten, wie Stein festgemeißelten Sprache garantiert die Genauigkeit einer zeitlosen Überlieferung, an der keine Sprachaushöhlung, Begriffsumdeutung, Dialektfärbung etwas zu verändern vermochte. Das Sanskrit erhielt sich demnach ohne Erosionserscheinungen über die Jahrtausende im Munde der Gebildeten, so wie im europäischen Mittelalter etwa

In Südindien entstanden zahlreiche Formen des Tanztheaters, die sich über weite Teile Südostasiens verbreiteten. Hier: Eine Tänzerin leitet ein Barong-Spiel ein (Insel Bali, Indonesien).

Oben: Der gute Geist Barong mit seinem Freund, dem Affengott Hanuman.

Rechts: Die Hexe Rangda tritt als böser, unbesiegbarer Gegenspieler Barongs auf.

jeder Humanist selbstredend in Latein las, schrieb oder lehrte. Erst im 4. Jahrhundert v. Chr. hatte der indische Brahmane Pañini dem Sanskrit eine Grammatik und ein Regelsystem gegeben, bis dahin war es ganz einfach die mündlich überlieferte Gelehrtensprache.

Im Bereich des Hinduismus gilt Sanskrit noch in der Gegenwart als die Literatur- und Gelehrtensprache; jeder echte »Pandit« oder Gelehrte beherrscht sie in Wort und Schrift. In vergangenen Tagen wurden sogar die anspruchsvolleren Dramen der indischen Bühne nur in Sanskrit vorgetragen und von einer weiten Schicht gebildeter Menschen verstanden. So wurden die vier großen Vedensammlungen, die »Samhitas«, »Brahmanas« und »Sutras«, aber auch die gewaltigen Epen des »Ramayana« und des »Mahabharata« in Sanskrit überliefert, während sich in Indien selbst im Laufe der Zeit etwa 222 verschiedene Dialekte und Volkssprachen entfalteten. Das Indo-Arische, meist als »Hindi« bezeichnet, ist dabei vor allem in Bengali, Marathi, Gujarati und Pandjabi bei ungefähr einem Drittel der indischen Bevölkerung vertreten.

Das Wort als Träger der Gedanken und Gefühle besaß von Urzeiten her große Macht über die Arier. »Die Dichter und ihr Publikum waren zutiefst davon überzeugt, daß dem feierlich gesprochenen Wort eine große Kraft innewohne und daß ihre in bestimmten Formeln und Metren ausgedrückten Gedanken eine eigene Potenz darstellten, die nicht nur zu großen Leistungen fähig, sondern auch zum Gelingen der rituellen Handlungen notwendig war« (Jan Gonda, *Die Religionen Indiens*, Bd. I, S. 22).

Sogar etymologisch bedeutet das Wort »Mantra« – in den Veden die Bezeichnung für Gebete, Zauberformeln oder Opfersprüche – wörtlich soviel wie »geistig erregt sein« im Sinne von »ergreifen, bewirken oder beabsichtigen«.

Der durch Worte ausgedrückte Gedanke ist also von Ursprung an bei den Ariern etwas Heiliges, mächtig Wirkendes und der Erhaltung Würdiges. Die ältesten Veden gehen auf Jahrtausende vor Christus zurück. Der Vedenforscher B. G. Tilak *(The arctic home in the Vedas,* Poona 1903, und in *Orion, or Researches into the Antiquity of the Vedas,* 1916) setzt auf Grund astronomischer Gegebenheiten den Anfang der ältesten Veden, wie etwa den »Hymnus an Ushas«, auf 4500 Jahre vor unserer Zeitrechnung an. Wie aber trugen die Priester den genauen Text – ohne schriftliche Aufzeichnungen – über die vielen dahingegangenen Generationsfolgen bis in die geschichtlichen Tage herüber?

Hier tritt ein Phänomen zutage, das allen Urvölkern gemeinsam scheint: Sie gaben ihre Weissprüche, Lieder, Epen, Mythen und Ritualformeln einzig durch ein erstaunliches Gedächtnis weiter, indem sie durch ständige Wiederholung einer zu Priestertum und Gelehrtenschaft heranwachsenden Jugend die Tausende von Versen und Sentenzen einprägten, bis diese Wort für Wort in deren

Gedächtnis festsaßen und nun abermals weitergegeben werden konnten.
Victor Hugo hat einmal in dem Kapitel »Dieses wird jenes töten« *(Glöckner von Notre-Dame)* den tiefgründigen Satz geschrieben: »Die bleierne Schrift Gutenbergs hat die steinerne der Architektur getötet; die Erfindung der Schrift hat das Gedächtnis der Völker verkümmern lassen.«
Jedenfalls ist es eine historische Tatsache, daß alte, des Schreibens unkundige Völker über phänomenale Gedächtnisleistungen verfügten, die nachmals nie mehr erreicht wurden. Die rund zweimal 20.000 Verse in ILIAS und ODYSSEE des Homer sind etwa 350 Jahre nur von Mund zu Mund wortgetreu überliefert worden, bevor sie ein Gelehrter im Auftrag des Peisistratos kurz vor der Wende zum 5. Jahrhundert v. Chr. niederschrieb.
In Indien jedoch haben sich nicht nur die Veden mit ihren Tausenden von Versen, sondern auch die großen Heldenepen über Jahrtausende und Jahrhunderte nur im Gedächtnis erhalten, ehe sie schriftlich fixiert wurden. Das »Ramayana« etwa zählt in sieben Büchern rund 48.000 Verse, das »Mahabharata« hat sogar an die 200.000 Verse. Und alles war lediglich mündliche Überlieferung, bevor es zu Schrift und Buch wurde.
Das älteste dieser Quellenwerke ist sicherlich das »Rig-Veda« mit 1028 Hymnen, die zu den Götteropfern gesprochen wurden. Ihm folgte das »Sama-Veda«, eine Sammlung von Gesängen, das »Yajur-Veda« (und zwar der »schwarze« mit Opfersprüchen und Versen und eingestreuten Erläuterungen in Prosa; der »weiße«, der vor allem Erklärungen zu den Opfersprüchen enthält) und schließlich das »Athara-Veda«, in dem der Volksglaube an böse Geister, Zauberformeln und Verwünschungen aus drei Jahrtausenden enthalten sind. Kommen die »Veden« aus nicht mehr genau bestimmbarer, grauer Vorzeit, so weiß man, daß die »Brahmanas« – religiöse Lehrtexte und theosophische Betrachtungen – etwa zwischen 800 und 600 vor unserer Zeitrechnung entstanden. In den sogenannten »Waldtexten« sind bereits »Upanishads« enthalten, das sind geheime Belehrungen.

Den »Brahmanas« folgen nun eine Reihe solcher »Upanishads« – ein Gemisch halb poetischer, halb philosophischer Betrachtungen über metaphysische Dinge, in welchen sich bereits anzeigt, wie weit sich das Denken der Brahmanen vom Volksglauben entfernt hat. Interessant ist zum Beispiel, daß im »Chandogya Upanishad« – entstanden in der gleichen Zeit, als im fernen Athen Sokrates das »Erkenne dich selbst« lehrte – der Kernsatz aller Religionen enthalten ist: »tat twam asi«, gleich: *»das* bist du!«, also der gleiche Gedanke, den auch Sokrates ausspricht.
Die dritte Periode der vedischen Literatur beginnt etwa 600 v. Chr. mit den »Sutras«. Dies sind sehr karg und knapp gefaßte Regeln über Opferrituale, Aussagen über Gewohnheitsrecht und Rechtspraxis.
Aus dieser »Sutra-Literatur« gehen später die berühmten Rechts- und Staatsbücher wie das »Dharmacastra« des Mani oder das »Arthacathastra« des Kautyliya hervor.
In seinen großen Epen »Ramayana« und »Mahabharata« besitzt Indien die Gegenstücke zu Ilias, Äneis oder Nibelungenlied – nur daß im hinduistischen Bereich alles ins Dschungelhafte, Wuchernde und Phantastische sich ausweitet und sich viel weitgehender mit religiösen Vorstellungen vermischt, als es etwa Ilias oder Äneis tun.
Das »Ramayana« ist wohl das Werk eines einzelnen Dichters. Man nimmt an, daß es der fromme Einsiedler-

Kathakali gehört zu den berühmtesten Tanzdramaformen Indiens und entstand in Kerala (Südindien). Getanzt werden vor allem Szenen aus den großen Epen Mahabharata und Ramayana. Hier Bilder aus dem ersteren.

Brahmane Valmiki in Kosala etwa in der Lebenszeit Buddhas, also im 6./5. Jahrhundert v. Chr., nach alten Texten schrieb. Dieses »Ramayana« berichtet in seinen sieben Büchern die Geschichte von Rama, dem Sohn des Königs Ayodhya. Rama und seine Gemahlin Sita werden durch eine Intrige vom Hofe vertrieben, bestehen zahllose Abenteuer mit Monstern, Dämonen und Göttern, ehe sie schließlich glücklich heimkehren, um zu herrschen.

Das »Mahabharata« dagegen ist das Werk vieler anonymer Verfasser. Es ist aufgebläht durch die Hinzuaufnahme vieler Legenden, Mythen, von Lehrtexten über Philosophie, Recht, Religion und die Pflichten der Kriegerkaste. Seinen Hauptinhalt bildet, ähnlich wie in der ILIAS, die Geschichte eines großen Krieges, der alle Völker Indiens in die Fehde zwischen den arischen Kurus und den ebenso arischen Pandus verwickelte und der in einer 18 Tage währenden Entscheidungsschlacht beim heutigen Delhi endet. Man hat als Zeitpunkt dieses arischen Bruderkrieges etwa das Jahr 1000 v. Chr. errechnet – was etwa der Zeit des Trojanischen Krieges entspricht. Das daraus entstandene Epos ist in vielen Jahrhunderten aufgebaut worden und stellt eine der besten Quellen für altindische Denkweise und Religionsauffassung dar.

Am Beginn des »Mahabharata« wird der König der Pandus vom besten Würfelspieler am Hofe der Kurus herausgefordert, mit ihm sich zu messen. Er geht mit großem Gefolge an den Hof der Kurus und spielt. Dabei verliert er nacheinander Schatz, Heer, Reich, seine

Oben: Skulpturen des südindischen Tempels Halebid, die zwischen dem 11. und 14. Jahrhundert entstanden.

Rechts: Skulpturen des südindischen Tempels Somnathpur, 13. Jahrhundert.

vier Brüder und endlich seine schöne Gattin Draupadi (mit der aber auch alle seine Brüder verheiratet sind!). Er riskiert einen letzten Wurf, verliert und muß mit all den Seinen für zwölf Jahre in die Knechtschaft. Nach seiner Rückkehr zu den Pandus beginnt er einen Vergeltungskrieg, der endlich mit der völligen Vernichtung der Kurus endet.

Da etwa um 300 v. Chr. alle heiligen Bücher und Texte der Hindus schriftlich niedergelegt sind, beginnt fortan eine immer reichhaltigere hinduistische Literatur zu erblühen. Sie beschäftigt sich fortan mit allen Gebieten des Geisteslebens: Poesie, Drama, Philosophie, Theologie und Religionsgeschichte.

Als Europa im 18./19. Jahrhundert unserer Zeitrechnung, angeregt von den kolonialen und imperialen Expansionen Englands und Frankreichs, sich voll Interesse Indien und damit auch seinem Geistesleben zuwandte, fanden seine Gelehrten eine Überfülle von Literatur und von Quellen, die ihm zum Verständnis des Hinduismus als der eigentlich indischen Lebenshaltung und Religion verhalfen.

Der unübersehbare Kosmos der Götter

Durch das Vorhandensein dieser umfangreichen Literatur war es möglich geworden, die Entstehung und Entwicklung des vollausgebildeten Hinduismus seit dem Veden-Zeitalter klar zu übersehen.
Mehr als ein Jahrtausend der langsamen Eroberung, der Abgrenzung kleiner und größerer Arierstaaten, der Ausbildung vielfältiger Grafschaften und Königreiche im Indus- und Gangestal war seit dem Einbruch der Arier über die »Himmelsmauern« dahingegangen. Es waren lange Jahrhunderte der dravidisch-arischen Religionsmischung, in denen die siegreiche Herrenrasse der Arier ihre Wesensart und ihre Grundstruktur vor allem durch zwei Kriterien erhielt: einmal durch die Wirksamkeit der Brahmanen als religiös-geistige Wächter des Volkes und zum anderen durch die auf der ursprünglichen Sozialgliederung der Arier fußende Ausbildung des Kastenwesens.
Der Brahmane erhob sich in dieser langen Zeit infolge seines Wissens und seiner Unentbehrlichkeit bei den vielfältigen Opfern noch mehr als bisher über die übrigen Stände und wurde oft schon mit Brahma, dem Weltengeist, gleichgesetzt. Inmitten der Auswucherung des Götterhimmels wurde das Opfer beinahe zum Selbstzweck, man setzte es, wie auch den Altar oder das Opferfeuer, dem Herrn der Welt, Prajapati, gleich.
Bis etwa zum Auftritt Gautama Buddhas (ca. 560—480 v. Chr.), der dann ebenso wie sein Vorgänger und Nebenbuhler Vardhama Mahavira, der Begründer des Jainismus (siehe darüber den Band *Buddhismus* dieser Reihe), auszubrechen versuchte, entstand in Indien eine von religiösen, philosophischen und sozialen Spannungen zitternde geistige Atmosphäre. Immer neue Mythen, Legenden, Götterfiguren, Dämonengestalten, Riten und sektiererische Zweige des hinduistischen Baumes wucherten auf. Wieder waren es die Brahmanen, die, über diesem Gewirr stehend, das Alte erhielten, zum Allgemeingültigen vorstießen und in endlosen Spekulationen und Opferregeln dem Neuen Deutung und Symbolwert gaben.
In dieser langen Entwicklungsepoche, die von der Vedenzeit zum eigentlichen Brahmaismus führte, verloren die meisten der rig-vedischen Götter an Volkstümlichkeit — so Varuna (jetzt nur noch Gott des Wassers), Indra (jetzt mehr Dämonenbekämpfer als Kriegsgott), Agni (nunmehr beinahe verdrängt von dem neuerfundenen Gott Prajapati), Soma (nunmehr nur noch Mondgott). Neue Göttervorstellungen traten an ihre Stelle, die alten Olympier erfuhren Umdeutung oder Wandlung. Ganz neue, der veränderten Lebensform und Umgebung angepaßte Götter stiegen empor. Viele dravidische Züge wurden sichtbar. Das üppige, tropische Land gebar schillernde, manchmal recht schwül sexuell betonte Legenden und Mythen. Aber die Himmlischen standen jenseits von Gut und Böse, deshalb nahmen Morallehre und Sittengesetz auch einen nur bescheidenen Raum in der sich ausbildenden hinduistischen Religion ein.
Moral, Lebensgesetze, Brauch und Ritual waren und sind Angelegenheiten der verschiedenen Kasten. Die großen Brahmanen befaßten sich in dieser Zeit vor allem mit philosophischen, kosmologischen und theologischen Problemen.
Unter den neuen Volksgöttern ragten hervor: Kubera, der Gott des Reichtums, Lakshmi, Göttin der Fülle und der Schönheit, Kama, der Liebesgott. Jetzt wurden Göttergestalten, die in der vedischen Periode hauptsächlich personifizierte Naturkräfte gewesen waren, durch phantasievolle Schilderung ihrer Taten und Erlebnisse stärker individualisiert und immer menschenähnlicher gemacht. Damit verwischten sich jedoch die Aufgabenbereiche der Götter, sie wechseln nicht nur die Namen und Erscheinungsformen, sondern auch ihre Eigenschaften, so daß ein Gebrodel von verschiedenen, einander berührenden und sich gegenseitig durchdringenden Göttergestalten entstand.
Parallel zu diesem Auswuchern der Volksphantasie ging das philosophische Bestreben der Brahmanen, aus all diesen wandelbaren und sich an Bedeutung abwechseln-

Oben: Tempelwand von Halebid.

Links: Moderner Hindutempel, den der Industrielle Birla 1939 in Delhi errichten ließ.

Rechts: Skulpturen am Eingang des Jain-Tempels von Jaisalmer (Rajasthan).

den Göttern jenes höchste Wesen herauszukristallisieren, das offenbar die gesamte Schöpfung durchwaltete. Die geistige Führerschicht kam dabei immer mehr zur Abstraktion und zum Allgemeinen.
Ursprünglich war »Brahma« gleichbedeutend mit Gebet oder Zauberspruch, dann wurde es gleichgesetzt mit Wissen, gleich Veda, schließlich nahm es im Denken der Brahmanen den Sinn von »Weltengeist«, Weltprinzip oder Weltenseele an. Da den in Kasten sich aufspaltenden Volksmassen dieser hohe, rein abstrakte Schluß unverständlich und fremd blieb und bleibt, verpersönlichten die Priester das »Weltenprinzip« in dem neuen Obergott »Brahma«. Ihm gesellten sie in der ursprünglich als Sarasvati bekannten Göttin für Künste und Wissenschaft die göttliche, aber personifizierte Kraft »Shakti« als weibliche Göttin und Gemahlin zu.
Doch selbst diese ins Bildhafte und Greifbare übersetzte Spekulation der Brahmanen war dem einfachen Volke zu hoch, zu geistvoll und zu schwierig. Brahma und seine Gattin Shakti wurden niemals volkstümlich, obschon sich überall die Frage stellte, ob einem der alt-

श्री जिनभद्र सूरि भंडार
अग्रीम सूचना देने पर सुबह
१० से ११ बजे तक ही दर्शनार्थ
खोला जा सकेगा

überkommenen vedischen Götter oder einer seiner hinduistischen Abwandlungen oder der neuen, unbegreiflichen Gottheit Brahma der Vorrang als Himmelsvater gebühre.
Dem allgemeinen Volksgeiste der brahmaistischen Zeit entsprachen zwei andere Gottheiten viel mehr: Vishnu und Shiva.
Um diese beiden Götterfiguren rankten und ranken sich so viele Mythen und Legenden, die alle voller Saft und Kraft, rustikal, erotisch und menschennah sind und so sehr dem eigenen Lebensgefühl der Massen entsprechen, daß dagegen der zu Abstraktion, philosophischer Blutleere und reinem Geist neigende Brahma mitsamt seiner Gemahlin Shakti nicht konkurrieren kann.
Vishnu hatte viele Eigenschaften des alten Indra übernommen.
Vishnu erfreut sich als gütiger, segnender und aufbauender Gott der höchsten Verehrung des Volkes. Nach der Legende hat er »acht Avataras« – das bedeutet Herabstiege, Wesenswerdungen oder Wiedergeburten – erlebt: Er kam als Fisch, Schildkröte, Eber, Mannlöwe, Zwerg, Rama mit der Axt (Parashurama), als Held Rama und als Heros Krishna. Jedesmal, wenn Vishnu Gestalt annahm, nahte er sich als freundlicher Helfer dem Menschengeschlecht. Am liebsten verehrte man ihn in der Gestalt als »Rama«, der in Wahrheit ein berühmter Held der Eroberungstage gewesen war, oder als »Krishna«, eine Verbindung von Held, großem Weisheitslehrer und lüsternem Hirtengott. Da Vishnu immer wiedergeboren wird, glaubt das Volk auch daran, daß Gautama Buddha eine derartige Reinkarnation des Gottes gewesen sei, womit der ungeheuer weitherzige Hinduismus gleichzeitig auch den Buddhismus in seine Arme zieht. In einer fernen Zukunft erwartet das Volk die nochmalige Wiederkehr Vishnus als Erlöser, der beim Weltuntergang und Weltengericht als »Held Kalki« herniedersteigt. Als Gattin hat man Vishnu die schöne Liebes- und Fruchtbarkeitsgöttin Lakshmi zugedacht.
Ein Grundgegensatz zu Vishnu ist der Gott Shiva.
In ihm leben der rig-vedische Sturmgott Rudra und eine Anzahl vorarische, vermutlich dravidische, göttliche Wesen, Götter der Fruchtbarkeit, Berggeister und Dämonen weiter. Er ist ein schrecklicher, zerstörender Gott. Um ihn zu besänftigen, nennt man ihn vorsichtigerweise »den Gnädigen« (gleich Shiva). In Shiva treffen sich zahlreiche dravidische Elemente, vor allem die Verehrung der tropischen Fruchtbarkeit. Shivas Symbolzeichen ist der »Linga« (Phallus), dessen Riten sehr

Der Jagdish-Tempel von Udaipur, dem Gott Vishnu geweiht, ist typisch für den nordindischen Baustil. 17. Jahrhundert.

sexuell bestimmt sind. Shivas Gemahlin Devi (auch als Paravati, Durga oder Kali erscheinend) versinnbildlicht die vernichtende Kraft der Epidemie, des Todes und des Mordens. Im Kult der »Würgerin Durga« oder in den Riten der »vielarmigen Zerstörerin Kali« symbolisiert sich die Macht des Todes. Es wird deutlich, daß in diesen Religionsgebräuchen die dunkle Vorzeit der arischen und dravidischen Völker mit ihren Tier- und Menschenopfern fortlebt.

Später hat die Lehre der Brahmanen die drei Hauptgottheiten des Hinduhimmels – Brahma, Vishnu und Shiva – in der »Trimurti« oder »Dreieinigkeit« vereinigt als die drei Hauptprinzipien einer ewig im Geiste schillernden Gottheit.

Daneben wurden aber auch alte dravidische Schlangen- und Tiergottheiten und Kulte und zahlreiche örtliche Kulte assimiliert. Wie Alfons Väth S. J. in seinem Buche *Die Inder* (S. 17) sagt: »... hat das schlaue Brahmanentum unter Duldung und Förderung des Verschmelzungsprozesses allen Kulten den Stempel der Rechtsgläubigkeit aufgedrückt.«

Über dieses gesamte, sehr komplizierte Religionsgeflecht legte sich, von den Brahmanen akzeptiert und philosophisch ausgebaut, der aus Urindien übernommene Seelenwanderungsglaube. Nach dieser ausgeklügelten, oft visionär gesehenen Lehre ist jede Seele – ja jegliches Leben an sich – ein vom großen, rein geistigen »Brahma« losgerissenes Fünkchen, das dem inneren Gesetz zufolge zur reinen Weltseele zurückkehren muß. Diese Vorstellung gleicht jener des Alten Testaments, daß mit dem Engelssturz etwas Geistiges in die Welt, das Fegefeuer und die Hölle herabgefallen ist und sowohl des eigenen Ringens wie der Erlösung bedarf, um wieder zurückzukehren zum Göttlichen. Nach brahmanischer Auffassung ist jede Form von Leben – pflanzliches, tierisches und menschliches – eine Verbindung von Materie und Seele, wobei man sich die Seele wie ein feinstoffliches Wesen vorstellt, das wie ein Astralleib dem Körperlichen innewohnt. Daß diese Seele beim Tod den materiellen Leib verläßt, galt den Brahmanen als selbstverständlich. Alfons Väth S. J. drückt diese indische Religionsvorstellung folgendermaßen aus: »Die Seele, von einem feinstofflichen Leib umgeben, wandert nach dem Tode in ein anderes Lebewesen, einen Gott, einen Menschen höherer oder niederer Kaste, ein Tier, eine Pflanze. Bestimmend ist das ›Karma‹, die Summe der guten und bösen Taten beim Abschluß des vergangenen Lebens, die sich dem feinstofflichen Leib einprägt und zu einem entsprechenden neuen Dasein führt.«

So wandert – nach brahmanischer Auffassung – die Seele über die unendlich vielen Stufen des Alls, durch zahllose Lebensformen, nicht nur auf dieser kleinen Erde, sondern auch über die unbekannter, ferner Gestirne eines Götterhimmels, bis endlich das »Karma« erfüllt und der ewige Kreislauf des Lebens – das Samsara – sein Ende in der Erlösung, das heißt, in der Heimkehr zum Weltengeist findet.

Auf diese Weise wuchs der Hinduismus in der Epoche des »Brahmaismus« nicht zu einer Religion, sondern zu einem Meer von Religionen heran, in dem primitiver Volksglaube an persönliche Naturgötter, an Dämonen, Gespenster, personifizierte Geistesmächte ebenso Platz findet wie höchst abstrakte Spekulationen, Abstrahierungen des Gottesbegriffes und rein philosophische Denkmodelle. Im Hinduismus sind Polytheismus, Pantheismus, Monotheismus und Atheismus (die Leugnung jeglicher Gottheit und das Ende im Nichtsein des Nirwana) enthalten und verflochten.

Alle Denkformen haben Platz in seinem Pantheon, so wie das All, die Welt und das Menschenwesen in sich alle Möglichkeiten und Unterschiede bergen.

Das Grundprinzip, das alle Verschiedenheit vereinigt, liegt im Streben nach Wahrheit und in der Sehnsucht nach dem Göttlichen, Ewigen und rein Geistigen.

Einheit in der Vielfalt. Die Philosophie der Brahmanen

Aristoteles hat einmal den weltgeschichtlichen Pulsschlag jeder geistigen Entwicklung, sowohl im Einzelmenschen wie in den Kulturkreisen, durch drei aufeinanderfolgende Perioden charakterisiert.

Am Anfang steht immer die Stufe der »ungegliederten Einheit«, das bedeutet die Einheit des Weltgefühls, wie sie etwa das noch natursichtig und gefühlsmäßig gebundene Kind oder das naturhafte Volk entwickelt. Während dieses Lebensabschnittes sind dem Lebensgefühl Himmel, Erde, Zeit, Raum, pflanzliches, tierisches und menschliches Dasein eine einzige harmonische Einheit. Alles ist vom Atem des Göttlichen durchweht, hängt in vielerlei Beziehungen zusammen; die unendliche Vielzahl des Seienden und Denkbaren wird nicht exakt voneinander unterschieden, sondern ruht eingebettet im Gesamtgefühl der Existenz.

Dieses glückliche Zeitalter der Harmonie zwischen Himmel, Erde, Göttlichem und Menschlichem lag für die Hindus lange vor der »vedischen Zeit«, in ihrer historischen Kindheit.

Im Zeitalter der Veden und der frühen Begegnung mit der Welt der Frühinder betraten sie den Abschnitt jener zweiten Entwicklungsperiode, von der Aristoteles sagt, sie sei »die gegliederte Vielheit«.

Jetzt zerteilte das Erkennen, die Nachdenklichkeit und die wachsende Bewußtheit die zahllosen unterschiedlichen Erscheinungen, Kräfte, Begriffe und Sachgebiete in Kategorien, Einzelkomplexe und voneinander verschiedene Individuen; es erfolgte eine gedankliche Auflösung der Welt in ihre Glieder. Pflanze wurde von Tier, Götter von Menschen, Himmel von der Erde unterschieden, die große Harmonie des Seienden im Weltgefühl zerfiel durch das Denken in tausenderlei Einzelerscheinungen, in Teilwissenschaften, Fakultäten, in die Vielheit der nebeneinander existierenden Fakten.

Das war im Leben des einzelnen die Periode des Lernens und Erkennens, der bewußten Aufgliederung der zahllosen unterschiedlichen Formen, Kräfte und Erscheinungen, aus denen die Welt besteht. Die Vielheit des Seienden wurde aufgegliedert und damit erkannt.

Aber zugleich zerfiel die Einheit des Weltgefühls. Die Harmonie des Gesamten löste sich in einen funkelnden Sternschnuppenfall von Einzelerkenntnissen auf, hinter dem das allumfassende Empfinden für die Einheit des Himmels verschwand.

Im historischen Dasein der Hindus vollendete sich die Stufe der »gegliederten Vielheit« im ausgehenden Veden-Zeitalter und im Übergang zur brahmaistischen Periode. Jetzt vermengten sich arisches und dravidisches Denken, Fühlen und Erkennen miteinander, jetzt schieden sich die »Kasten« voneinander, schälten die Brahmanen das Einzelne aus dem Ganzen heraus, »gliederte« sich die Religion und strebte in die Einzelaspekte vieler Götter, Dämonen, Geister, Mythen und Legenden auseinander. Das ursprünglich »ungegliederte« Welt- und Gottesempfinden nahm wie ein durch das Nachdenken in hundert Facetten geschliffener Edelstein die Eigenschaften eines in vielerlei Lichtbrechungen funkelnden Diamanten an: jede Facette brach das Licht anders, spiegelte eine andere Farbe oder eine andere Eigenschaft, Wirkung, Erscheinungsform der Gottheit. Ein beinah chaotischer Götterhimmel, ein Dschungel von Mythen und eine Unzahl von Denk- und Gefühlsformen »gliederte« die »Vielheit« dessen, was man nun in vielerlei Sektoren des Daseins begriff und voneinander unterschied.

In der »brahmanischen Epoche« des Hinduismus verwirrte sich die religiöse Vielheit durch Gliederung. Zugleich jedoch blieb das aus der ersten und früheren Periode fortwirkende Streben nach »Einheit«, nach Zusammenschau und Harmonie des Ganzen bestehen. Die Brahmanen als die geistigen Führer und Vollstrecker der religiösen Entwicklung verloren zu keiner Zeit das Ziel aus den Augen, die Vielheit wieder zur Einheit zurückzuführen.

Es war ein Vorgang, der dem kultur- und geistesgeschichtlichen Weg der beiden letzten Jahrhunderte Europas vergleichbar ist. Europas Weltgefühl war aus der Epoche der »ungegliederten Einheit« seines gotischen, streng religiösen Zeitalters zur Renaissance, zum Erwachen des Entdecker- und Wissenschaftsgeistes fortgeschritten, dann zum Barock, schließlich zur Aufklärung. Europa hatte auf den Straßen zahlloser, voneinander unterschiedener Einzelwissenschaften ungezählte Einzelerkenntnisse, also die »Gliederung« des Ganzen erreicht und dann entdeckt, daß alle diese Forschungsergebnisse, Entdeckungen und Erfindungen wie Strahlen von der Zentralsonne der einstigen »Einheit« fortführten, daß sie zwar Teilgebiete des Daseins ausleuchteten, aber keine Zusammenschau, kein »Weltbild« mehr zuließen. Die Stufe der »gegliederten Vielheit« verlor die Einheit im Göttlichen und die Harmonie des Ganzen.

Ganz ähnlich vollzog sich die Entwicklung des Hinduismus.

Je mehr sich diese Sammel-Religion in der Aufgliederung der verschiedenen Göttergestalten, Kulte, Riten, Mythen und Kastenauffassungen verlor, um so mehr entfernte sie sich von der einstigen Einheit, des naturhaft Religiösen. Das war vor allem der Priesterschicht der weisen Brahmanen sicherlich in dem gleichen Jahrhundert, in dem Aristoteles lebte, so klar wie diesem geworden.

Der Eingang zum Jagdish-Tempel, Udaipur (Rajasthan).

Links: Tempeleingang in Belur, Südindien.
Rechts: Ein Analphabet diktiert einem Schreiber einen Brief. 1947, zu Beginn der Unabhängigkeit, waren noch 98 Prozent aller Inder Analphabeten, heute können rund 40 Prozent der Männer und 20 Prozent der Frauen lesen und schreiben.

In jener Zeit, zu der in Indien Gautama Buddha lebte und sich enttäuscht von der allzu sehr »gegliederten Vielheit« des Brahmaismus abwandte, in jener Epoche, zu der fern in Griechenland die ionischen Philosophen auftraten, um das »All-Eine« und die Zusammenschau der Welt zu suchen, bemühte sich auch das Brahmanentum darum, zu jener dritten Stufe des Aristoteles zu gelangen: zur »gegliederten Einheit«.
Das bedeutet Systematisierung und umfassende Zusammenschau all der vielen Einzelerkenntnisse oder – was den indischen Bereich anbelangt – der vielen Götterkulte, Mythen und religiösen Spekulationen und deren Überhöhung durch eine »Weltanschauung«, die alles umfaßt, erklärt und deutet.
Der Hinduismus trat schon im brahmanischen Zeitalter in das Bemühen ein, aus der Vielzahl religiöser Mythen und Erkenntnisse wieder die alles überdachende Einheit zu gewinnen. Dieses Streben füllte die gesamte weitere Geschichte des Hinduismus bis zur Gegenwart und bis zu den großen indischen Philosophen unserer Tage.
Als sich bis etwa 600 v. Chr. der hinduistische Götterhimmel und der gewaltige Dschungel der Mythen, Epen, Heldenlegenden und vielfältigen Riten herausgebildet hatte und das Kastenwesen zu wachsen begann, war auch der Einfluß der Brahmanen fest verankert. Da sie durch die Kenntnis der Veden und der Götterhierarchie selbst in der Rolle von Vermittlern zwischen Irdischem und Göttlichem getreten waren, nahmen sie allmählich in der sozialen Ordnung den Rang von Halbgöttern ein, denen man zutraute, daß einige »Heilige« (Saddhus) unter ihnen durch ihre Geisteskräfte sogar die Götter selbst in den Schatten stellten.
Die Brahmanen unterbauten diese Machtstellung, indem sie ihr Hauptaugenmerk auf zwei Prinzipien richteten: Das eine war der Vollzug der Opfer und der Riten, das andere der Bau eines komplizierten geistigen Systems der Religion.
Das Opfer mit all seinen unterschiedlichen Riten wurde beinah zum Selbstzweck. Es diente nicht nur der Verehrung der Götter, sondern sollte Kräfte auslösen, die den Fortbestand der Weltzeitalter und die Existenz des Götterhimmels im ewigen zyklischen Wechsel von Tod und Wiedergeburt garantieren sollten.
Während das in Kasten, Berufsgruppen und soziale Schichten geteilte Volk in seinem bildhaften, von einer verschiedenartigen Umwelt und Lebensform geprägten Empfinden verharrte und seinen vielerlei Götterkulten nachging, wandte sich die Spekulation der Brahmanen den in allen Mythen, Veden, Götterlegenden und magischen Formeln steckenden allgemeinen und abstrakten Wahrheiten zu. Sie bauten nicht nur eine gewisse Systematik der Religion auf, sondern suchten darüber hinaus die Einheit einer Weltschau.
Auf diesen schwierigen Wegen, die von der Welt zur Überwelt, von der Vielheit der Erscheinungen zum Allgemeingültigen, ja zu den zeitlosen Weltgesetzen führen sollten, gingen sie nach dem gleichen System von Grundfragen vor, das fast gleichzeitig auch die frühen, ionischen Philosophen benutzten. Doch im Gegensatz zur griechischen Philosophie, die einen induktiven – also von der naturwissenschaftlichen Erfahrung oder dem Experiment ausgehenden und zum allgemeinen Schluß führenden – Weg einschlugen, also im eigentlichen Sinne »wissenschaftlich« vorgingen, wählten die indischen Brahmanen vornehmlich den Pfad der Deduktion: Sie leiteten aus einem als gültig vorausgesetzten Lehrsatz das Spezielle ab. Ihr Streben baute auf der Kenntnis der Veden und Mythen auf, sie verzichteten nicht auf visionäre Erkenntnisse und gaben der Intuition mehr Raum als dem Intellekt.

Die Urfragen jeder Philosophie stellten auch sie sich: Woher kommt alles? – Wohin geht alles? – Welchen Sinn hat das Ganze?
Das führte die brahmanische Lehre logischerweise zu den Fragen nach Zeit und Raum, zur Deutung menschlicher und göttlicher Existenz und zur Ausbildung von Ritual, Beschwörung, Gebet und Opferbrauch. Dadurch wollten sie die Verbindung von menschlicher Existenz und göttlicher Ordnung herstellen und erhalten.
Da das brahmanische Denken vom Vedenzeitalter und aus der Begegnung mit den dunklen Mythen vedischer oder dravidischer Vorzeit herkam und durchaus deduktiv ausgerichtet war, übersetzte es alle Erkenntnis wiederum in mythische Erzählung, in Symbolik und Vision.
Eines der Grundprobleme, mit denen sich der Brahmanismus von Anbeginn an beschäftigte, war das der Zeit.

Nach Auffassung der Brahmanen ist die Zeit ein ewig sich drehender Zyklus von Werden und Vergehen, und »Zeit an sich« ist nur an der Dauer der Einzelerscheinungen zu messen. In Wirklichkeit gibt es »Zeit« gar nicht. Sie ist nur das Aufleuchten eines Strahls, den eine ewig glühende Sonne ausstrahlt. Die Sonne als Quelle des Lichts ist immer existent; Zeit messen wir nur an der begrenzten Dauer des Lichtstrahls, der auf einen Gegenstand fällt, diesen sichtbar macht, um schließlich zu erlöschen. Nur der Abschnitt zwischen Aufblitzen und Verglühen ist »Zeit«. Zeit ist wie das Pulsieren des Atems Brahmas.
Ein Zyklus stellt 100 Jahre im Leben Brahmas dar.
Aber das Jahr Brahmas hat andere Dauer als das des Menschen. Ein einziger Tag im Leben Brahmas, eine »Kalpa«, umfaßt 4,320.000 Erdenjahre. Eine »Kalpa« teilt sich wiederum in 1000 Maha-Yugas oder Großzeit-

Nordindische Marktszenen.
Oben: in Jaisalmer.
Rechts: in Jaipur.

alter. Die »Maha-Yuga« beinhaltet vier Yugas, die als Abschnitte die Namen Krita, Treta, Dwapara und Kali tragen.

Die »Krita-Yuga« dauert 1,728.000 Jahre, sie ist das goldene Zeitalter. In dieser Epoche herrscht Dharma, ein vierbeiniger Gott der Gerechtigkeit und der Pflichterfüllung. Die Menschen dieses Zeitalters sind alle tugendhaft, zufrieden, von Krankheiten und Nöten frei, sie verehren einen weißen Gott.

Aber schon »Treta-Yuga«, das 1,296.000 Jahre dauert, ist nur noch ein silbernes Zeitalter und weniger glücklich als das vorausgegangene. Gott Dharma besitzt jetzt nur noch drei Beine, die Menschen neigen zu Aggression, sind »um ein Viertel weniger tugendhaft« (bei Manu), wenngleich noch die Brahmanen überwiegen und die Menge der Menschen gut sind. Sie verehren einen roten Gott.

»Dwapara-Yuga«, das 864.000 Jahre andauert und dem bronzenen Zeitalter vergleichbar ist, sinkt weiterhin ab. Die Menschen streiten nun viel, lügen und betrügen. Doch gibt es immer noch eine große Zahl von Brahmanen, Kshatriyas und Vaicjas — also Angehörige der oberen Kasten —, die gewissenhaft ihre Pflichten erfüllen. Der Gott dieser Zeit ist gelb.

Die Zeit jedoch, in der die spätere, uns bekannte Weltgeschichte abläuft, heißt Kali-Yuga, sie ist das eiserne Zeitalter und dauert 423.000 Jahre. Jetzt ist Gott

Dharma einbeinig und hilflos, die Tugend ist auf ein Viertel zusammengeschrumpft, Krieg, Streit und Haß regieren, der Gott ist schwarz.
So nähert sich der Groß-Zyklus der Schöpfung dem Tage »Kalkis«, in dem die letzte Inkarnation Vishnus sich zeigt.
Vishnu erscheint in dieser Gestalt als Weltenrichter, denn am Ende der Zeit geht die Welt unter, damit sich eine neue gebären kann.
Aber erst am Ende zahlloser »Kalpas« oder »Tage des Brahma«, wenn der Zyklus der 100 Jahre Brahmas abgelaufen ist, geschieht das »Maha-Pralaya«: der absolute Untergang der Existierenden.
Dann werden Götter, Dämonen, Gestirne, Menschen und Dinge ausgelöscht, und sogar Brahma – der Weltengeist – hört zu atmen auf.
Den Tagen des »kleinen Weltuntergangs« am Ende des »Kali-Yuga«, des eisernen Zeitalters, in dem wir leben, gehen bedeutende Ereignisse und Verfallserscheinungen voraus, die denen der Apokalypse gleichen.
Schon in den Büchern des großen Brahmanen Manu, die noch in *vor*christlicher Zeit geschrieben wurden, werden in prophetischer Weise Umstände und Vorgänge vorhergesagt, die zur großen Weltkatastrophe hinüberleiten. Moderne, vom Hinduismus herkommende Sekten – wie etwa die »Rada-Krishna-Jünger«, die heute auch die Straßen der USA oder Europas durchziehen – haben diese uralten Visionen aufgegriffen und auf die Zeitumstände der Gegenwart umgedeutet. Es ist nicht zu leugnen, daß sich hier – genau wie zur Apokalypse des Johannes – überraschende Analogien und Parallelen ergeben.

Das Ende der Menschheit und des »Kali-Yuga«, also des »eisernen Zeitalters«, wird durch zwei Phänomene heraufgeführt: Das erste ist die maßlose Vermehrung der Völker und die Abwanderung großer Massen in die »Mütter alles Verderbens« – in die Städte. Das Bauernland verödet, während ein streitsüchtiges, selbstgerechtes, sich selbst für göttlich haltendes Volk elend und verdreckt in den überfüllten Gassen der Großstädte brodelt. Die zweite Erscheinung, die kommenden Untergang ankündigt, besteht in der Loslösung der Menschen von jeder religiösen Bindung, im »Verlust der Mitte« und der damit verbundenen Amoralität, welche die Massen beseelt.
Eine neue Massengesellschaft steigt herauf, deren Daseinsziele nicht mehr in der Erlangung von Erleuchtung, Erlösung und höherer Vollkommenheit und damit in besserer Wiedergeburt, sondern ausschließlich bei Essen, Trinken, Vermehrung, Sexualität und Vergnügen liegen.
Es kommt eine »Zeit der Sudras und Sklaven«, sagt Manu, eine Epoche, in der die großen Persönlichkeiten in der Masse der Antlitzlosen untersinken, sich diesen beugen müssen und in der immer »die Mehrheit« Recht hat, obgleich sie meist böse, gemein und töricht ist.
Diese Endzeit erlebt die völlige Herrschaft der Frauen. »Weiber werden herrschen und alles bestimmen«, sagt Manu, »Weiber, die oberflächlich, geschwätzig und lüstern sind und die zu viele Kinder gebären.« Dann wird man Keuschheit, Scham und die Zartheit echter Liebe nur noch verhöhnen und sich ganz öffentlich der Pornokratie und der Verehrung des Sexuellen hingeben. Die Menschheit wird alle alten Werte von sich werfen und ihre göttliche Bindung vergessen.
Gleichzeitig werden sich die Klüfte zwischen Armen und Reichen immer mehr erweitern, viele Formen von Tyrannis treten auf; denn die hin und her wogenden Menschenmassen sind nur noch durch harten Zwang oder durch immer neue Versprechungen in Zaum zu halten.
Niemand wird die Warnungen der Götter beachten: das Kommen großer Dürreperioden, von Erdbeben, Vulkanausbrüchen und eisigen Winden, und doch wird sich in all dem das Kommen von »Kalkis dem Vernichter« ankündigen. Der »Weltuntergang« beginnt, indem »sieben Sonnen wie Urweltfeuer am Himmel aufflammen« und alle Feuchtigkeit der Erde trinken, so daß alles in Dürre und Staub zerfällt. Wolken werden wie »Fäuste zum Firmament emporfahren und wie Elefanten aussehen, Blitze werden vom Saum dieser Wolken niederfahren« – eine beinah bildgetreue Vision möglicher Atombombenexplosionen.
Wenn diese Katastrophe vorüber ist, werden sich die Schleusen des Himmels öffnen, und Regen wird zwölf Jahre lang niedergehen, bis die gesamte Erde überschwemmt und alles Leben vernichtet ist.
Brahma selbst treibt dann in einer Lotosblüte über den Wassern und stillt nun das grelle Glühen der sieben Sonnen, das Brausen der Stürme und das Prasseln des Regens. Wenn er dies getan hat, versinkt auch der Weltengeist Brahma in tiefen Schlaf. Er atmet ein und nimmt den Geist aller Götter, Menschen, Dinge und Erscheinungen in sich auf. Die Welt ist nur noch Gedanke und ruht lange Zeit, bis Brahma endlich wieder ausatmet und die kommende Welt neu hervorbringt.
Diese Visionen nehmen in Symbolsprache die neuesten Theorien der Astrophysik und Kosmogonie vorweg; denn auch die modernen Wissenschaftler mit all ihren Erkenntnissen durch Radioteleskope, Explorers und Raumstationen glauben den Zusammensturz des Alls und seine Neuschöpfung für eine ferne Zukunft, jedoch immerhin im zeitlich begrenzten Raume, voraussagen zu können.
Was die hinduistische Mythologie nun über die Weltschöpfung und die Erschaffung des Raumes mit all seinen ewig gleichen Elementen aussagt, ist ein phantastisches Geflecht von uralter Vedenweisheit mit dravidischen Vorstellungen.
Nach Auffassung der Brahmanen ist die Welt wie ein Rad konstruiert. Im Hindutempel von Konarak ist diese Vorstellung immer wieder dargestellt. Die Erde, auf der die Hindus leben, bildet die Nabe dieses von sieben sphärisch um sie gelagerten Kontinenten wie von Speichen getragenen Rades, dessen Ring der Himmel ist. In der Mitte der Erdenwelt liegt der heilige Berg Meru, der Wohnsitz Brahmas (der hier wieder als Person auftritt). Der Berg ist von der heiligen Ganga umflossen, und viele andere, aber niedrigere Gipfel umringen den Sitz Brahmas. Auf ihnen hausen Indra, der auch Vishnu ist, Rudra-Shiva und all die anderen »großen« Götter. Die Vorgebirge werden von guten Geistern – den Ghandaharvas – bewohnt, während die Dämonen, Schlangen- und Unterweltsgottheiten im Schatten der Täler und im tiefen Dschungel hausen.
Die mythologischen Deutungen der Welt sind vielfältig. Bald stellt man sich die Welt wie die Haube einer Schlange vor, diese »Weltenschlange Shesha« ruht wiederum zusammengerollt auf dem Panzer einer Schildkröte, die ihrerseits in den Fluten des Alls schwimmt. Dann wieder sieht man die Erde wie eine Kugel, die von vier Elefanten oder Riesen getragen wird. Wenn diese vier die Last von einer Schulter auf die andere wälzen, entstehen Erdbeben.
Bei der Toleranz und Vielgestaltigkeit des Hinduismus nimmt es nicht Wunder, daß vielerlei Schöpfungs- und Weltmythen entstehen.
So erzählt eine andere Mythe, daß nach der letzten Weltkatastrophe nur Wasser die Welt bedeckt habe. Anstatt jener Lotosblüte, von der wir schon gehört haben, trieb ein goldenes, kosmisches Ei auf den Fluten. Das Ei ist in diesem Falle das Symbol des Feuers und Lebens.
Das Weltenei zerbricht nach Tausenden von Jahren und entläßt den wiedererwachten Weltengeist Brahma, der sofort die Gestalt des ersten Menschen annimmt. Dieser erste Mensch, der all seine Sünden und Unvollkommenheiten im Feuer des letzten Weltenbrandes ausgelöscht hat, ist identisch mit dem Weltengeiste. Sein Name ist Purusha. Unendliche Zeiten war er mit sich selbst allein in dem Ei eingeschlossen und fürchtete sich, wenn er über die seelenlosen, endlosen Wasser hinblickte. Aus

dieser Vorzeit stammt die Furcht des Menschen vor dem Alleinsein. Purusha hatte keine Freude am Dasein, weil er so schrecklich einsam war. Deshalb spaltete er sich in eine männliche und weibliche Hälfte. Seither ist die Menschenseele innerlich gespalten und sehnt sich nach Vereinigung mit ihrem Gegenpol. Der weibliche Teil hatte den Namen Amvika oder auch Viraj – sie entspricht der Eva der Bibel. Aus der Vereinigung von Purusha und Amvika entstehen die Menschen. Danach nimmt dieses erste Götter-Menschen-Paar nacheinander die Gestalt von Tierpaaren an: Rindern, Eseln, Ziegen, Schafen und allen anderen Kreaturen, und zeugt jeweils die entsprechende Nachkommenschaft.

Ein weiterer Schöpfungsmythos erzählt, wie alles Seiende dem göttlichen Körper eines Gottes namens Narayana entsprang, der als eine andere Erscheinungsform Brahmas oder Vishnus auf einem Bananenblatt über den Wassern trieb und dabei die Stellung eines Embryos im Mutterleib annahm: ein Symbol ewiger Wiederkehr des Lebens.

Eine weitere Mythe – vermutlich älter als alle anderen und schon aus früher Vedenzeit stammend – läßt den vielen alten Völkern gemeinsamen Urbericht von der großen Flut und den Wassern des Anfangs fort und deutet noch auf die dunklen Tage der Menschenopfer hin. Danach hatten sich die alten Ariergötter Indra, Varuna, Agni mit den Sturmgeistern der Maruts zusammengetan und das Universum geschaffen. Dann aber fingen sie den Universalgeist Purusha und opferten ihn auf einem Stein. Der Frühling war die Butter, der Sommer der Brennstoff und der Herbst die Beigaben dieser Opferhandlungen. Der Winter aber war der Tod des Purusha. Doch dieser nahm nun die Gestalt eines Erdriesen an. Aus seinem Haupte erhob sich der Himmel, aus seinem Nabel die Luft, seinen Füßen entströmte die Erde. Seinen Gedanken entsprang der Mond, seinem Auge die Sonne, aus seinem Ohr kamen die Jahreszeiten, aus seinem Munde gingen wie Atemwolken Indra, Varuna und Agni aus, und aus seiner Nase entfleuchte wie Windessausen Vayu.

Auch die Kasten und ihre vier Farben, die jenen der vier Weltzeitalter entsprachen – weiß, gelb, rot und schwarz – kamen aus Purusha. Seinem Munde entsprangen die Brahmanen, die Kshatriya seinen Armen, die Vaicjas seinen Schenkeln und die Sudras seinen Füßen.

Diese Schöpferfunktionen übertrug man dann auf Brahma, als die ursprünglich abstrakte Vorstellung des Weltengeistes immer stärker personifiziert wurde.

Schließlich setzte sich im gesamten Hinduismus der Glaube durch, daß Brahma – das Weltprinzip oder auch der personifizierte Weltengeist –, der Schöpfer von Himmel und Erde, der Geber der Gesetze, Verursacher der Kastenordnung und des Schicksalsweges sei.

Ein mit Namen und Herkunft in alten Tagen bekannter Brahmane namens Markandeyà hat in seinen Lehren noch eine weitere interessante Variation des Schöpfungsmythos hinzugefügt. Nach seiner Erzählung entkam bei der letzten Weltkatastrophe ein Brahmane oder »Rishi« (Weiser) namens Manu. Es ist bezeichnend für die hohe Selbsteinschätzung des Brahmanentums, das Markandeya berichtet, dieser Manu habe zehntausend Jahre Askese, Kasteiung und Meditation geübt und dabei endlich Brahmas Glanz und Göttlichkeit erreicht. Dieser Manu sei deshalb von Brahma selbst vor dem Herannahen der Weltkatastrophe gewarnt worden und habe vorsorglich eine Arche gebaut, in die er alle Samen der bekannten Lebewesen mitnehmen sollte. Als nach dem Ende der großen Flut die Arche von den Gipfeln des Himalaja herabsank, verließ Manu dieselbe und brachte aus Milch und Butter ein Dankopfer dar. Diese Opfergaben wandelten sich nach Jahresfrist zu einer schönen Frau. Gemeinsam mit dieser setzte Manu seine Meditationen und Gebete fort. Mit dieser Frau zeugte Manu den Neuanfang des Menschengeschlechts, während er aus den Samen, die er mitgebracht hatte, alle Lebewesen zu neuem Dasein erweckte.

Diese Legende besitzt große Ähnlichkeiten mit dem Gilgamesch-Epos der Babylonier oder der Noah-Geschichte der Bibel.

Je mehr sich jedoch der Hinduismus in der Lehre der Brahmanen vom Mythologischen zum Philosophischen, vom Bildhaften zum Abstrakten hinwandte, um so mehr veränderten sich auch die Schöpfungsberichte. Als die Zeit Buddhas herangekommen war, hatten sich Lebensgefühl und religiöses Empfinden der Hindus schon sehr weit verändert. Die Nachdenklichkeit der Brahmanen resignierte in zahllosen Spekulationen, die Selbstauffassung der Menschen wurde immer pessimistischer, an Stelle von Götterglaube und kritikloser Hingabe an das Überkommene trat bei den gebildeten und herrschenden Schichten Weltmüdigkeit und Neigung zur Weltflucht. Jetzt empfanden die hohen Brahmanen sowie die Büßer und Mönche den endlosen Kreislauf von Inkarnationen, Weltschöpfung und -untergang als leidvolles Schicksal. Buddha ging schließlich den einsamen Pfad fort vom Brahmaismus, fort vom Weltleben, fort von Leid und Leben zur inneren, rein abstrakten Selbsterlösung und zum ewigen Frieden im Nichtmehrsein des Nirwana.

Dieses Aufwachsen einer philosophisch-pessimistischen Stimmung unter der Oberschicht drückte sich auch in der letzten der Schöpfungsmythen aus: der Geschichte von Brahma-Prajapati. Als Brahma-Prajapati aus den Wassern des letzten Weltunterganges emportauchte, blickte er über die Welt hin. Wissend, daß nun alles von vorne beginnen wird, begann er zu weinen. Aus den Tränen, die er fortwischte, entstand die Luft, aus den Tränen, die ins Wasser fielen, die Erde, und die Tränen, die er dem Nichts über ihm entgegenschleuderte, wurden zum Himmel. Dann warf Brahma-Prajapati die Schalen seiner Körperlichkeit von sich, um wieder reiner Geist zu werden. Aus dem, was er abgestreift hatte, entstanden das Dunkel, die Menschen und Götter, das Mondlicht und der Erdentag. Und als Letztes – der Tod.

Mit diesen und ähnlichen Mythen versuchte der Hinduismus seit den Tagen seines Anfangs die erste der philosophischen Grundfragen, das »Woher kommt alles?«, zu erklären. Seit seiner »brahmanischen Periode« jedoch

Verkauf von religiösen Bildern. Einträchtig hängen hinduistische, christliche und islamische Bilder nebeneinander. Dies ist für den Europäer befremdend, für den Hindu aber selbstverständlich, denn ihm gelten alle Religionen als Erscheinungsformen des e i n e n Weltgeistes.

verwandelte sich die oft visionäre und primitive Volksmythologie immer mehr in Theologie oder in transzendentale Philosophie. Zumindest geschah dies im geistigen Überbereich des Hinduismus und durch die Brahmanen. Die Masse der verschiedenen Götterkulte und Mythen, wie sie die Volksmenge glaubte, blieb im Bildhaften und wucherte zu immer neuen Legenden, Mythen und Symbolvorstellungen fort.

Wenn auch die Masse der Hindus die abstrakte Philosophie der Brahmanen nicht versteht und gläubig inmitten der immer zahlreicher werdenden Erscheinungsformen seiner Götter, Dämonen, Tiersymbole und Monster verharrt, so durchdringen dennoch die Prinzipien brahmanischen Denkens auch die vielerlei Mythologie- und Religionsvorstellungen des Volkes. »Spätestens seit den ›Upanishaden‹ (den seit dem 7. vorchristlichen bis zum 5. nachchristlichen Jahrhundert entstandenen ›Geheimlehren‹ der Brahmanen) basieren die meisten theologischen und philosophischen Systeme auf dem Monismus oder richtiger auf dem Nicht-Dualismus, das heißt, auf der Überzeugung, daß alles, was existiert, sich in seiner letzten Wirklichkeit auf das Eine, das Absolute, zurückführt« (in *Mythen der Völker,* hrsg. v. Pierre Grimal, Bd. II, S. 54, Fischer). Im Prinzip steht in jeder Denk- oder Glaubensform des Hinduismus immer eine

einzige Kraft, ein einziger Weltengeist, Brahma, oder ein ihm verwandter Schöpfer am Anfang der Welt.
Eine weitere Gruppe von Mythen und Geheimlehren befaßt sich seit alters mit der zweiten Grundfrage alles Religiösen und Philosophischen, der Frage: »Wohin geht alles?« Mit dem Endschicksal der Welt und der Dinge beschäftigt sich der Hinduismus ja bereits im Zusammenhang mit der Weltschöpfung, denn die eine Frage geht aus der anderen hervor. Aber wie jede Religion sucht auch der Hinduismus nach einer besonderen Erklärung für das Zielschicksal des Menschen. Woher kommen wir und wohin gehen wir – das ist zu deuten!
Schon im Rahmen mit den Weltentstehungsmythen finden sich meist Erklärungen für die Erschaffung des Menschen, aber in den Tagen der frühen Upanishaden entwickelt sich aus dem Denken der Brahmanen noch eine besondere Vorstellung über die Entstehung des Menschen und den Tod. Auch diese Gedankenkette wird zum leichteren Verständnis für die einfachen Leute in Bilder und Symbolsprache übersetzt.
Danach waren es Yama und seine Zwillingsschwester Yami – Adam und Eva des Hinduismus –, die als Kinder Vivasvats, der aufgehenden Sonne, und Saranyus, der Erde, als erste Menschen auftraten. Bezeichnenderweise ist es auch hier, genau wie in der biblischen Erzählung von der verführerischen Eva, die Frau Yami, die ihren Adam-Yama verführt und zur Zeugung von Nachkommen überredet – trotz dessen Bedenken, daß die Götter eine Verbindung von Bruder und Schwester nicht billigen würden. Und genau wie Adam verliert nun Yama durch den »Sündenfall« seine Unsterblichkeit. Da er jedoch sich des unausweichlich nahenden Todes bewußt ist, erforscht er noch vorher die Straße, welche alle Toten zum Himmel gehen müssen. Er entdeckt den »Pfad der Väter« und weiß nun, daß Agni, der uralte Gott des Feuers, über diesem Pfad regiert. Die Toten müssen durch das Feuer gehen, um zur Ewigkeit zu gelangen. Feuer reinigt ihre Seelen, scheidet das Gute vom Bösen. Die auf der Erde verbleibende Asche des Toten enthält alles Verderbte und Unvollkommene, während der »Astralleib«, die unzerstörbare »Struktur« des Menschen, in der Flamme nach oben entschwindet.
Hat die im Feuer befreite Seele die oberen Regionen erreicht, so vereinigt sie sich wieder mit ihrem »Geistkörper«, wird von ihren Vorfahren und Verwandten empfangen und tritt ein in den »Himmel«. Über diesem »Himmel« herrscht Yama, der erste, der den Pfad der Verklärung gegangen ist.
Die Asche des verbrannten »Erdkörpers« jedoch soll möglichst den heiligen Fluten der Ganga übergeben werden, damit sie zurückkehrt zum Stoff oder Schlamm, aus dem der Leib einst geformt wurde. Das Fortwirken dieses früh schon entwickelten Glaubens kann man heute noch sehen, wenn in Benares etwa seitlich der Ghats die Scheiterhaufen mit den Toten qualmen und Hindufamilien die Totenopfer darbringen, um am Ende die Asche in den Ganges zu streuen.
Die Mythe erzählt weiter vom Schicksal der Toten.
Schweben sie also von der reinigenden Flamme getragen empor zum Hindu-Himmel, so begegnen sie zunächst dem Totengericht, eine Vorstellung, die den alten Ägyptern, Babyloniern, den frühen Christen oder den Anhängern des Zarathustra in Persien ebenfalls geläufig war.
Wiederum wandeln die göttlichen Kräfte ihre Erscheinungsform und ihren Namen. Yama, der Herr des Himmels, tritt jetzt als eine andere Form der Götter auf: er ist Mitra und Varuna in einem und heißt nun »Dharmaraja«. Mitra kann hier nach den Veden als Licht- oder Sonnengott, Varuna aber als der Gott des Dunkels, des Mondes und der Nacht gelten. »Dharmaraja« bedeutet soviel wie »Herr des Gesetzes«, denn »Dharma« ist das Lebensgesetz und »Raja«, als Träger der »Reiher-Federn«, der Herr oder Fürst. Der »Maharaja« ist der große Herr.
In dieser neuen Gestalt des Yama als »Dharmaraja« stehen ihm Helfer zur Seite – ganz ähnlich wie in der altägyptischen Religion. Es sind eine Eule und eine Taube, die dem Weltenrichter die Kunde von allen bösen und guten Taten des Toten zutragen, über sein Tun bei Nacht oder am Tage. Ein »Hofschreiber«, der alle Verdienste und Vergehen des Gerichteten aufschreibt, sitzt neben Yama (wie im altägyptischen Totengericht). Später wird diese Gefolgschaft des Richters noch um zwei gescheckte vieräugige Hunde vermehrt, und Götter nehmen Platz am Richtertisch. Wird der Abgeschiedene für würdig befunden, in den Himmel einzutreten, dann reicht ihm Yama den Somatrunk, wodurch er Unsterblichkeit gewinnt.
Wie es der Phantasie eines in tropischer Umwelt lebenden Volkes entspricht, wird der Himmel Yamas mit aller Pracht und Herrlichkeit ausgestattet, die Märchenerzähler nur zu erfinden imstande sind. Der Palast Yamas, in den die Erlösten eintreten, ist aus purem Golde, aus Elfenbein und Alabaster erbaut, er glitzert von allen Edelsteinen Indiens. Hier thront Yama in seiner Eigenschaft als »Pitripati« – als »König der Vorväter«, während verklärte Brahmanen (Rishis) und engelhafte Wesen (Pitris), die den Ahnen gleichen, ihn anbeten. Da der »Himmel« eine Lieblingsvorstellung der armen Hindus war, wurde er nicht nur immer mehr mit allen Sehnsüchten und Träumen des Volkes ausgeschmückt, sondern auch oft verwandelt. Bald herrscht Varuna mit seiner Gemahlin dort im schneeweißen Palast; bunte Vögel singen, herrliche Blumen blühen und ein Schwall von dienenden Geistern und niederen Gottheiten tragen wunderbare Speisen und Getränke herbei. Da wimmelt es dann von »Adityas« – das sind aus dem Iran überkommene Himmelslichter, also personifizierte Gestirne –, dann gibt es heilige »Nagas«, Schlangen mit Goldhaube, »Danavas« oder Ozeandämonen und einen Chor von Fluß-, See- und Berggeistern. Sie alle dienen den lichten vedischen Gottheiten.

Zahlreiche Statuen schmücken oft indische Tempelsäulen, sie sind Ausdruck des unübersehbaren Götterkosmos.

Später hat man dann Indra in seinem Himmelspalast auf dem Berge Meru – der nach brahmanischer Auffassung allein dem Brahma gehört – als den Himmelsherrn betrachtet. Dieser wohl von vorwiegend »arischer« Gläubigkeit geborene Himmel gleicht einem tropischen, goldfunkelndem Walhall. Indra thront auf dem »Settstokkar«, dem geschnitzten Patriarchensessel, an der Spitze der langen Tafel und trägt die funkelnde Krone, blitzende Armreifen und ein schneeweißes Gewand. Neben ihm sitzt seine Gemahlin. Die lange Tafel, bedeckt mit köstlichen Speisen, wird gesäumt von allen Vedengöttern, den Weisen, den heiligen Büßern und all jenen, die Erlösung erlangt haben und deren Seelen wie im Glorienschein strahlen.

In diesem Himmel Indras gibt es weder Sorgen noch Leid. Die Maruts – alte Sturmgeister und niedrigere Götter – bedienen die Gäste, während die Geister des Windes, Donners, Feuers, Wassers, der Wolken, Pflanzen und Gestirne den Saal füllen. Engelhafte Wesen, die Apsaras und Gandharas, erfreuen die Gesellschaft durch Tanz und Musik, und erewigte Helden geben im »Männersaal« Proben ihrer Geschicklichkeit – ganz ähnlich wie das im Walhall der Germanen geschieht.

Diese frühen und ursprünglichen Vorstellungen vom Schicksal des Menschen nach seinem Tode, wie sie die Mythen berichten, wandelten sich jedoch mit der zunehmenden Überzeugung von der Seelenwanderung und unter dem Einfluß der vielen »Geheimlehren« der Brahmanen, wie sie vor allem in den »Upanishaden« niedergelegt werden.

Dort hieß es, daß es das Schicksal der Seele sei, als ein vom Zentralgeist des Brahma losgerissenes Fünkchen durch Wahrheitsstreben, Bußübungen, Meditation, vor allem aber durch ein Leben der Tugend wieder zum Zentralfeuer des Geistes zurückzukehren. Die immer mehr aufkommende Vorstellung, den »Himmel« also durch Verdienste zu erwerben, beeinflußte auch das gewöhnliche Volk. Das Volk wußte ja um das »Totengericht Yamas«, das er als »Dharmaraja« übte, und war sich der Tatsache bewußt, daß nicht jeder Verstorbene sogleich in das Paradies eingehen würde.

Setzte man die lange Wanderung der Seele durch zahlreiche, ihrem Karma entsprechende Lebensformen voraus, so erschien es nur logisch, daß das Gericht Yamas nicht nur über Eintritt in den Himmel oder über den Ausschluß entschied, sondern daß es auch entsprechende Strafen über diejenigen aussprach, die ihr Dasein bergab gelebt und in Sünde, Verbrechen und Schande verbracht hatten.

So wandelte Yama abermals seine Gestalt und wurde aus einem thronenden Himmelherrn in der Vorstellung der Hindus zu einer Schreckgestalt, die vor allem über die vielerlei Stufen der Hölle regierte.

Wiederum begann die Phantasie der Gläubigen zu

Die zahlreichen Götter Indiens sind nur die bildhafte Verkörperung der Vielfalt des »Einen«, des Brahma, so will diese populäre religiöse Darstellung besagen.

Eine Shiva-Statue mit dem Dreizack. Der Gott steht auf einem Phallus-Symbol.

wuchern. Einige sprachen von 100.000 verschiedenen Höllen, andere nur von 48 und wieder andere von sieben.

Mit einer Plastizität, die eines Dante Alighieri würdig wäre, erfand die Mythe nun die Höllenstrafen für Sünder. Grausame werden in Öl gekocht, Tierquäler kommen an einen Platz, an dem Ungeheuer sie in Stücke reißen, ohne sie jemals töten zu können. »Wer einen Brahmanen erschlägt, kommt in eine Hölle mit feurigem Boden und einer Bratpfanne als Deckel. Tyrannische Könige werden zwischen zwei Walzen zermalmt. Wer einen Moskito tötet, wird von ewiger Schlaflosigkeit gequält. Die Ungastlichen werden in Würmer verwandelt und fressen sich gegenseitig auf. Wer außerhalb der Kaste heiratet, muß für ewig rotglühende, menschliche

Figuren umarmen. Herrscher und ihre Ratgeber, die religiöse Uneinigkeit stiften, werden in einem Fluß mit widerwärtigen Verunreinigungen gekocht und von Fischen angenagt ...« (nach den *Upanishads,* zitiert bei Veronica Jons, *Indische Mythologie,* S. 39). Zwischen die Pole des nunmehr von Indra beherrschten Himmels und der von einem fruchtbar gewordenen Yama regierten Hölle spannt sich der unendliche Bogen der Wiedergeburten, das Hinauf- oder Herabsteigen der Seelen in vielerlei Verkörperungen.

Nur diejenigen unter den Toten, die zu Lebzeiten gläubig waren und Verklärung in Tugend fanden, können den »Pfad der Väter« wandeln und Befreiung von jeglicher Wiedergeburt und Vereinigung mit dem Weltengeist erlangen.

Wenigstens für diese »Straße der Brahmanen« erloschen nun die allzu phantasievollen Bilder und Gestalten, mit denen die ältere Zeit und der Volksgeist den »Himmel« ausgeschmückt hatten.

Mit dem Übergang in die »brahmaistische Periode« des Hinduismus — also etwa seit 600 v. Chr. — stellte man sich die Grundfrage des »Wohin gehen wir?« bereits abstrakter und philosophischer vor.

Der Tote wurde auf den Scheiterhaufen gelegt und unter Opfern verbrannt. Darum konnte zum Beispiel ein kastenloser, ohne Nachkommen und Familie dastehender Mensch, für den niemand Totenfeier und Opfer ausrichtete, niemals zu den Göttern aufsteigen.

In der Leichenverbrennung reinigte die heilige Flamme den Toten von aller fleischlichen Unvollkommenheit. Die Seele konnte sich nun frei und geläutert emporschwingen und ging in die Lichtwelt der Götter ein. Der also Erleuchtete wurde von göttlichen Wesen emporgeführt in das Reich ohne Raum und Zeit, das einzig Brahma, dem Weltengeist, gehörte. Hier, in diesem letzten Bereich des Seins, in dem es weder Anfang noch Ende, keine Fessel durch Körperliches und nur noch reinen, strahlenden Geist gibt, ist der Zielpunkt aller Seelen. Dort allein finden sie ewigen Frieden, endlose Freude und Einssein mit Brahma.

Fegefeuer und Hölle, Erdendasein, Wanderung über die vielerlei Existenzen des Alls, Wiedergeburt und Inkarnation mit all ihren Leiden überläßt die Lehre der Brahmanen jedoch den niederen Kasten. Nach Auffassung der Brahmanen ist vor allem das gewöhnliche Volk verstrickt im Dschungel der Götter und Dämonen, gefangen in Begierden, Wünschen, Leidenschaften und menschlichen Bindungen und strebt nur schwankend und mühsam zum Licht.

So wurde die Lehre des Hinduismus in ihrer vergeistigten, brahmanischen Form zu einer elitären Religion.

Aber es ist eine auf dem Gipfel der Kasten entstandene Elite des Geistes, die den »Pfad der Väter« und den Weg zur Erlösung geht. Der Götterdschungel und die endlos variierenden Mythen sind nur Stufen, über die sich der Hindu — entsprechend seiner Kaste, Herkunft, seiner beruflichen und sozialen oder auch individuellen Stellung — eine ganz persönliche Straße zu den reinen, sehr abstrakten Bereichen einer endlichen Erlösung suchen kann.

Die Frage nach dem letzten Sinn

Von den Grundfragen, die Religion und Philosophie stellen, hat der Hinduismus die beiden ersten: »Woher kommt alles?« und »Wohin geht alles?«, durch seine Mythologien beantwortet. Er hat ein mehr oder weniger intuitives Weltbild von Schöpfung, Leben und Tod geschaffen, das dem Volk das Unfaßbare erklärbar und sichtbar macht.

Aber wie in jeder großen Religion, so ist auch im Hinduismus die Kernfrage jene dritte, die da lautet: »Welchen Sinn hat alles?«

Diese Frage beantwortet der Hinduismus durch seine Heilslehre. Es ist eine Urfrage des Menschenwesens, die es sich stellt, seit es, aus dumpfer biologischer Entwicklungsreihe erwachend, den göttlichen Funken empfangen hat. Diese Frage beschäftigt sich mit der »Selbstauffassung des Menschen«, mit dem Schicksal seiner Persönlichkeit und der Möglichkeit einer Befreiung vom »Rad des Lebens«, an das er gekettet ist. Der Mensch ist dadurch schon auf der Stufe des »Homo sapiens« zum tragischen, ja schizophrenen Wesen geworden, denn er ist fähig, über sich selbst nachzudenken und sich mit seinem Geist über die biologisch-materielle Existenz und Konstruktion hinaus ins Allgemeine und Abstrakte zu erheben. Er fragt sich inmitten aller Widersprüche, Rätsel, Leiden und Freuden des Daseins: Was soll das alles? Welchen Sinn hat es? Wohin treibt mein Über-Ich? Wo sind Ziel und Lösung?

Und seine Sehnsucht findet immer und überall die gleiche Antwort: Erlösung gibt es nur in der Heimkehr zum Weltengeist, zum Absoluten, letztlich zu Gott.

Im altägyptischen Papyrus Prisse, der die Weisheitssprüche eines Prinzen Ptah-hotep etwa aus der Zeit von 2500 v. Chr. enthält, kann man lesen: »Der Leib geht dahin und verschwindet, doch das geistige Ka (die Seele, Persönlichkeit, der Geist) strebt zu den Göttern, die ewig sind ohne Tod. Denn Friede ist nur bei ihnen!«

Im babylonischen Gilgamesch-Epos (etwa 2000 v. Chr.) steht der ewig menschliche Aufschrei zu lesen: »Findet ewig Zeugung statt auf Erden? Steigt der Fluß ewig, die Hochflut dahinführend? — Seit jeher gibt es keine Dauer ... Einzig die Götter leben jenseits der Zeit ... dorthin strebe, mannhafter Held Nergal ...«

Die Bibel ruft im 61. Psalm Davids (um 1000 v. Chr.): »Höre Gott, mein Schreien — und merke auf mein Gebet! Hienieden auf Erden rufe ich zu dir, wenn mein Herz in Angst ist. Du wollest mich führen auf einen hohen Felsen, denn Du bist meine Zuversicht ...«

Das Christentum, dem Jesus Erlösung und ewige Seligkeit wie eine Fackel der Hoffnung gebracht hat, spricht mit der Zunge des Bernhard von Clairvaux: »Und Friede wird es erst geben, wenn ich ruhe in Dir, o Herr!« Die hohe Zeit der christlichen Kirche erstrebt die »Unio mystica« – die Vereinigung mit Gott, das Eingehen in den Weltengeist. Dante versinnbildlicht diese letzte Antwort auf alle Fragen im Bild der feurigen Rose, in die alle Erlösten eingehen.

Aus dem Koran spricht Mohammeds Stimme: »Allah war es, der die Schöpfung hervorbrachte, von ihm seid ihr gekommen und zu ihm müßt ihr zurück!«

Die Antwort, die der Hinduismus auf die Frage nach Sinn, Zweck und Ziel des menschlichen, ja jeglichen Daseins gibt, gleicht im Grunde jener, die alle Hochreligionen gegeben haben.

Das »Atman« (gleich »anima« = Seele, gleich »psyche« = Atem) des Menschen ist für den Brahmanen ein Funke jenes großen Weltenfeuers, das man auch »Brahman« oder Geist nennen kann, und das Atman muß wie »Blut im Wasser« oder »Salz im Meer« im Brahman aufgehen.

Da aber nach hinduistischer Auffassung das »Wissen um Seele und Jenseits schon Macht über diese« bedeutet, ist der Weg der Erlösung vor allem Erkennen, Weisheit und Einsicht. Im »Chandogya Upanishad« (8. 1. 6) und bei Manu (12. 91) heißt es: »Wer alle Wesen in seinem eigenen Selbst sieht und sein eigenes Selbst in allen Wesen, das bedeutet: wer versteht, daß er an dem Einen teilhat, das man All nennt – der ist wahrhaft autonom.«

Somit geben Brahmaismus und früher Hinduismus eine Deutung des Daseins-Zieles und schaffen neben Götterlehre, Mythologie und Ritual auch eine »Heilslehre«, die den Weg zur Erlösung und die Möglichkeiten zur Befreiung vom »Rad des Lebens«, von Wiedergeburt, Wiedertod und schizophrener Tragik der Existenz aufzeigt.

Fortan bemüht sich – unabhängig von den volkstümlichen, zahlreichen Götterkulten – die Philosophie der Brahmanen um immer neue und klarere Wege der Erlösung.

In dieser Oberschicht hinduistischer Weisheitslehrer spielen nun die Begriffe des »Atman«, des »Brahman« und des »Karman« (auch: Karma) immer größere Rollen. Da »Karman« soviel wie schicksalsbestimmende Übersetzung menschlichen Handelns, also Frucht der eigenen Werke bedeutet, sind zumindest seit den älteren »Upanishaden« (etwa 600 v. Chr.) nicht mehr magische Formeln, Opfer oder Riten, aber auch nicht mehr die Hilfe mächtiger Wesen, Götter oder Geister entscheidend für Wiedergeburt und Erlösung des Menschen, sondern einzig seine eigenen Taten.

»Wie man handelt und verfährt, so wird man nach dem Tode!« sagt das »Brhadranyaka upanishad« (4. 4. 5). »Wer gut verfährt, dem geht es gut; wer Böses tut, wird elend.«

Damit geht in Beantwortung der Frage nach dem Ewigkeitsschicksal des Menschen später aus der Heilslehre eine Ethik und Morallehre hervor, die sich dann in Gesetzbüchern und Moralgeboten niederschlägt.

Aber wiederum, wie schon bei anderen Spiegelungen der Religion, vollzieht sich das Denken in verschiedenen Schichten. So wie die Kasten voneinander getrennt sind und soziale Stellung, Beruf, Stammes- und Volkszugehörigkeit vielerlei Unterschiede in Lebensform, Glaubensbild und Götteranbetung geschaffen haben, so findet auch die Heilslehre in entsprechend vielfältigen Ausdrucksformen Gestalt.

Diese Vielfalt respektiert sich untereinander durchaus in dem Bewußtsein, daß es sich in allem nur um Stufen der Erkenntnismöglichkeit handelt. Der Hinduismus behält in größter Toleranz seinen Charakter als ein Sammelbecken vieler Religionen bei und anerkennt unter dem Dach des gleichen Prinzips die Möglichkeit unterschiedlichen »Karmas«. Jeder geht eben seinen eigenen, ihm angemessenen Pfad der Erlösung – aber er geht ihn zum gleichen Ziele.

Die hohe theologisch-philosophische Lehre von Atman, Brahman und Karman bleibt eine Angelegenheit der geistigen Oberschicht, also der Brahmanen. Darunter liegen die vielen bildhafteren, faßbaren Mythologien von zahllosen Göttern, die Kulte, magische oder mit Magie durchsetzten Riten und Opferbräuche der Kasten.

Schon in den »vedischen Zeiten«, als die Priester- und Weisenschicht anfing, die Götterlehre immer mehr zu abstrahieren und in »Brahma« – der Weltseele oder dem Prinzip – eine Art Übergott zu schaffen, deutete sich ein Zug zum Monismus an.

Die Brahmanen glaubten zu erkennen, daß auch die »Götter« der Veden nur »Geschöpfe«, das heißt, »Produkte des Brahma« sind. Daraus schlossen sie, obschon sie selber vom Opferglauben und der Ehrfurcht des Volkes vor den Riten politisch und sozial ihre hohe Stellung bezogen, daß »auch die Ausführung noch so komplizierter Riten das höchste Heil nicht verbürgen könnten« (W. Ruben in *Zeitschrift der deutsch-morgenländischen Gesellschaft,* Wiesbaden, 83. 238).

Die Brahmanen begannen die individuellen Götter und ihre »Sachgebiete« ebenso miteinander zu vermengen, wie sie die vielen »Atavaras« oder Erscheinungsformen der Gottheiten zuließen. Selbst den Naturkräften, wie Sonne, Blitz und Sturm, billigten sie den »Prana« – das gemeinsame Lebensprinzip – oder auch »Atman«, den »Lebenshauch«, zu.

»›Prana‹ ist Leben; denn solange es Atem gibt, solange gibt es Leben.« Das spricht schon das »Kausitaki-brahmana« aus.

Der »Atman« – so lehrt der Brahmane Uddalaka Aruni im »Chandogya upanishad« (6. 8. ff.) – ist der Kern alles Existierenden. Aber alle Erscheinungen und Formen der Welt und des Alls, einschließlich der Götter,

Aus den Fruchtbarkeits- und Dämonenkulten der Dravida stammt diese furchtbare Gottheit, die sowohl Freude als auch Leid bringen, neues Leben schaffen wie auch vernichten kann. Spätere Generationen machten sie unter den Namen »Kali«, »Durga« und »Parvati« zur Gattin Shivas.

gelten den »Upanishaden« bereits als verschiedenartige Manifestationen eines großen »Weltatmans«.
Der individuelle »Atman« des Menschen, seine Seele, ist eins mit dem »Brahman«. Und derjenige, der den Atman in seinem Innern erschaut und ganz eins mit ihm wird, begreift auch das All, die Schöpfung, die Götter; er erreicht jene vollkommene innere Einheit mit dem Brahman und geht damit ein in die »Unio mystica«.
Darum heißt es im *Chandogya upanishad:* »Ich bin Brahman! Wer weiß, daß er eigentlich Brahman ist, der ist auch das All (Sarvam), das heißt, er erlebt die Identität mit der Totalität« (Ch. U. 3. 14. 4).
Da »Brahman« im »Atman« — im lebenschaffenden Atem oder in der astralen Wesensachse des Seienden — lebt, da alle Dinge und Einzelseelen dieser Welt letzlich Erscheinungsformen des einen göttlichen Seins sind, werden sie wesensgleich mit dem göttlichen Prinzip.
Es ist — wie Goethe es ausdrückt — »die Welt der Gottheit schillerndes Kleid!«
Die Lehre der Brahmanen wird sich der Schizophrenie des Menschen als Geist-Körper-Wesen, als Endprodukt einer rein biologischen Entwicklungsreihe und eines in ihr wirkenden »göttlichen Funkens« — eben des »Atman« — bewußt. Und da die Brahmanenlehre von Anfang an dem Wort, dem Denken und der Weisheit verpflichtet war, schließt sie daraus, daß es das Ziel jeder Heilslehre, ja der Erlösung schlechthin sein müsse, das irdisch Gebundene durch Wort, Denken und schließlich durch Erkennen zu überwinden und auf diese Weise das Gesetz des »Karman« zu besiegen.
Befreiung und Eingehen ins rein Geistige des »Brahman« ist der Endpunkt der vielen Wiedergeburten und kann nur durch lange Läuterung, durch immer höhere Erkenntnis und Vergeistigung erlangt werden.
Das »Karman« — der schicksalhafte Zwang, der durch Vererbung und vorprogrammierte Umwelt die Persönlichkeit und ihr Lebenslos schafft — stellt man sich als »fein-materielle Potenz vor, die sich an eine Person, an ihren ›Atman‹, heftet und bestehen bleibt, wenn die Komponenten ihres psychisch-körperlichen Wesens beim Tode in den entsprechenden Teilen der Natur aufgehen« (nach *Maitramaniya upanishad* 3. 1. und bei Jan Gonda, Bd. I, S. 207).
So besteht also nach brahmanischer Auffassung die Summe irdischen Tuns und Treibens fort und bestimmt die künftige Struktur des Menschen nach seinem Hinscheiden. Er wandert auf solche Weise über die Stufen vieler Wiedergeburten, durch das Tier-, Menschen- und Sternenreich zahlloser Existenzen, bis er endlich im »Schauen« Brahmas und in der Verklärung durch Weisheit, Erlösung und Freiheit im Weltengeist findet.
In diesem komplizierten Denksystem ist Brahman bald ein gänzlich abstraktes Weltprinzip, bald der persönliche Gott, bald der Schöpfer und bald der allgegenwärtige heilige Geist, von dem aller Erscheinungsformen ausgehen.
In der Zeit der »Upanishaden« wird diese Lehre der »Selbsterlösung«, die in vielem jener Buddhas verwandt ist, vor allem auf Erkennen und Wissen bezogen. Jener Geist befreit sich vom »Rad des Lebens«, der in die tiefsten Tiefen der Weltschöpfung eindringt, der Brahma an Klarheit und »innerer Meeresstille« gleichkommt und höchste Erkenntnis gewinnt. Von der moralischen Vervollkommung ist weit weniger die Rede. Die Schicht der Bahmanen war eine Gelehrtengruppe, die im Bereich ihrer intellektuellen Spekulationen die Ethik in den Hintergrund rückte. In den »Kausika Sutras« und den »Brhadaranyaka upanishads« (3. 1 und 5. 14. 7) wiederholt sich ein Satz, der für diese Einstellung bezeichnend ist: »Wissen erhebt den Menschen über Moralität und befreit von der Frage nach Gut und Böse!«
Für die Brahmanenkaste machte Wissen nicht nur frei und autonom, es erhebt den Menschen auch über jedes Moralgesetz. In der Zeit der »Brahmanas« und der »Upanishads« ging das ganze Bestreben der Priesterklasse auf Machterhaltung und Ausbau ihrer Position im kühlen Bereich des »Wissens«. Einst waren sie die Träger und Verkünder der »Veden« gewesen, nunmehr hatten sie die Erkenntnis, das komplizierte Wissen um Welt, Lebensgesetz, Wiedergeburt und den schwierigen Weg der Erlösung in Besitz genommen. Damit standen sie hoch über dem niederen Volke und allen Kasten.
Diese Position wollten sie behalten.
Erst später unternahmen die Brahmanen den Schritt, der vom »Wissen« zur »Tugend«, von der intellektuellen Erkenntnis zur ethischen Vervollkommnung führte. Dies geschah, als ihnen Opposition erwuchs. Heilige und Brahmanen, denen Wissen und Denken nicht genügten, traten auf; büßende Mönche, Asketen und Wahrheitssucher erschienen und fanden in Djina Mahavira und Gautama Buddha große Prediger; andere Erlösungs-Systeme wandten sich dem *ganzen* Menschen zu und wollten das »Karman« nicht nur durch Wissen, sondern durch Reinigung auch der moralischen Persönlichkeit auslöschen; die großen »Mystiker« brachen aus dem kalten Bereich einer »Scholastik« aus.
In der Zeit, als in Indien bereits fremde Herrscher über der Brahmanenschicht saßen und der Buddhismus unter Kaiser Ashoka immer mehr an Boden gewann, wandten sich auch die brahmanischen Lehrer des Hinduismus der Ethik und dem Gesetz zu, ohne die auch »Wissen« nur Stückwerk sein muß. Nun mühten sie sich auch wieder mehr um Opferbrauch und Ritual, um Götterglaube und Volksmythen, denen sie nun die Deutung ihrer hohen Philosophie aufzuprägen bestrebt waren.
Die Masse der Hindus jedoch war in all diesen Jahrhunderten so wie einst und später den »Pfad der Einfachen, der mehr Glaubenden als Wissenden, die Straße der mehr Fühlenden als Erkennenden« gegangen. Dies war ein Weg, über den die Weisheit der Brahmanen nur gleich einem kühlen Windhauch, der vom Gebirge her über den Dschungel streicht, dahinwandert: umringt von all den Göttern, Dämonen und der Magie uralter Tage, aus denen Brahmas schillerndes Gewand herabfiel.
Der Hinduismus hatte vielerlei Formen, Gottes- und Erlösungsvorstellungen und Riten angenommen — aber er lebte immer noch unter dem Firmament gleichen Strebens nach Wahrheit, Heil und Erlösung.

Der Zusammenstoß mit dem Islam

Vom Islam als der letzten der großen Weltreligionen könnte man sagen, er sei beim Tode des Propheten Mohammed (632 n. Chr.) begründet gewesen oder: seine Geschichte beginne mit der Hedschra 622 n. Chr. Sogar von den beiden anderen bedeutenden Religionssystemen Indiens – dem Jainismus und Buddhismus – sind die Anfänge festzulegen. Sie liegen etwa um 500 v. Chr., als die beiden Gründer, Vardhama (Jaina) Mahavira und Gautama Buddha ihre lebhafte Predigertätigkeit aufgenommen hatten. Beim Hinduismus ist das völlig anders. Er ist niemals »gegründet« worden, sondern »gewachsen«.
Seine Wurzeln reichen tief ins geschichtlich dunkle Zeitalter der großen Wanderung und in die Heldenzeit der Veden zurück. Das »Mahabharata« wurde etwa um 1000–962 v. Chr., das »Ramayana« um 600 v. Chr. niedergeschrieben. Am Ende dieser Zeit trat der Hinduismus in seine »brahmanische Epoche« ein.
In mehr als 1000 Jahren Entwicklung, in denen sich sowohl das Denken der Brahmanen immer subtiler entfaltete, als auch die religiöse Phantasie des Volkes sich erhitzte, hatte sich ein großer Mischprozeß von arischem, dravidischem und urindischem Religionsempfinden, von Mythologien und Göttervorstellungen vollzogen.
Sowohl in der Auseinandersetzung mit dem Jainismus und Buddhismus (die ja aus dem großen Pool des Hinduismus hervorbrachen) hatte sich der Brahmaismus nicht nur seine theologisch-philosophischen Grundprinzipien bewahrt, sondern diese auch zu einem abstrakten System ausgebaut. Parallel dazu und vom Brahmanentum geistig gespeist, war der »ältere Hinduismus« wie Dschungel in die Breite und Höhe gewachsen und zu einem beinahe nicht mehr überschaubaren Kolossalgemälde von Göttern, Dämonen, Mythen, Legenden, Religionsgebräuchen und Riten geworden.
Diese »chaotische Religion«, durch die sich wie Leitlinien die gewundenen Urwaldpfade des brahmanischen Denkens und die Urströme alter Vorstellungskomplexe ziehen, schützte die indischen Völker geistig und seelisch genauso, wie Dschungel und Tropenklima es geographisch taten, vor der Überfremdung durch auftretende Eroberer.
Solche fremde Eroberer wurden seit dem 6. Jahrhundert vor unserer Zeitrechnung immer öfter auf indischem Boden gesehen.
Um 510 v. Chr. drangen die Perser des Großkönigs

Ganesha, der Sohn des Shiva und der Durga, gilt als Gott der Gelehrsamkeit und wird stets mit Elefantenkopf dargestellt.

Darius ins Industal vor. Ihnen folgten unter Alexander dem Großen (327–326) die Griechen (Yavanas = Ionier). Um 220 v. Chr. bildeten sich eigene Dravidastaaten im Süden Indiens, dann folgten um 197 v. Chr. die Baktrer, die über den Nordwesten Indiens herfielen. Ein König von Kabul wurde Herr von Nordindien. Im 1. Jahrhundert v. Chr. eroberten die Shakas das Pandschab, im 1. Jahrhundert n. Chr. drangen die Kushan über die Pässe der Hochgebirge im Nordwesen Indiens. Seit 470 n. Chr. endlich kamen die »Weißen Hunnen« über Nordindien. Im Dekhan stieg eine Dravidadynastie empor. Und zu Beginn des 8. Jahrhunderts erreichte die islamische Eroberungswelle mit Arabern, Persern und Turkmenen das Industal.

In dieser langen geschichtlichen Zeitspanne, während die ursprünglichen »Arier«-Dynastien und Zwergkönigreiche um ihre Existenz kämpfen mußten und die »Arier« langsam die Herrschaft verloren, behielten sie jedoch durch die Brahmanenkaste völlig die geistige und religiöse Führungsrolle. Der Hinduismus erhielt sich nicht nur, sondern breitete sich langsam und stetig bis zum äußersten Süden Indiens, ja nach Ceylon und über Burma nach Hinterindien und bis zur Inselwelt der Sunda- und Javasee aus.

Aber zugleich wandelte er sein Gesicht.

Diese Religion – oder vielmehr: dieses Konglomerat von Religionen und Götterlehren – hatte niemals eine »oberste Autorität« und niemals eine Hierarchie oder »Organisation« besessen. Toleranz im Glauben und Denken war von Anfang an ihr Lebensprinzip gewesen. Fremde Auffassungen hatte man nicht fanatisch bekämpft, sondern umzudeuten, anzugleichen und zu absorbieren getrachtet. Das, was man verachtete, war nicht der »andere« Glaube, sondern der Unglaube und die religiöse Gleichgültigkeit. Selbst die Verbindlichkeit des »vedischen Wissens«, der Sutras, Brahmanas oder der Upanishaden war niemals so groß gewesen, als daß sie nicht hätten vielerlei Auslegungen, Ausdeutungen und Symbole zugelassen hätten. Die Brahmanen waren zwar eine ehrwürdige, ja götterliche Kaste von Lehrern, Weisen und Priestern, aber unter sich selbst niemals »gleichgeschaltet« oder konform. Manchmal wurde sogar der Dorfpriester mehr akzeptiert als der weiseste Brahmane.

Unter solchen Umständen hatten sich indische Volks- und Religionscharaktere vielfach durchdrungen. Das zeigte sich in der Wandlung der Götter. Sie, die einst in der Vedenzeit klar und deutlich gezeichnet und voneinander verschieden waren, mengten nun ihre Eigenschaften, Herrschaftsgebiete und ihre Mythen durcheinander, tauschten sie aus und nahmen vielerlei Namen, Gesichter und Attribute an. Die vielen Religionen in der *einen* waren entstanden.

Der Hinduismus, der nun der Weltgeschichte entgegenwuchs und der heute die zahlreichen Volksstämme, Dorfgemeinschaften, Kasten und »Sekten« erfüllt, unterscheidet sich von dem der »vedischen« Zeit oder dem der »brahmanischen Epoche« ebenso wie ein verwilderter Urwald von einer jungen Pflanzung. Der voll entfaltete Hinduismus, wie ihn etwa Muhammad Quasim, der arabisch-islamische Eroberer »Sindhs« (711/12 n. Chr.), vorfand, war nichts anderes als ein Dschungel von Göttern und Mythen und hielt wie ein Dschungel dem aus Wüste und Steppe aufkommenden Sturm des Islams stand.

In dieser Zeit, als der Islam mit aller Klarheit, Einfachheit und Unabdingbarkeit aus den arabischen Wüsten hervorbrach und in einem einzigen, feurigen Ansturm Vorderasien und den halben Mittelmeerraum eroberte, schien es für einige hochgespannte Jahre, als fielen alle Kulturbereiche und mit ihnen alle älteren Religionen diesem letzten und flammendsten Aufruf des Monotheismus zum Opfer. Vor dem ungeheuren Aufbruch der Wüste konnte offenbar nichts bestehen. Doch eben hundert Jahre nach dem Tode des Propheten fand die Wüste und damit der Islam seine natürlichen Grenzen.

So wie die arabischen Reiterheere 732 n. Chr. bei Tours und Poitiers in der Wald- und Hügellandschaft Frankreichs und am schlichten Volksgeist der bereits christlich gewordenen germanischen Bauernkrieger scheiterten, so fanden sie auch jenseits von »Sindh« (Industal) in den Kernlandschaften Indiens die Grenzen ihrer Ausdehnung. Hier wie dort stießen sie auf eine ganz anders geartete Religion, vor allem aber auf ein geistig von ihnen unerreichbares Volk.

Die Wüste fand zunächst und für lange Zeit ihre Grenze an den Wäldern Germaniens und am Dschungel Indiens. Im Westen behauptete sich also das Christentum durch Franken und Byzantiner, im Osten der Hinduismus durch indische Völker

Unbegreiflich war den Trägern des Islams vor allem der Hinduismus. Sie waren angetreten mit dem Ruf: »Es ist kein Gott außer Allah, und Mohammed ist sein Prophet!« Sie glaubten an *einen* rein geistigen Gott, an *einen* Propheten, an *eine* Lehre, den Koran. Indien mußte ihnen als ein Chaos, als ein Reich der Dämonen, als ein von Zauberei, Götzendienst und magischen Riten angefüllter Alptraum erscheinen. Es war, als stünden sich eines dieser hinduistischen Kolossalgemälde oder wuchernden Tempelreliefs, die das Pandämonium des indischen Himmels darstellen, und eine mit den völlig abstrakten Ornamenten einer mohammedanischen Moschee bedeckte Wand gegenüber: Abgründe klafften dazwischen. Diese Abgründe blieben über Jahrhunderte offen, selbst dann noch, als die Mogulherrschaft über ganz Nordindien ausgriff und vor allem in Kaiser Aurangzeb einen mohammedanischen Fanatiker fand. Ja auch bis in unsere Gegenwart bleibt die Kluft bestehen. Der Gegensatz zwischen Hindus und Moslems schafft nach der Befreiung Indiens aus kolonialer Herrschaft die zerteilenden Grenzen zwischen der »Indischen Union Bharat«, dem Hindustaat, und den beiden moslemischen Staaten Pakistan und Bangla Desh.

Indische Götter im Bedeutungswandel

Der Hinduismus jener Tage, als zum erstenmal islamische Heerscharen indischen Boden betraten, besaß ein Pantheon mit so vielen Göttern und Heroen, daß es kaum mehr zu überschauen war. Nach alten – vor allem buddhistischen – Quellen gibt es drei Klassen von Göttern: vergöttlichte Könige und heilige Männer, dann zur Apotheose gelagte Heroen und schließlich die eigentlichen Volksgötter. Dazu treten jedoch die vergöttlichten Gestirne und Naturkräfte, die alle personifiziert sind.
»Die alte Tendenz, Mächte, Phänomene, Affekte, Krankheiten, Zustände, Eigenschaften usw. sich zugleich als Personen vorzustellen, verhalf dem Pantheon zu einer unbegrenzten Erweiterung durch oft recht ephemäre oder unbedeutende Gestalten, wie Sieg, Scham, Furcht, Gewinn, Erinnerung« (bei Jan Gonda, Bd. I, S. 224).
Die Neigung des indischen Volksgeistes, sich alles Auffallende und Außergewöhnliche sogleich als »Macht« vorzustellen und zu personifizieren, erweiterte diesen Himmel des Überirdischen durch vergöttlichte Tiere, ja durch ehrwürdige Säulen oder Bäume, denen ebenso wie den eigentlichen Göttern Opfer mit Zinnoberfarbstoff, Gewürzen oder geistigen Getränken dargebracht wurden. Daß hierbei ehrwürdige Rishis (Weise) oder Saddhus (Heilige) leicht zu göttlichen Ehren kamen, war leicht einzusehen.
Unter all diesen vielen Gottheiten gibt es keine allgemeingültige Rangordnung. Die Aufzählung der zahllosen Götternamen gelingt selbst einem weisen Brahmanen wie dem Dichter des »Mahabharata« (9. 44. 18) nicht mehr. Er entschuldigt sich am Ende einer langen Liste damit, daß es eben zu viele Götter gäbe und daß man leicht einige vergessen könne. Da die religiöse Phantasie der Hindus unablässig tätig war, sprachen sie jedem der Hauptgötter beliebig viele Nachkommen zu. So wird zum Beispiel der Held Bhima zum Sohne des Gottes Vayu, sein Bruder Arjuna ist der Sohn Indras.
Es war nicht schwierig, in Indien zu göttlicher Verehrung zu gelangen. Von dem Helden Bhisma berichtet das Epos, daß er freiwillig auf den Besitz eines Sohnes verzichtete, und so wurde dieser Sagenheld gleich vergöttlicht und zum Schutzpatron aller jener, die söhnelos

Rechts oben: Die Augen an der Tür sollen gegen den bösen Blick schützen (Katmandu, Nepal).

Rechts: Ganesha mit seiner Gattin (Nepal).

geblieben waren. Ebenso erwies der Hindu den Gründern von Städten, Erbauern von Brücken, bedeutenden Brahmanen, Dichtern und Philosophen die Ehre, sie nach ihrem Tode dem Götterhimmel einzureihen – ein Vorgang, der stark an die Gebräuche des frühen und mittelalterlichen Christentums erinnert, das ja auch sein um die Gottheit gruppiertes Pantheon nicht durch »Kräfte«, »Mächte«, Cherubin, Seraphin und Erzengel, sondern auch um verklärte Menschen, Märtyrer, Heilige und Selige bereichert hat.

Interessant ist die Auffassung des Hindus von seinen »Devas« (Deus = Gott), die sehr der altgriechischen verwandt ist. Bei den antiken Griechen sind ja auch die »Unsterblichen« zwar als mächtiger, glücklicher und unangreifbarer als die Menschen, aber ihnen im Prinzip sehr ähnlich gedacht. Auch sind die Götter gar nicht so sehr »unsterblich«, sie können untergehen und tragisch enden – wie es die Germanen etwa in ihrer »Götterdämmerung« prophezeien. Die Griechen aber setzen »Moira« – das ewige Schicksal oder das Weltgesetz – über die Götter, die somit auch ihren Herren haben. Und die Hindus jedoch sagen, daß »Dharma« – das Lebensgesetz – mächtiger als selbst Indra ist.

Wie phantasievoll der Hindu seine Mythen ersinnt und wie sehr er alle kosmischen oder göttlichen Erscheinungen personifiziert, mag die Legende von der »Quirlung des Milchozeans« deutlich machen.

Auf Befehl Brahmas und Vishnus drückt die Schlange Sesa den Weltenberg (Mandara) aus seiner Verankerung. Der Schildkrötenkönig, in dem sich Vishnu selbst personifiziert, nimmt nun den Weltenberg auf seinen Rükken, und der Schlangenfürst Vasuki legt sich wie ein Seil um diesen Berg. Götter am einen und Dämonen am anderen Ende ziehen am »Seil« und versetzen den Berg in quirlende Bewegung. Hier findet die Erinnerung des Volkes an die Herstellung des im Veda oft erwähnten Göttertrankes Soma ihren Niederschlag. Durch das lange Quirlen, das Götter und Dämonen veranstalten, entstehen im Milchozean nacheinander: der Mond, das Rauschgetränk Soma, ein weißes Roß, der Edelstein Kaustubha (der später Vishnus Brust schmückt) und der weiße Elefant, den Indra in Besitz nimmt. All dieses ist für Leben und Fruchtbarkeit wichtig, und alles wird plastisch ins Bildhafte übersetzt.

So erhält in der Vorstellung des Hinduismus auch jeder Gott – ganz ähnlich wie im Katholizismus der »Heilige« – sein Attribut: Indra hat den Elefanten, Vishnu oder Rama die Axt, Varuna die Fangschlinge, Yama den Stab oder Keule und Netz, manchmal auch den Büffel, Shiva hat den »Linga« und Vishnu gelegentlich die Schildkröte. Ebenso erhält jeder Gott seine bestimmte kanonische Farbe: Indra wird immer mit weißem Gesicht und rotem Gewand, Shiva in grünlicher Farbe, Vishnu in Gelb dargestellt – so wie in der byzantinischen Schematakunst oder in der »Maniera grecca« etwa genau Farbverteilung und Haltung der Heiligen festgelegt waren.

Auch die Verehrer bestimmter Gottheiten bezeichnen sich mit den Symbolen derselben: Die Shivaanbeter malen sich drei senkrechte weiße Streifen auf die Stirn, die Vishnufreunde tragen drei waagrechte weiße Streifen, die Brahmanen haben über der Nasenwurzel den roten »Tilluk«.

Der indische Olymp, wie ihn das Volk in den religiösen Träumen vieler Jahrhunderte ausgebaut und bevölkert hat, ist infolge der Vielzahl von Namen, Gestalten und Erscheinungsformen, mit welchen man göttliches Wesen und Wirken identifiziert, kaum zu überblicken. Man stellt sich etwa »Brahma« in vielerlei Gestalten vor: »Prajapati zum Beispiel ist bald ein selbständiger Gott, bald ein Name Brahmas. Gottheiten wie »Schönheit«, »Weisheit« oder auch »Schlaf« oder »Nacht« treten etwa im »Mahabharata« auch in Gestalt von »Uma-Parvati«, der Gattin Shivas, auf und sind dann wieder eigenständige Gottheiten. Gelegentlich zeigt sich zwar die hinduistische Neigung, die vielfältigen Wesen, Phänomene und Formen der Welt zu ordnen oder zu klassifizieren, und diese Neigung erprobt sich dann auch am Götterhimmel. Das drückt sich aus, indem man die »Gottheiten für Begierde, Zorn oder Habsucht« zu Kindern Shivas (Mahabharata 13. 15. 36) und die Göttin »Rati« – gleich Liebeslust – zur Gattin »Kamas«, des Liebesgottes, macht; indem man dem großen »Brahma« eine Menge geistiger Söhne zubilligt, die dann allesamt als Volksführer, Weisheitslehrer oder Helden auftreten; indem man die Familie des »Erzvaters Daksa« – einer Abart des biblischen Noah – fünfzig oder sechzig Töchter zuspricht, die dann die Urmütter des Tierreiches werden.

Trotz solcher symbolischer Ordnungs- und Systematisierungsversuche am indischen Pantheon bleibt es infolge seiner Überbesetzung mit Göttern, Unter- und Nebengöttern, Dämonen, Geistern und Mächten und der vielfachen Überschneidung der Mythen und Legenden im Grunde chaotisch und ohne eine vom gesamten Hinduismus anerkannte Rangordnung.

Es ist deutlich zu erkennen, daß auch die zur Legion angewachsenen Götter der späteren Jahrhunderte wenigstens in ihren Hauptrepräsentanten von den Gottheiten der vedisch-brahmanischen Epoche abstammen. Nur haben sie Eigenschaften, Gestalt und Namen verändert, ausgetauscht oder miteinander vermengt. Obschon die ins Abstrakte zielenden Spekulationen der Brahmanen längst zu einem übergeordneten Weltenprinzip fortgeschritten sind und dieser Weltengeist, als Gott Brahma, sogar personifiziert und konkretisiert worden ist, obschon durch die Lehre dieser Brahmanen lange schon die »Dreieinigkeit« Brahma, Shiva und Vishnu an die Spitze des Götterhimmels gerückt wurde, galt der breiten Masse lange noch Indra als traditionelles Oberhaupt der Himmlischen und als der eigentliche Beherrscher der Welt.

Neben diesem uralten Göttervater der Arier stehen die alten Naturgötter Surya (die Sonne), Candra (der Mond), Vayu, Agni, Yama, Varuna und Kubera. Diese acht Gottheiten gelten als die »Hüter der Himmelsrichtungen« und der Weltordnung.

Die näheren Vorstellungen von diesen Gottheiten sind vielfältig und wechselnd, oft auch landschaftlich unterschiedlich.

Varuna – einst einer der Hauptgötter der Indoarier – verlor viel an Gewicht und begnügt sich nun als einer der »Herren der Himmelsrichtungen« mit dem Sektor des Westens. Er herrscht über die Gewässer, wird auch – ähnlich wie Neptun oder Poseidon – manchmal mit dem Ozean identifiziert. Da ihm jedoch auch die heilenden Wasser und die segenspendenden Quellen untertan sind, übernimmt Varuna Funktionen des Äskulap. Sein Attribut ist die Fangschlinge, mit der er Dämonen oder »gestorbene Geister« zusammenfängt und in seinen »Unterwelts- oder Ozeanpalast nach Westen« abführt. Somit gleicht er einem für Dämonen zuständigen Unterweltsfährmann Charon.

Yama, einstmals das Urbild des Menschen, ist nun zum Herrn des Südens und des Totenreiches geworden. Diese zweite, für verstorbene Menschen zuständige »Unterwelt« gleicht mehr dem »Purgatorio« Dantes, ja einer »Hölle«, als dem Schattenreich der griechischen Mythologie. Yama ist eher dem Richter und Rächer als dem Pluto verwandt.

Nach hinduistischer Vorstellung ist Yama der »König des Dharma«, der Gott, der dem Lebens- und Schicksalsgesetz Geltung verschafft. Schon der Weg, den die Seelen Verstorbener zu Yamas Reich gehen müssen, ist qualvoll: Sie durchqueren eine schatten- und wasserlose Wildnis voller Gefahren. Yama begegnet ihnen als Kriegsgott oder auf dem die Menschen dahinmähenden Sichelwagen. Sein Wagenlenker heißt »Roga« – gleich Epidemie. So rafft der furchtbare Yama die Menschen in Krieg, Pest, Dürre oder Not dahin, um ihre Seelen den Strafen zuzuführen, die sie verdient haben. Von den vielfältigen, einer tropischen Phantasie entsprungenen Folter, die Yama über die Schuldigen verhängt, war bereits die Rede.

Auch in Yamas Totenreich gelangt man über einen »Styx«. Dieser Unterweltsstrom heißt »Vaitarani« – gleich »die Hinübergleitende« –, und auch bei der Fahrt über diesen Strom zwischen Zeit und Ewigkeit löscht alle Erinnerung aus. Im »Mahabharata« wechselt Yama bisweilen seinen Namen mit »Kala«, der Zeit; denn die Zeit ist der große Vernichter alles Seienden. In diesem Schattenbereich von Tod, Gericht, Hölle und Vergessen tritt im hinduistischen Denken noch eine Göttergestalt namens »Mara« auf, die soviel wie »der Tod oder das Böse« bedeutet. Diese Abstraktion des Negativen spielt zum Beispiel in der Vorstellungswelt des Buddhismus eine Rolle: Als Buddha unterm Feigenbaum von Uruvela seine Erleuchtung hat und nun mit sich ringt, ob er seine Erkenntnisse an die anderen Menschen weitergeben oder ob er einfach für sich persönlich die Erlösung erlangen und auslöschen soll, erscheint ihm unter anderem (nach dem Pali-Kanon) »Mara«: der Tod und das Böse. Dieser Gott sucht ihn von seinem Pfad der Nächstenliebe und Erlösung abzudrängen.

Das »Totenreich des Südens« ist Yamas Bezirk. Er dirigiert ihn mit Hilfe seines Hauptattributs, des »Stockes Danda«. Doch sogar dieser Stock wird von der Phantasie der Hindus personifiziert und ist als »Danda« und Diener Yamas eine der zahlreichen Dämonen- und Göttergestalten der »Hölle«. Daß die Vorstellung der Hindus die Hölle in den Süden, die Himmelsrichtung der brennenden Mittagssonne, verlegte, erklärt sich aus der Situation dieses Subkontinents, über dem die flammende Sonne nicht wie bei Nordvölkern Leben, Fruchtbarkeit und Sehnsucht, sondern mordendes Himmelsfeuer, Dürre, Wasserlosigkeit und Hungersnot bedeuten kann.

Sehr deutlich hat sich in der auf die vedische und brahmanische Epoche folgenden Zeit die Vorstellung und die Funktion Indras gewandelt. Er, der einstmals am meisten dem arischen Obergott Zeus, Jupiter oder Wotan glich, der Blitze schleuderte als »Jupiter tonans« oder der Regen spendete als »Jupiter pluvius« und in einer Art »Walhall« auf dem Weltenberge Merut an der Spitze der Tafel unter Göttern, Helden und Sängern thronte, mußte zugleich mit der Veränderung des Lebensgefühls seiner Bauernkrieger, deren Glaube ihn trug, herabsteigen und sich ins Gefolge der neuen, von brahmanischem Denken und vom veränderten Volksgeist geschaffenen Götter begeben.

Indra war in der vedischen Legende ein dem alten Zeus verwandter Gott gewesen, der sich in vielen Kämpfen, Diebereien und Ehebruchsaffären mit sehr menschlichen Sünden befleckt hatte.

Er, der einst »Retter des Viehs« genannt wurde oder »Spender des Regens« und »Geber des Korns« geheißen hatte, war ein Bauern- und Kriegergott gewesen. Seine Kämpfe gegen die Dämonen eines fremden Landes waren verdienstvoll, er führte die gefallenen Helden des Volkes in sein »Walhall« auf dem Berge Merut ein.

Im »Mahabharata« wird von einer Schlacht Indras berichtet, die 32.000 Jahre gedauert und die lichten Götter des Nordens zum Sieg über die Dämonen des Südens geführt habe. Aber schon im »Mahabharata« wird der immer mehr zur Herrschaft emporsteigende Geist der Brahmanen spürbar.

Das Epos erzählt, daß Indra seinen Kampf gegen den Dravidagott Urtra nur deshalb gewinnen konnte, weil er als Vorbereitung dazu 60.000 Jahre lang Yoga und Meditation betrieben, die Weisheit der Brahmanen gehört und sich den neuen Göttern Vishnu und Shiva verbündet habe.

Indem er jedoch Urtra, der brahmanischer Herkunft gewesen war, tötet – sich also durch Gewalttat dem nunmehr bestimmenden Geist des Brahmanentums widersetzt, ja einen aus der heiligen Kaste erschlägt –, wird er so sehr mit Schuld beladen, daß ihn das »Karma« bis ans Ende der Welt verfolgt.

Das – letztlich von Brahmanen überlieferte und gedichtete – »Mahabharata« billigt Indra nur dort Sieg und Heldentum zu, wo der Gott dem Rat der Brahmanen folgt, die Priester ehrt (13. 36) und sich dem Geist beugt. In seiner Gestalt wird der langandauernde Kampf zwischen der nur auf Tapferkeit gestützten Kriegerschicht der Arier und den zu Geist, Weisheit und Askese strebenden Brahmanen deutlich. Indras Schicksal spiegelt die Charakter- und religiöse Veränderung des Volkes im Mischprozeß des Hinduismus wider.

Es ist bezeichnend, wenn das »Mahabharata« berichtet,

Musik und Tanz spielen an Feiertagen eine große Rolle. Hier Szenen aus dem nordindischen Bundesstaat Rajasthan.

Gott Indra habe Furcht gehabt, der in Askese und Meditation lebende Brahmane Vismamitra könne ihn an geistiger Kraft überflügeln. Und deshalb habe er dem Asketen die schöne Apsara Menaka als »Verführung« zugesandt, um den Weisen vom geistigen Wege abzubringen: es ist der Kampf eines Bauernkriegers gegen den übermächtig werdenden »Medizinmann«.

Indra ist nicht der Gott der Brahmanen. Er bleibt der Liebling des einfachen Volkes. Die Lehre der Brahmanen setzt ihn bald mit Vishnu völlig gleich. In der Zeit, als Buddha auftritt, ist Indra schon so weit »abgewertet«, daß das Volk glaubt, Indra habe den Auftrag, die Götter und das Volk zu beschützen, aus den Händen des geistig weit über ihm stehenden Vishnu erhalten.

Die Gesänge späterer Tage weisen Indra bereits eine noch mindere Position zu: Dann ist er – wie im »Ramayana« des Valmiki – nur noch einer der Helden und Volksführer, die dem großen Vishnu-Krishna dienen. Je länger in Indien die Zeit der fremden Könige und der Einfälle fremder Völker andauern und deutlich machen, wie wenig die einstigen indogermanischen oder arischen Herren Volk und Land zu schützen vermögen, um so mehr sinkt auch das Ansehen des einstigen Ober- und Kriegsgottes der Arier: Indra.

In den Tagen des Dichters Kalidasa (Mitte 1. Jahrhundert v. Chr.), als dieser berühmteste der hinduistischen Dramatiker sein großes Drama »Sakuntala« schreibt, scheinen Macht, Ansehen und Verehrung Indras schon so weit zurückgegangen zu sein, daß der einstige »Göttervater« nur noch die Rolle eines hinterlistigen, aber von der Geistesmacht eines heiligen Einsiedlers dupierten Popanz spielt. Der religiöse Sinn der Hindus hat sich den anderen, geheimnisvolleren und spirituelleren Gottheiten zugewandt. Im Gegensatz zu Indra hat Agni im ganzen seine alten Funktionen und auch seine Würde beibehalten. Aber auch er ist ein Gott mit vielen Gestalten. Er offenbart sich im irdischen Feuer, aber auch im himmlischen, magischen und rituellen Feuer, in der Hitze des Zorns und sogar in der Verdauung. Sein Attribut ist eine Rauchstandarte, sein Metall das Gold und seine Farbe ein helles Rot.

Über Agni, den die Hindus in vielerlei Formen verehren, gibt es zahllose Fabeln und Legenden. Sie berichten von Agnis Freßgier, seiner heimlichen Anwesenheit in Bäumen, Bergen, in warmen Meeresstrudeln und seinen sehr erotischen Abenteuern: schließlich symbolisiert Agni das Feuer in vielerlei Gestalt.

Wie die Griechen dem Dionysos den Ziegenbock zugeordnet hatten und damit die Fruchtbarkeit des feurigen Gottes unterstrichen, so verfahren auch die Hindus: Der

Bock ist Agnis häufigste irdische Erscheinungsform. Ähnlich wie mit Agni geschieht es auch mit dem Sonnengott Surya. Feuer und die Sonne als Gottheiten lassen sich die frommen Hindus nicht leicht fortnehmen. So behält auch Surya in all den kommenden Jahrhunderten die Stellung der Erhabenheit, seine Attribute »Scheibe« oder auch »Strahlen«, öfters wird auch das »Swastika« (oder Hakenkreuz) an Altären und Opferstätten angebracht. Im 1. Jahrhundert v. Chr. erscheinen diese Symbolzeichen sogar auf Münzen (Banerjea, *Iconography*, 238. 428) oder auf Steinreliefs, wie jenem zu Bodh Gaya, wo Surya in menschlicher Gestalt abgebildet wird.

Mitra, einer der alten vedischen Götter, ist im Laufe des Jahrtausends, in dem sich der Hinduismus entfaltet hat, völlig in Surya, der Sonne, aufgegangen und wird nur noch im Zusammenhang mit Familienangelegenheiten und meist zusammen mit dem alten Varuna verehrt. Doch erlebte Mitra eine Art Auferstehung im Volksglauben. Dies geschah, als im Zuge der Fremdherrschaften und der aus dem Westen einfallenden Eroberer seit dem 1. Jahrhundert n. Chr. der persische Feuer- und Sonnenglaube sich dem Hinduismus nahte. Damals trat mit dem persischen Sonnengott Mithras eine neue Personifizierung des göttlichen Gestirnes auf. Schließlich waren die herrschenden Arier im Iran ebenfalls Indogermanen und verehrten die vergöttlichte Sonne mit all der Süd- und Sonnensehnsucht, die nordischen Völkern zu eigen ist. Den Kult des Mithras-Mitra betrieben eigene Brahmanen, die sich als Sonderkaste »Magas« (Magier) nannten. Um die gleiche Zeit breitete sich der Mithrasglaube als schärfste Konkurrenz für das eben geborene Christentum im Römischen Reich aus. Noch einmal drängten alt-arische Göttervorstellungen empor: eine Welle des Sonnenkults erfaßte auch den Hinduismus. Nun wurde in Multan (Westpandschab) der große Sonnentempel gegründet. Nach der Legende war es Samba, der Sohn Vishnu-Krishnas, der dies tat, weil ihn Mitra (Mithras) vom Aussatz geheilt hat.

Eine weitere Gottheit, die in dieser späteren Zeit des Hinduismus Gewicht gewann, war »Candra«, der Mond, den man seines kühlen Lichtes wegen schätzte. Dieser Candra hatte natürlich viele Affären mit den »Naksatras«, Göttinnen der Sternbilder. Weil er sich aber an »Tara«, der Göttin des Planeten »Brhaspati«, vergriff, fiel der Fluch der Sternengöttin »Daksa« auf ihn, und deswegen schwindet er allmonatlich an Auszehrung dahin.

Der alte Vedengott Vayu war dereinst Windgott gewesen, nun ist er zum dahineilenden Götterboten Indras oder Brahmas gewandelt. Man sieht in ihm auch »Prana« – den Lebensatem. Er ist Äolus und Psyche zugleich. Da es jedoch vielerlei Winde gibt, haben die Hindus auch wenigstens siebenerlei Windgötter. Nur am Tage des Weltunterganges werden alle sieben Winde und Vayu dazu aus acht verschiedenen Richtungen wehen. In Vayu, dem endlos wehenden, sehen die Hindus zugleich den Gott der Freiheit.

Eine neue Gottheit ist mit »Dhanvantari« geboren. Sie ist der aus dem »Milchozean« aufgetauchte göttliche Arzt, dem Brahma selbst das Geheimnis der »vollständigen Lebensdauer« mitgegeben hat.

Schon die Anrufung und Aussprechung des Namens »Dhanvatari« genügt, um jeden Krankheitsdämon zu verjagen. In ihm personifiziert sich das Streben der hinduistischen Naturheilkunde nach Lebensverlängerung und Besiegung der Krankheit. Später wird »Dhanvatari« zu einer der vielen Manifestationen des mächtigen Vishnu.

Besondere Bedeutung gewinnt noch die Doppelgöttin »Sri-Lakshmi«. Sie gilt als die »Deva« (Dea = Göttin) schlechthin, wird zur Gattin des Allbeglückers und Schützers Vishnu und versinnbildlicht Glück, Schönheit und Liebe. In Lakshmi leben all die großen Muttergottheiten der Urzeit fort, sie ist bald umringt von einer Unzahl weiblicher Dorf-, Straßen-, Ufer- und Gartengöttinnen, in denen sich blühende Vegetation, Fruchtbarkeit und Frühling verkörpern.

Haben schon die Erzählungen von Indras Liebesabenteuern oder den legendären Verbindungen von Gottheiten untereinander in volkstümlicher Weise den abstrakten, asketischen und spirituellen Spekulationen der Brahmanen widersprochen, so setzt sich dieses Ausbrechen des Volksgeistes ins Naturhafte und in den Fruchtbarkeitskult in der Erfindung immer neuer Mythen und Untergottheiten fort. Die sich immer erneuernden Kräfte der Natur spiegeln sich darin, daß man Göttern etwa den Eselshengst, den Ziegenbock oder den mächtigen Elefanten als Attribute beigibt oder gar mit diesen identifiziert. Deshalb empfangen diese Fruchtbarkeits- und Naturgötter als Gaben Bohnen oder Eier, andere werden von Frauen verehrt, die Kinder haben wollen; viele Riten und Gebräuche bewegen sich im Rahmen starker Sexualität. Dieses Motiv kommt dann bei »Ganesha (dem elefantenköpfigen Gott) mystisch, bei Krishna idyllisch, bei Skanda aggressiv und bei Kama literarisch zum Vorschein« (Jan Gonda, Bd. I, S. 233).

Auch im Pantheon Indiens gibt es zahlreiche geheimnisvolle Verbindungen der Zeugung; Krishnas Jugendgeschichte ist einer Hirtenidylle der griechischen Frühzeit vergleichbar, Skandas Erlebnisse erinnern an urtümlichen Frauenraub und an die Gewalt, die der Mann der Frau antut, und endlos sind die Liebesgeschichten, die man Kama zuschreibt. Sie sind im »Kamashutra« zu einer »Über-Ars-amandi« ausgewuchert. Die Verfasser dieser »Liebeskunst« und »Sexualkunde« haben Ovid, Apulejus oder selbst neuere westliche Autoren an tropischer Phantasie weit übertroffen.

Da die Götter nach hinduistischer Auffassung genau wie die Menschen ins »Dharma« – ins Weltgesetz – eingebunden sind, unterliegen sie auch der Zeit. Die Hindus übersetzen diese Verknüpfung von Zeit und Gottheit, indem sie das Weltenjahr Brahmas im irdischen Jahr des eigenen Lebens widerspiegeln. Darum gibt es nicht nur »heilige Zeiten«, sondern auch spezielle, den verschiedenen Göttern gewidmete Feiertage.

Heilige Zeiten sind der Vollmond des Monats Kartika, in dem die Haupterntezeit stattfindet. Sinnigerweise feiert der Hindu in diesem, mit dem Vollmond beginnenden Monat nicht nur sein »Erntedankfest«, sondern

Schlangenbeschwörer sind in Indien seltener geworden. Bild hier: Kalkutta.

auch die »Allerseelentage« und die »Totengedenkzeit«. Am Tag vollbringt man den Götterdank durch rauschende Feste, wenn jedoch die Dämmerung anbricht und die gefährlichen Geisterstunden beginnen, dann schließt man die Türen und entzündet Lichter vor den Fenstern oder im Hause. So gibt es vielerlei Feste: Der zwölfte Tag jeden Monats ist (wie ein Sonntag) dem Helden Krishna-Vishnu geweiht, der Frühlings- und Heiratsmonat Bhaga zum Beispiel dem Gott der Heirat (Bhaga), und jeglicher Neumondtag erscheint zum Kampfe geeignet, weil er dem Indra heilig ist.

Einem Frühlinganfangsfest gleicht das »Divali-Fest«. Es wird begangen, weil in diesen Tagen der in die Erdentiefe hinabgestoßene Vegetationsgeist Bali auf die Erde zurückkehrt. Bei diesem Feste werden Schauspiele mit mythologischem Inhalt, Belustigungen für Kinder und Erwachsene aufgeführt und eine Art Karneval gefeiert. Das Volk besprengt sich gegenseitig mit fruchtbarkeitsförderndem Wasser oder mit dem roten Blütenstaub der Bäume, mit Zinnoberfarbstoff oder Duftessenzen. Auf solche Weise versucht der Hindu, Götter, Dämonen, Geister und Kosmos zu beeinflussen, mit ihm mitzufeiern und das Wohl des Landes sowie die Gesundheit der Familie zu garantieren.

Götter, Menschen, Himmel und Erde, Natur und Geist klingen in solcher Verehrung und in solchen Festen zur Einheit und Harmonie zusammen.

Die Kulte um Shiva und Vishnu

Von all den Götterfiguren, die in der nachvedischen Epoche und in der Frühzeit des voll ausgebildeten Hinduismus zu immer höheren Ehren und größerer Beliebtheit aufsteigen, übertrifft keine die beiden Hauptgottheiten Vishnu und Shiva.

Vor allem Vishnu, der noch in den Veden als ein Gott zweiten Ranges und als Gehilfe Indras auftritt, schwingt sich im Glauben des Volkes zum wahren »Himmelsherrn« (Isvara) und Gott vieler Millionen auf. Der sich nun herausbildende Vishnuismus ist das Ergebnis einer Mischung von Legenden und Mythen, die sich auf die verschiedensten Personen lokaler, verallgemeinerter oder auch abstrakter Bedeutung beziehen. In den Veden ist Vishnu die Verkörperung einer besonderen Kraft des damaligen Obergottes Indra: Er stellt die das Weltall durchdringende positive Kraft des Universellen, die Allmacht des Existierenden, dar, aus dessen »drei Schritten: denken, sein und tun« alle Wesen hervorgehen. In dieser Funktion wächst die vedische Vishnugestalt oft mit Prajapati – dem göttlichen Urwesen, auch dem Adam des Hinduismus – zusammen. Aus seinem Nabel entspringt auch der personifizierte Brahma. Doch diese altarische Auffassung von Vishnu spaltet sich schon in der vedischen Spätzeit in zwei Richtungen: Während der Vishnu mit der »Prajapati-Funktion« zum Dämonenkämpfer, Herrscher und Urbild irdischer Könige wird, dem Indra den Schutz von Göttern und Menschen überträgt, geht der andere Teil Vishnus ganz in die rein geistige Auffassung des unpersönlichen Brahman über.

Er ist im Himmel, was der gute König auf Erden sein soll: allumfassend, allgegenwärtig, alldurchdringend, der große schützende Herr und letztlich der Erlöser von aller irdischen Unbill – von Dämonen, Krankheit, Kampf und Not. Nicht zufällig ließen sich deshalb Könige der Frühzeit als Vishnu abbilden.

Trotz dieser wichtigen Funktionen steht Vishnu noch im »Mahabharata« an Bedeutung weit hinter dem schrecklichen Shiva, hinter dem alten Indra und sogar hinter dem Helden Krishna zurück. Sein Gewicht als Freund und Helfer der Menschen erhält er erst später, als sich seiner Legende der Kult des »Krishna« – eines »schwarzen Prinzen« – verband und beide ineinander verschmolzen.

Krishna genießt bereits in der Zeit des großen Sanskrit-Gelehrten Panini (um 400 v. Chr.) ebenso hohe göttliche Ehren wie Vishnu.

Die »Krishna-Legende« erzählt von der Wanderung eines Ariervolkes, der Yadavas, das von Mathura nach Westen ging. Dieses Ereignis mag ebenso wie die Gestalt Krishnas historisch gewesen sein. Es scheint sich um eine Spaltung des Yadava-Volkes gehandelt zu haben, die mit Palastintrigen in der Tempel- und Palaststadt Mathura begann und mit dem fluchtartigen Auszug eines Volksteiles endete.

Der geschichtliche Hintergrund der Erzählung liegt sicherlich sehr weit in der Vorzeit, denn schon das um 1000 v. Chr. in seinen Anfängen zu datierende »Mahabharata« erwähnt den Helden Krishna. Dort ist Krishna zwar nicht, wie »Held Rama« im späteren (600 v. Chr.) »Ramayana«, die Mittelfigur, sondern wird nur als einer der vielen Heroen erwähnt, als ein Haupt des Yadava-Stammes, der bezeichnenderweise auch den Beinamen »Go-vinda« oder »Cowboy« trägt. Da im Sanskrit »Go« soviel wie »Kuh« bedeutet und ein Beiwort des alten Ariergottes Indra ebenfalls »Govid« lautet, deutet dies darauf hin, daß Krishna als Viehzüchter und Herdenführer eine hervorragende Stellung in einem Volke einnahm, dem das Rind heilig war und Viehbesitz Würde bedeutete. Im »Mahabharata« werden auch schon alle Attribute eines Häuptlings erwähnt: Krishna, der »schwarze Prinz«, trägt den Beinamen »Janardana«, was etwa »Bedränger der Feinde« bedeutet, er führt eine »Garuda-Standarte«: Garuda ist ein hundeköpfiger, geflügelter Sturmgeist. Wie Roland der Held bläst Krishna in sein gewaltiges Muschelhorn »Pancajanya«, und Gott Agni hat ihm eine Wurfscheibe (Vajranabha) geschenkt, die niemals ihr Ziel verfehlt.

Dieser Heros, der Wundertaten vollbringt, seinen Stamm im Kampf von Sieg zu Sieg führt und der von göttlichen Wesen abstammt und mit göttlichen Mächten freundschaftlichen Verkehr pflegt, wird im Laufe der Jahrhunderte immer mehr zum Liebling der Hindus. Die Legenden wuchern immer phantastischer um seine Gestalt.

In den mittleren Puranas gibt es eine Verserzählung namens »Harivamsa« (etwa 8. Jahrhundert v. Chr.), die Krishnas Lebensgeschichte bereits ausführlich bringt. »Haris« ist Krishnas Familienclan, deshalb heißt er auch »Hare-Krishna«.

In diesem Epos ist »Hare-Krishna« bereits der Mittelpunkt, ein Ideal vollkommenen Menschentums, wie es der Hinduismus ersehnt. Die Geschichte ist in den Grundzügen einfach. Der Stamm der Yadavas besaß seine Wohnsitze an der Yamuna und seinen Hauptplatz in Mathura. Dort hatte der böse König Kamsa seinen eigenen Vater vom Thron gestoßen und eine harte Herrschaft errichtet. Ihm wurde von Astrologen verkündet, daß er Thron und Leben durch einen Sohn seiner Kusine Devakli und ihres Gatten Vasudeva verlieren würde. Da König Kamsa entschlossen ist, alle Kinder dieses Ehepaares umzubringen, wird Krishna – als das achte

Ein Schlangenbeschwörer in Jaipur. Für ein paar Rupien läßt er sich fotografieren.

In Rajasthan werden die Hauswände hübsch bemalt, sobald ein Paar frisch verheiratet ist. Hier Bilder aus Udaipur.

der Kinder – bei Hirten verborgen und damit gerettet. Schon als Säugling zeigt Krishna gewaltige Körperkräfte. Auch er erwürgt – gleich dem griechischen Herakles – bereits eine Pythonschlange, die ihn in seinem Schilfkörbchen überfällt. Als Knabe verrichtet er Wundertaten gegen dämonische Wesen: Höllenhunde, Schlangenwesen, er zähmt wilde Stiere und erzbefiederte Raubvögel, die jenen der Heraklessage gleichen. Er lebt unter Hirten, tanzt mit den Mädchen, liebt die Nymphen des Waldes und läßt sich von den Schönen des Wald- und Weidelandes in Liedern besingen. Die Viehleute, Schafhirten und Jäger verehren ihn, der nun bereits alle Anschläge des bösen Königs Kamsa vereitelt, als ihren Hirtengott. Selbst Indra im Himmel oben erkennt, daß Krishna eine Wiedergeburt Vishnus ist und verleiht ihm göttliche Kraft.

Nachdem Krishna nun aus der Idylle seines Hirtenlebens heraustritt und den Kampf mit König Kamsa aufnimmt, erlangt er bald den Ruhm zahlloser Heldentaten. Er tötet den Tyrannen und verteidigt mit seinen Hirten die Stadt Mathura gegen die Belagerung durch Kamsas Schwiegervater, den bösen König Jarasandha. Schließlich müssen Krishna und die Seinen Mathura verlassen und neues Land im Westen suchen. Er raubt die Königstochter Rukmini, zeugt mit ihr zehn Söhne und vollbringt neue Ruhmestaten.

Doch auch ihm ist sein »Karma« gegeben, auch der Halbgott unterliegt dem »Dharma«, dem Lebensgesetz. Gleich Siegfried hat er nur eine einzige Stelle am Körper – die Fußsohle –, an der er verwundbar ist.

Hier trifft ihn der Speer des Jägers »Jara« – was im Sanskrit beziehungsreich »das Alter« bedeutet –, und er fährt, vom Sturmgott Garuda und seinem Schutzpatron, dem Feuergott Agni, getragen, hinauf ins »Walhall« der vedischen Götter. Hier wird er willkommen geheißen: Er ist nicht eigentlich gestorben, sondern entrückt und vergöttlicht.

Das Volk verehrt in ihm eine der Erscheinungsformen Vishnus. Der Grieche Megasthenes, der um 300 v. Chr. mit dem Satrapen von Babylon und Nachfolger Alexanders des Großen nach Indien gekommen war und am Hofe von Pataliputra eine Kulturgeschichte »INDICA« schrieb, erwähnte, daß sehr viele Hindus eifrige Anhänger des »Herakles-Kultes« seien. Wie das? Den Griechen mußte der Mythos von Hare-Krishna wie eine Herakles-Religon erscheinen. Jedenfalls beweist sich damit die bis zur knapp vorchristlichen Zeit erfolgte Ausbreitung und Beliebtheit des Krishnadienstes, der sich eng mit der Verehrung Vishnus verbunden hatte. Denn eben dies vollzieht sich nun.

Die Legende hat aus dem historischen Heros und Hirtengott allmählich eine vergöttlichte Gestalt gemacht, die viele Eigenschaften des Vishnu absorbiert. Krishna ist ebenso wie Vishnu der schützende Held, die Apotheose wahren Königstum, die große Kraft, in deren Armen alle irdischen Sorgen wohl geborgen sind.

Da die erste Niederschrift des aus zahllosen Lehrtexten, Legenden und historischen Erinnerungen zusammengebauten Riesenepos »Mahabharata« erst etwa um 400 v. Chr. erfolgt, ist anzunehmen, daß bei der wiederholten Redaktion dieses Werkes erst in der jüngsten Phase die einstmals nebensächliche Figur des Krishna aufgewertet und vergöttlicht wurde.

Seit 200 v. Chr. mehren sich die schriftlichen Hinweise, daß Vishnu-Krishna fortan als zwei Erscheinungsformen des gleichen Schützergottes verehrt wurden und in vielerlei Riten den Volksgeist ergriffen. Jetzt tritt der Begriff des »Bhakti« auf.

Ein »Bhakta« ist ein Verehrer, der teilhat am »Bhakti«, worunter man »teilhaben oder sich eins wissen« mit einem Gott oder einer Idee begreift. Millionen Hindus wenden sich der Gottheit Vishnu-Krishna in liebevoller Hingabe zu, indem sie Huldigung, Opfer und Nacheiferung darbringen. »In späteren Jahrhunderten wird dieses ›Bhakti‹ — die dienend-erkennende, persönliche, emotionelle, ehrfurchtsvolle Liebe — zu einer mächtigen Strömung entwickelt, zu nuancierten ›Bhakti-Religionen‹ (innerhalb des Hinduismus), die besonders durch ein intimes Verhältnis zwischen dem Menschen und seinem Gott und durch die Überzeugung gekennzeichnet wird, daß dieser Gott für seinen ihm hingebend und ergeben dienenden, seinem Willen sich unterwerfenden Verehrer ein gnädiger Freund ist« (Jan Gonda, Bd. I, S. 245).
Neben das »Bhakti« der Vishnu-Krishna-Verehrer tritt als zweite Kraft das »Bhagavat« — worunter man eine Vision und entrückte Meditation im Geiste Vishnu-Krishnas versteht, die zur weltentrückten Vollkommenheit und Angleichung an den Gott führt.
Ein drittes Element im späteren Vishnuismus ist die Verehrung eines Saddhu namens »Narayana«, der als Einsiedler nahe dem Ganges bei Benares gelebt hat und der zum kosmischen Charakter Vishnu-Krishnas vorgedrungen und mit »Brahman« identisch geworden ist.
Dieser nun auswuchernde Zug des Hinduismus ergreift den Vishnuismus mit Macht. Schon Hare-Krishna oder Held Rama, nun auch der Saddhu Narayana, sind spezielle Spiegelungen Vishnus. Um dem einfachen Menschen die Universalität des Göttlichen begreifbarer zu machen, teilt man sie in verschiedene, persönlich gedachte Formen und verehrungswürdige Wesen mit besonderen Vorzügen auf.
So kann jeder Mensch die Verwirklichung des Göttlichen in eben jener Daseinsform wiederholen, die ihm selbst erreichbar erscheint.
Die »Puranas«, die am Ende einer langen Entwicklung stehen, führen zehn verschiedene »Avataras Vishnus« an.
Puranas sind Versepen und Erzählungen kosmogonischen und theogonischen Inhalts, die in der vorliegenden Form etwa zwischen dem 8. und 13 Jahrhundert *nach* Chr. entstanden sind. Als Verfasser wird ein legendärer Brahmane namens Vyasa angegeben, der auch als Redakteur der letzten Fassung des »Mahabharata« gilt.
Bis zur Entstehung dieser »Puranas« hatten sich die Vorstellungen von den verschiedenen Erscheinungsformen Vishnus voll herausgebildet.
So erscheint Vishnu im 1. Zeitalter als *Fisch,* und es rankt sich eine Sintflutgeschichte um ihn. Im 2. Zeitalter tritt er als *Schildkröte* auf, der man bereits bei der Mythe der »Quirlung des Milchozeans« begegnet ist. Die 3. Wiedergeburt Vishnus ist jene als *Rieseneber.* Der Eber, der mit seinen Hauern die Erde aufwühlt, gräbt aus dem Grunde des Ozeans die Erde empor und befreit sie von den finsteren Dämonen. In der 4. Wiedergeburt kommt Vishnu als *Mannlöwe* wieder, der die letzten Dämonen und bösen Geister besiegt.
Noch aber ist die Welt nicht von allem Tyrannischen und Üblem befreit, und so kehrt Vishnu in seiner 5. Erscheinungsform als *Zwerg* wieder, der den Kampf gegen den bösen König Bali aufnimmt. Als Bali dem Zwerg soviel Raum zugesteht, als er mit drei Schritten durchmessen kann, wächst dieser zur Riesengestalt empor und durchquert mit drei Schritten Erde, Himmel und Unterwelt. Die 6. Wiedergeburt ist die des *Rama mit dem Beil,* der nun auf Erden erscheint, um die Kshatryas zu vernichten, die seinen Vater, den Brahmanen Jamadagni,

RSY
4739

फ्रेन्डस
डेकोरेटर्स

Vorhergehende Doppelseite:
Ein Hochzeitszug in Udaipur.

getötet haben. In der 7. Erscheinungsform kehrt Vishnu als *Rama,* der Held des »Ramayana«, zurück, um die Menschheit von den Schandtaten des Dämonenfürsten Ravana zu retten. Er ist der Gemahl Sitas, in dem sich eine alte Fruchtbarkeitsgöttin widerspiegelt. Später wird sie zu »Sri-Lakshmi«.

In dieser Inkarnation Vishnus wird sein abstraktes Prinzip am deutlichsten: Es ist die sich immer neu wiederholende Idee des göttlichen Vorkämpfers der Ordnung, der kosmischen Harmonie gegen das Chaotische und Dämonische, der menschlichen Kulturentwicklung gegen die Mächte der Auflösung, der Vernichtung und der Nöte.

In der 8. Form kehrt Vishnu als Krishna wieder, der den Kampf gegen den dämonischen und bösen König Kamsa gewinnt. Die 9. Erscheinungsform ist Gautama Buddha, den der Vishnuismus kühn in seine Religionsauffassungen miteinbezieht und somit als Konkurrenten auszuschalten trachtet. Denn auch Buddha will ja das Schlechte im Menschen abtöten, die Welt mit ihren Lüsten, Dämonen und Gefahren überwinden.

Die 10. und letzte Verkörperung Vishnus am Ende der gegenwärtigen Kali-Periode, wenn die Welt und der Himmel untergehen, wird die des »Kalkin« — des Weltenrichters — sein und den »Jüngsten Tag« einleiten.

Neben dem Hauptgott Vishnu, dem großen Helfer, Retter der Welt und Dämonenbekämpfer, erhebt sich aus dem hinduistischen Pantheon mit der gleichen Macht ein anderer Obergott, Shiva, zu höchsten Ehren. Vishnu und Shiva sind Polarisierungen des Weltgeschehens, sie stellen die beiden Kehrseiten allen Daseins dar.

Während der Allumfasser, Allbeweger und Segner Vishnu meist als menschliche Personifizierung, als ein Heros, erscheint, der Gefühle erregt und um Liebe bittet, ist Shiva eine fast unpersönliche Erscheinung, eine Macht oder Kraft, eine unabänderliche Naturgewalt.

Vishnu glänzt in seinen zahlreichen Erscheinungsformen als handelnder Held; Shiva jedoch ist einfach da: selbst dort, wo er tanzt oder zur Askese auffordert, zeigt er nur Haltung, vollbringt jedoch kaum Taten. Der Mensch kämpft eben und ringt um das Höhere, die Naturkraft aber ist nur vorhanden, nicht auszulöschen, ist allgegenwärtig.

Vishnu und Shiva gleichen dem positiven und dem negativen Aspekt der Schöpfung, und beide ziehen die Massen und deren Verehrung gleichermaßen an.

Von all den verschiedenartigen Gesichtern des Gottes Shiva tritt immer wieder das schreckliche und grausame, das gefühllose und starre am meisten hervor. Shiva ist der Bringer von Schrecken, Krankheit, Tod und Verderben. Er wandelt mit Dreizack, Bogen oder Lanze bewaffnet durch die Welt, sein Wohnsitz sind der Dschungel oder die unzugänglichen Berge des Himalaja. Wenn er ausatmet, bedeutet dies Sturm, Regenflut, Katastrophe, wenn er tanzt, bebt die Erde.

Zorn, Furcht, Pestilenz sind seine Kinder, seine Gegenwart manifestiert sich in Übeltat, Mord, Krieg und Vernichtung.

Aber eben seiner Furchtbarkeit wegen gewinnt er im Laufe der Jahrhunderte immer mehr Anhänger und Verehrer; denn wen anders als ihn soll man anrufen, durch Opfer beschwichtigen oder bitten, wenn Katastrophen drohen oder der Tod durchs Land wütet?!

Er ist kein Gott, der geliebt wird wie Vishnu-Krishna, sondern ein Weltenherr, vor dem man zittert und dem man eben darum schmeichelt. In der älteren Veda — die noch ganz vom Volkscharakter der Arier bestimmt war — gab es keinen Shiva. Das Sanskrit-Adjektiv »shiv« bedeutet »freundlich« oder »wohlwollend«. Noch in den »Svetasvatara-upanishads« wird der altarische Sturmgott Rudra mit dem Beinamen »Shiva« — also der »Freundliche« oder »Wohlwollende« gerufen: nicht, weil er es seiner Erscheinungsform nach gewesen wäre, sondern um ihn zu beschwichtigen und zu gewinnen.

In der Zeit nach den Veden wächst Shiva-Rudra zu einem universalen und übermächtigen Rang empor. Je tiefer die Arier in Indien eindringen, je mehr sie an Katastrophen, Tod, Pestilenz und Schrecken erleben, um so deutlicher wird ihnen das negative Prinzip der Welt, um so stärker empfinden sie die grausame Unausweichlichkeit der Naturgesetze.

Gott Shiva steigt empor.

Die dunkelhäutigen Völker, die schon länger im tropischen Lande der Naturkatastrophen, der Dschungel und der Epidemien leben, haben längst die Vorstellung von einem, die eiserne Lanze schwingenden »Mahadeva« (großen Gott), der die Todesgeißel über allem Dasein schwingt. So nimmt die neu entstehende Gottheit Shiva bald schon Züge der Dravida-Kultur an. Die Tamilen-Literatur Südindiens erwähnt solch einen Todesgott schon früh (Mahadevan, 459).

Die Mythe, die bereits im »Mahabharata« (um 1000 v. Chr.) erzählt wird, stattet Shiva schon bei seiner Geburt mit dem Negativen aus. Als damals die Götter durch Quirlen des Milchozeans den Lebenstrank »Soma« oder »Amrta« hervorbrachten, schluckte Shiva das giftige Nebenprodukt »Kalakuta«, das bei diesem Vorgang entstanden war. Dieses Gift »Kalakuta« war der Gestalt gewordene Todeswunsch der Geschöpfe, das Prinzip des Vergehens im Naturleben. Mit Gift wurde Shiva ernährt, deshalb stellt man ihn meist mit blauem Hals und grünlich-düsterem Antlitz dar.

Dieses Weltprinzip des Untergangs, das Shiva verkörpert, hat jedoch in sich auch die Gegenströmung: inmitten von Tod und Verderben versucht das Leben die Erhaltung oder doch den Trost. Deshalb schreibt man Shiva auch Rettungsaktionen zu: Als die große Ganga

Ein bemalter Hauseingang
in Udaipur.

Der Bräutigam. In Indien heiratet der Mann häufig mit 18 Jahren, das Mädchen weit darunter. Die Eltern treffen die Wahl.

Oben: Der Knabe auf dem Pferd des Bräutigams gilt als Symbol für erwünschten Kindersegen.

(der Ganges, als mächtigster indischer Strom) vom Himmel fiel, war es Shiva, der sie mit seiner Schulter auffing, damit sie die Erde nicht zerschmettere.

Man kann sich an Shiva auch als den »Tröster« wenden. Er kann gelegentlich gnädig sein. Diesen Aspekt drücken etwa die jüngeren Teile des »Mahabharata« (um 600 v. Chr.) aus.

Die aufkommende Shivareligion schreibt dem Vernichter auch die Eigenschaft als »Todesüberwinder« zu, der manchmal Heil und Regeneration bringen kann. Freilich, für gewöhnlich ist das Schlachtfeld sein Spielplatz, Übeltaten sein Vergnügen, Todessaat sein Geschäft. Diese seine Hauptwirkungen dominieren so sehr, daß ihn der Glaube der Hindus oft schlechthin mit dem Tode gleichsetzt und ihm die Namen und Eigenschaften anderer Götter oder Varianten seines Daseins zuschreibt. Shiva ist »Kala« – die mordende Zeit –, er ist »Hara«, der Wegraffer, oder »Bhairava«, der Grausige. Als »Bhairava« wird er mit furchtbaren Eberzähnen, aufgeblähten Nüstern, Schlangen und Schädelkranz um den blauen Hals dargestellt.

Shiva wird als »tanzliebend« bezeichnet: Aber Shivas »Tandava-Tanz« ist ein grimmiger Totentanz, der auf den Körpern Erschlagener, Pesttoter oder auf Schädelbergen getanzt wird. Er symbolisiert den Untergang des Universums.

Die Auffassung der Hindus, daß Leben und Sterben, Zeugung und Tod nur Glieder einer Kette sind und daß die Vorankündigung des Todes in jeder Geburt liegt, hat eine gedankliche Umkehrung. Der Todesbringer Shiva wird auch zum Todesüberwinder. Er ist nicht nur der Vernichter, sondern ebenso der Gott, der die Vernichtung durch ewige Zeugung erst möglich macht. Der »Linga« (auch: Lingam) – eine indische Form des griechischen »Phallus«, ein stilisiertes Zeugungsorgan – ist Shivas Symbol.

Die Mythe sagt, Shiva habe in Gestalt eines »Linga« alle Wesen erschaffen. In einem Lande, in dem überschäumendes Leben dicht neben der Fülle des Todes wohnt, hat Sexualität von jeher größte Bedeutung gehabt. Deshalb gibt man dem Alleszerstörer Shiva die

Zeugungskraft des »Nandi« — des weißen Stieres — als Attribut bei, stellt ihn symbolisch im »Linga« dar und umkränzt ihn mit wuchernden, erotischen Mythen. Betrachtet man die vielerlei Darstellungen Shivas mit den Augen eines nur Fakten und Formen registrierenden Europäers, so scheinen große Widersprüche zu klaffen: Einerseits ist der Gott der grausige Todesbringer, hager und oft skelettartig abgebildet, von Totenschädeln bekränzt und mit Schlangen im Haar; andererseits ist er der auf dem Nandistier reitende, vom Linga repräsentierte Zeugungsgott, der immer wieder neues Leben in die Welt hinausschleudert. Eine dritte Gestalt, in der man Shiva abbildet, ist die des großen Asketen, der regungslos, die Beine untereinander geschlagen, mit steif aufgerichtetem Körper, in Meditationshaltung in einer Höhle des Himalaja sitzt. Dieser Shiva ist mit dem Fell einer schwarzen Antilope bekleidet, sein grünliches Antlitz ist mit Asche beschmiert, manchmal trägt er auch um den blauschwarzen Hals einen »Rosenkranz« (dem man etwa seit dem 1. Jahrhundert n. Chr. magische Wirkung zuschreibt), sein Haarschopf ist hochgewunden und mit Schlangen durchwunden, seine Augen sind auf die Nasenwurzel gerichtet. Das ist die typische Haltung indischer Asketen, und in dieser Darstellung ist Shiva der »große Yogin« — der Herr des Yoga.
Mag es für den westlichen Betrachter hier auch bedeutende Gegensätze im Bilde ein und desselben Gottes geben, so bestehen diese doch nicht für den Hindu. Für den Hindu ist Shiva eben die Personifizierung einer großen, prinzipiellen Naturkraft. Von ihm gehen nicht nur alle Formen von Vernichtung und Tod aus, sondern er ist zugleich die gewaltige Macht der Schöpfung, sich immer wieder zu erneuern und sich selbst fortzuzeugen: Gewalt und Wirkung in jedem Falle, als Tod und als Erzeuger. Diese Naturkraft, die sich fortwährend selbst vernichtet und wiedererzeugt, bedarf nach hinduistischer Meinung wie jegliche Energie des Alls von Zeit zu Zeit der Regeneration und Konzentration. Dieses »Sammeln hoher Kräfte« geschieht im Yoga, in der Askese. Deshalb sieht man Gott Shiva gelegentlich als »Yogesvara« in Asketengestalt Meditation und Konzentration üben: in diesem Zustande erneuert er lediglich seine Kraft.
Diese in Shiva sich neuansammelnde Kraft und Energie wird durch die religiöse Phantasie der Hindus bereits wieder konkretisiert und personifiziert. Sie ist »Sakti« — eine als Weib gedachte Kraft, die letztlich darauf hinwirkt, daß alle dem Shiva geweihten Wesen sich zu dessen Göttlichkeit erheben können.
So spielt im Shivaismus das weibliche Element — nicht nur wegen der in Verfall und Zeugung wichtigen Komponente — eine bedeutende Rolle. Man gibt Shiva eine Gattin bei, die unter vielerlei Namen und Gestalten auftritt.
Shivas Hochzeit mit Parvati — der »Tochter des Berges« (Himalaja) — wird in Kalidasas Dichtung (um 400 n. Chr.) geschildert. Danach verharrt Shiva in einer Höhle des Himalaja in der Haltung eines Asketen und sammelt Kraft durch Yoga, Meditation und Konzentration. Das sieht der alte, ein wenig barbarisch-rauhbeinige Ariergott Indra, der dieses sehr indische Verhalten Shivas weder versteht noch billigt. Er ruft also »Kama«, den Liebesgott, der zusammen mit seinem Freunde »Vasanta« (geich Frühling) und seiner Gattin »Rati« (geich Liebeslust) sich bereit erklärt, Shiva aufzustöbern.
Kama verschießt also seine Liebespfeile (Amor!) und verwundet zuerst die schöne Bergtochter Parvati, die nun seufzend vor Liebesglut vor Shivas Höhle erscheint und ihn anhimmelt. Auch auf Shiva selbst hat Kama seine Pfeile gerichtet. Doch dieser verlangt von Parvati, daß sie sich zuerst selbst langer Askese unterwirft, ehe er bereit ist, sich mit ihr zu vereinen. Diese Umarmung vollzieht sich dann in äonenlanger Lust und Liebe. Parvati, nun selbst zur Göttin geworden, tritt in den folgenden Zeiten in wechselnder Gestalt auf.
Mag sie anfangs den Charakter einer urtümlichen Mutter- und Fruchtbarkeitsgöttin gehabt haben, so wird sie schließlich zu »Duruga« — der »Schwerzugänglichen«, zur »Unbekämpfbaren« wie im Epos »Harivamsa«, und endlich tritt ihr zerstörerischer Aspekt als »Kali« hervor. Dann ist sie ihrem göttlichen Gemahl Shiva so ähnlich geworden, daß man sie mit Schädelkranz und vielen sichelbewehrten Armen als die vernichtende Naturkraft darstellt.
Die dreifache Funktion der Naturkraft, die in Shiva personifiziert ist, besteht in Schöpfung, Erhaltung und Zerstörung des Existierenden. Deshalb entwickelt der Shivaismus eine neue »Trimurti« oder »Dreifaltigkeit«, die von jener älteren des »Vishnu-Shiva und Brahma« abweicht und sich nur noch auf Shiva allein bezieht.
Dies kommt in den späteren Abbildungen des anhebenden indischen Mittelalters zum Ausdruck durch eine dreiköpfige Darstellung: in der Mitte ist der »absolute, rein geistige Shiva«, rechts aber das schreckliche Haupt des zerstörenden »Shiva-Bhairava« und links der freundliche Kopf der kreativen »liebevollen Parvati«.
Wenn Shiva als die transzendente Naturkraft dargestellt wird, gibt man ihm drei Augen: Eines davon steht groß in der Mitte der Stirne, jene »Natursichtigkeit« andeutend, die zur tieferen Erkenntnis führt und die bei vielen alten Völkern die Intuition, den »sechsten Sinn« für das Überirdische, symbolisiert.
Shiva werden zwei Söhne zugeschrieben.
Der erste ist »Ganesha« — der elefantenköpfige »Zahngott« (»Danti« im Sanskrit, »dens« = Zahn im Lateinischen). Aus dem »dritten Auge« Shivas entsprungen, also der intuitiven Kraft verwandt, wird Ganesha ein Dämon der »genialen Besessenheit«. Brahma erscheint zum Beispiel dem weisen Brahmanen Vyasa, der am »Mahabharata« arbeitet, und empfiehlt ihm, den weisen Ganesha zum Aufschreiben des Werkes heranzuziehen (Mahabharata, 1. 1. 74).
Ganesha wird meist als zwergenhafte Gestalt mit Hängebauch, einzahnigem Elefantenkopf und mit vier Händen dargestellt, in denen er seine Attribute Stoßzahn, Lotos, Axt und Reiskuchen hält. Wenn Ganesha reist, so benutzt er eine Maus oder eine Ratte als Beförderungsmittel. Man hat in Elefant, Maus oder Ratte die Symboltiere für die Überwindung aller Hindernisse zu sehen geglaubt; denn Ganesha ist der Gott, der alle

Hemmnisse beseitigt; äußere sowohl wie innere. Darum steht er auch am Beginn jeder literarischen Arbeit und gilt schlechthin als Gott der Weisheit.

Seine Frauen sind »Siddhi« – gleich »glücklicher Erfolg« – und »Riddhi« – gleich »Wohlstand«. Letztere wird freilich auch gelegentlich dem »Kubera«, dem Gott des »Reichtums«, angetraut.

Shivas anderer Sohn ist »Skanda« (oder »Kumara«). Ihn stellt sich der Hindu als mutigen, kräftigen Jüngling vor, der die himmlischen Heerscharen im Kampf gegen die Dämonen anführt. Skanda ist liebestoll, ein aggressiver und gewalttätiger Liebhaber, in dessen Figur sich die brutale und niederreißende Zeugungskraft symbolisiert. Deshalb beschreiben ihn alte Epen auch als Sohn des Feuergottes Agni und der heiligen, fruchtspendenden Ganga.

Ganesha jedoch wie Skanda sind letztlich nur wieder Personifizierungen spezieller Wesenszüge des allgewaltigen Shiva.

Von all den vielen Göttern des voll entwickelten Hinduismus, die aus den langversunkenen Tagen der Veden und aus der brahmanischen Epoche hervorgehen, spielen nur Vishnu und Shiva eine überragende Rolle. Der alte Brahma sinkt zumindest im Volksglauben fast zur Bedeutungslosigkeit zurück und ist nur noch als abstraktes Prinzip »Brahman« in der sich ständig fortentwikkelnden Philosophie der Brahmanen von Bedeutung.

Daß von den ursprünglichen drei großen Gottheiten des frühen »Trimurti« ausgerechnet der einstige »Weltengeist«, das zentrale Oberhaupt der Schöpfung und der am meisten zum Monismus neigende Übergott im Hinduismus, beinahe untergeht, liegt vielfach an der Wirksamkeit des Buddhismus. Der Buddhismus ist mit seiner aus dem Hinduismus hervorgegangenen Lehre von der Selbsterlösung bald in starken Gegensatz zur Priesterschicht der Brahmanen gekommen. Brahma jedoch ist die Gottheit der Brahmanen. Brahma zu bekämpfen oder aufzulösen, bedeutete, die Brahmanen überwinden. So läßt der Buddhismus den vom Volke als persönlichen Gott vorgestellten Himmelsgott in dem völlig abstrakten Nirwana, im »Nichtsein«, aufgehen. Schon in der Lehre der Brahmanen war »Gott Brahma« zum ewigen Prinzip des »Brahman« abstrahiert und damit den Volksmassen entfremdet worden. Als Herr des Nirwana entrückt er noch mehr einer Welt, die zu begreifen das Volk imstande war.

Und so fällt die einstige Hauptgottheit, ja der Gedanke des Weltenprinzips, schließlich ins Unwichtige zurück und verschwindet in späteren Zeiten fast völlig im Dschungel anderer, vielfältiger, greif- und sichtbarer Götter.

Vishnuismus und Shivaismus aber entfalten sich zu zwei Formen oder Standpunkten, von denen aus man das Weltgeschehen konkretisierend betrachten kann. Sie werden zu den beiden Hauptströmen hinduistischer Religiosität und bestehen wie die zwei Seiten einer Münze neben- und durcheinander, ohne sich gegenseitig herabzusetzen. Sie sind nur Aspekte der Betrachtung und suchen den Pfad der Erlösung auf verschiedenen Seiten des Berges, haben jedoch den gleichen Gipfel als Ziel.

Religiöses Brauchtum durchdringt den Alltag

Wir haben bereits festgestellt, daß der Hinduismus nicht wie etwa Judentum, Buddhismus, Christentum und Islam als eine von großen Visionären »gegründete«, von Anfang an in einer »Lehre« festgelegte Religion anzusehen ist. Hier gibt es keine wie in den »geoffenbarten« Religionen verbindliche Urschrift, gleich Altem Testament, Evangelium oder Koran. Vielmehr ist der Hinduismus eine aus dem Volk und anonym emporgewachsene »Weltschau«, die weder den Namen von »Gründern« noch die allein verbindlichen Texte einer »Offenbarung« kennt. Er ist durch einen über Jahrtausende hin gehenden Misch- und Lernprozeß gewachsen.

Darum ist auch die »Geschichte« des Hinduismus nicht so deutlich wie bei den anderen Weltreligionen an exakte Daten, Personen und Epochen zu knüpfen. Die »Geschichte des Hinduismus« als eines Sammelbeckens vieler Lehren, Mythen, Götter, Kulte und religiöser Vorstellung gleicht nicht so sehr dem in seinen Jahresringen abzuzählenden Wachstum eines Baumes und seiner Äste, sondern dem des Dschungels, der in vielerlei Lebensformen durcheinanderwuchert, abstirbt, sich erneuert und ausdehnt, endlos weiterwächst, im Grunde zeitlos bleibt und doch sich immer als Ganzes gleicht – eben Dschungel bleibt.

In all den Jahrhunderten, die von der Vedenzeit über den Brahmaismus zum vollentfalteten und sehr komplizierten Religionssystem und schließlich zu seinem »Mittelalter« und seiner »Neuzeit« führen, laufen verschiedene Erscheinungsformen durch- und nebeneinander.

Es gibt von Anfang an jene abstrakte, spekulative, theologisch-philosophische Lehre der Weisen (Rishis) oder Brahmanen neben dem konkretisierten und von Mythen umwucherten Volksglauben; es ist das Streben nach einer spirituellen und monistischen Heils- und Erlösungslehre, die sich in den Bereichen des Massengeistes und des volkstümlichen Lebensgefühls in vielerlei Glaubensbewegungen, Opferbräuchen und Riten übersetzt. Die philosophischen Gedankengebäude der Brahmanen stehen neben den zu tropischen Formen aufwachsenden Tempel der Götter und Dämonen; abstrakte Spekulation spiegelt sich konkretisiert wieder in allen Lebensbereichen der »schöpferischen Massen«: in Literatur, Drama, Malerei, Plastik, Architektur und einfachem Brauchtum, in sozialen, politischen und religiösen Ausdrucksformen.

Während sich der Hinduismus später durch die Herausforderung des Buddhismus voll entfaltet hat und parallel mit dem zur Weltmission aufbrechenden Buddhismus nach Persien, Ceylon, Burma, Hinterindien, Indonesien und sogar nach China auszustrahlen beginnt, setzt sich sein inneres Wachstum und seine vielfältige Interpretation fort. Der Dschungel der Gedanken, der Götter, der Sekten und Riten wächst, bleibt lebendig und bringt tausenderlei Gewächse hervor, ohne – bis zur Gegenwart – sein Wesen zu verlieren. Genau wie ein Dschungel, der vor 1000 Jahren wuchs, trotz seiner wechselnden und unterschiedlichen Einzelerscheinungen als Ganzes doch mit dem Dschungel von heute identisch ist, so verhält es sich mit dem Hinduismus.

Im Gegensatz zum europäischen Kulturkreis, der sich ständig wandelte und vielerlei Stilformen, Lebensgefühle und »Weltanschauungen« hervorbrachte, kennt der Hinduismus weder Stilwandlungen noch Tendenzveränderungen seines weltanschaulichen, sozialen oder kulturellen Wesens im europäischen Sinne. Hier gibt es keine antike, frühchristlich-romanische, keine germanische und gotische Epoche, keine Renaissance und kein Barock, weder Aufklärung noch Rationalismus, kein Zeitalter des Humanismus und keines des vom positivistischen Wissenschaftsgeist geprägtes Zeitalter des Materialismus, Sozialismus und des Imperalismus.

Freilich wird auch der Hinduismus von den zahlreichen Begegnungen mit fremden Kulturen – Parsitum, Islam und christlich-westlicher Zivilisation – beeinflußt und ein wenig geprägt, aber in seinem Kern bleibt er sich gleich. Seine »Stilwandlungen« verdienen diesen Namen weder im Geistigen noch im Künstlerischen, sie sind nur Varianten, philosophische Fortführungen oder Ausdeutungen einer religiösen Haltung, die vor allem bei den Volksmassen konstant bleibt.

Das Kastenwesen verästelt sich, ändert aber niemals sein Prinzip; die Bau- und Kunstformen variieren, erleben jedoch niemals wirkliche »Stilbrüche«; Philosophie und Religion nehmen zwar gelegentlich Neues und Fremdes auf, behalten aber stets ihren Charakter. Typisch für diese Kraft des Verharrens und Absorbierens ist zum Beispiel eine Tempelfassade in Singapur, die erst um 1850 errichtet worden ist. Dort ist der ganze Hinduhimmel in chaotisch-wirkendem Gewirr aufgebaut: von den Schutzgeistern und Dämonen zu den Untergöttern, bis hinauf zu Vishnu, Shiva und Brahma. Aber ganz unten rechts hat man einen britischen Colonel – einen ehedem sehr beliebten und daher vergöttlichten Stadtkommandanten – in die Etage hinduistischer Gottheiten eingefügt. Und weil dieser Colonel niemals ohne seine große Dogge gesehen wurde, ist auch diese wie ein göttliches Attribut, gleich dem Nandistier des Shiva oder dem Garuda des Vishnu, abgebildet. Der Hinduismus geht in seiner Grundsubstanz unberührt seinen Weg vom Vedenzeitalter über den Brahmaismus zur ewig lebendigen und wachsenden Religion. Er kann ohne Schwierigkeiten und Dogmenstarre alles Fremde integrieren.

Die Totenzeremonie spielt eine große Rolle für den Hindu. Zu besonderer Bedeutung ist sie aber auf der Insel Bali, Indonesien, gekommen (siehe Bild).

Genau wie die Inhalte, so erhalten sich auch die Ausdrucksformen der Religion im Volk mit großer Beständigkeit.
Schon die vedische Religion bestand zum wichtigsten Teil aus »Liturgie«. Riten, Weissprüche, Opferbräuche und Zauberformeln verbinden seit jeher Glauben und Leben miteinander. So entstand im Hinduismus eine Einheit des Lebensgefühls, das sich im Zusammenklang von dem, was man an Mythen, Göttern, Dämonenwelt und Magie für wahr hielt, und der Wirklichkeit, der Natur und dem Alltag, in denen man lebte.
Je mehr der Hinduismus sich ausbildete und endlich zu seiner Form fand, um so stärker drückte er sich in vielerlei Riten und religiösen Volksbräuchen aus. Auch diese Eigenschaft hat er sich ohne Stilwandel über alle Zeiten erhalten.
Schon bei den Ariern, die ihr »Wissen« um ewige, göttliche und übernatürliche Dinge in den Weissprüchen der Veden niederlegten und durch möglichst wortgetreue Überlieferung sich erhielten, ist die Neigung deutlich, Religiöses in Formeln, magische Sätze und beschwörende Gebete zu fassen und damit einen sicheren Weg zum Göttlichen zu beschreiten. Man beschwor die ewigen Mächte oder das Unfaßbare vor allem durch das magische Wort, so wie die Menschen der Jüngeren Steinzeit in ihren Höhlenmalereien etwa den Tod, den Jagderfolg oder die Fruchtbarkeit magisch zu bannen versuchten.
In der Berührung mit den altindischen Völkern und deren Dämonen- und Geisterwelt verstärkt sich dieser Zug zum Magischen in der Religionsausübung.
Man kam zu dem Glauben, daß jedem rituellen Akt und jeder Formel ein geistiger Effekt zukomme und daß der richtige Vollzug von Riten, Gebeten, Opfern und magischen Handlungen (wie etwa Fasten, sexuelle Enthaltsamkeit, Askese, ja Selbstpeinigung) geeignet sei, auf die Götter und die überirdischen Mächte Einfluß zu nehmen, ja die Götter zu zwingen, dem Menschen seine Bitten und Wünsche zu erfüllen. Man sucht durch Ausführung gewisser Riten die Götter nicht nur zu bestechen, ihnen zu schmeicheln und sie zu überreden, sondern man ist davon überzeugt, daß die pünktlich genaue Ausführung gewisser Handlungen und das wortgetreue Sprechen von Gebets- und Zauberformeln die ewigen Mächte in »Zugzwang« bringen und über sie hinweg das ewige »Dharma« (das Schicksal) manipulieren.
Deshalb sind die meisten der hinduistischen Riten und Opfer keineswegs etwa Dank- oder Verehrungshandlungen, sondern sie zielen auf die Erlangung bestimmter Erfolge.
Man will Krankheit und Tod abwenden, von Übeln verschont bleiben, man bringt Sühneopfer dar, um von den Folgen der Untaten bewahrt zu werden; man beschwört aus Rache, um einem Feind zu schaden, oder man sichert sich das Leben der Angehörigen und das Wohlergehen der Dorfgemeinschaft, indem man den Göttern etwas Gutes tut, das sie verpflichtet, sich gnädig zu erweisen.
Auch die Götter hungern und dürsten, sie ernähren sich von Opferdunst, Weihrauch und symbolischen Gaben: von Somagetränk, Opferkuchen, Honig, Milchprodukten, von Fleisch und Blut, Früchten und kostbaren Gewürzen. Manchmal dürfen sogar die den Göttlichen fast gleichgestellten Brahmanenpriester von den Opfergaben essen und trinken, denn damit nehmen die Spenden ja auch den Weg zu den himmlischen Mächten.
Indem man die Opfer verbrennt, vollzieht man eine zweifache magische Handlung: Einmal symbolisiert man durch das Feuer die »mystische Vernichtung der beschränkten Menschlichkeit des Opfernden« (im Apastambiya srauta-Sutra, 18. 4. 14), also eine Art Reinigung; zum anderen geht der Weg der göttlichen Opferannahme durch die vernichtende Kraft der Elemente, also durch Feuer, Rauch oder Wasser, und die auflösende Kraft der Natur. Deshalb werden neben den häufigen Brandopfern etwa den Wassergöttern ihre Geschenke in den Strom, in den Waldteich oder ins Meer geworfen. Die Baum- und Dschungeldämonen finden ihre Gaben im Geäst der Bäume, wo Wind, Regen und Fäulnis sie abholen, und bösen Dämonen stellt man ihre Geschenke in Ameisenhaufen.
Im Lauf der Jahrhunderte, in welchem sich der Hinduismus zur Volksreligion entfaltet, wächst das Ritenwesen so sehr mit dem alltäglichen Lebenslauf zusammen, daß alles Dasein von Riten, Religionshandlungen und magischen Beschwörungen umrahmt ist und eine festgefügte Ordnung bildet. Der Hindu lebt in der Ausübung seiner Riten mit Göttern, Dämonen, Natur und eigenem Schicksal in der großen Harmonie einer Einheit.
Schon dem vedischen Arier waren im »Samdhya« rituelles Morgen- und Abendgebet vorgeschrieben. Dies hatte er selbst zu vollziehen: Morgens nach Ausspülen des Mundes und nach Osten blickend, am Abend in Sitzstellung mit dem Antlitz gen Sonnenuntergang. Dabei mußte er eine »Wasserspende« für Surya, die »Sonne«, versprengen und einige feststehende Gebetsformeln sprechen. Später genügte es etwa, dreimal voller Andacht den Namen Vishnu auszusprechen. Doch für die meisten der magischen Riten im Haus, beim Totenopfer, bei den Festen und offiziellen Handlungen, bedurfte es der Mitwirkung von Priestern (Brahmanen). Von diesen gab es seit der Frühzeit drei Gruppen: Die oberste und erste war die der »Hotar«, die die Formeln und alten Weissprüche rezitieren konnten; die zweite hieß die der »Adhvaryus«, und ihre Aufgabe bestand im Dienst an den voll ausgebildeten Brahmanen; die dritte endlich nannte sich die der »Samen-Sänger«, die alte Gesänge und Epen, aber auch Zauberformeln und auf die Dorfgemeinschaft bezogene Lieder zu dichten und vorzutragen hatten.
Als Opfertiere waren Ziege, Kuh, Stier und Pferd beliebt, während in späteren Tagen – als die Kuh immer mehr an Verehrung gewann und der Stier durch das »Nanda-Rind« vergöttlicht war – die Opfertiere meist aus Kleinvieh, Ziegen und Schafen bestanden.
Einige der großen Riten wurden auch durch Tanz, ja durch die Verursachung von »Bewußtseins-Erweiterung« mittels des altbekannten rauschgiftähnlichen Somatrankes umkränzt. Um sich für den rechten Vollzug besonders wichtiger Riten innerlich bereitzumachen und

Der mit Fabelwesen geschmückte Sarg eines Höherkastigen, Insel Bali.

deren geistige Wirkung zu verstärken, betrieben die Frommen gewisse Vorbereitungen. Sie machten sich für die Begegnung mit dem Göttlichen oder Magischen bereit durch Fasten, Askese, Wachsein im Gebet und durch Atemanhalten. In tiefer Meditation, in Yoga und Konzentraten erhöhte der Hindu seine beschwörende Kraft, die den Göttern seinen Willen aufzwingen sollte.

Was immer das Leben an Wechselfällen brachte, verband der Hindu durch magische Riten mit dem Göttlichen.
Stand etwa Krieg bevor, so suchte man die ewigen Mächte durch ein doppeltes Opferfeuer zu bestechen. Ein Feuerstoß wurde aus Bogen, ein anderer aus Pfeilen errichtet; dies mußte Shiva oder Vishnu geneigt machen, den Sieg zu spenden. Der König aber ließ die Räder seines Kampfwagens mit Opferbutter beschmieren, um sicher zu sein, daß die Elefanten des feindlichen Heeres zurückschrecken würden. All diese »Zaubereien« wurden unter Rezitierung heiliger Texte – meist aus dem Rig-Veda – vollzogen; vor dem Ausmarsch des Heeres segnete man unter Zimbelklang und Tamtamgetrommel die Waffen, und die Priester murmelten ihre magischen Formeln.
Ein Brahmane, der einen neuen Schüler annahm, leitete seine Tätigkeit als Erzieher und Lehrer mit Beschwörungsriten ein, um sich des Erfolges zu versichern. Da wurde ein Feuer aus dem Holz des heiligen Feigenbaumes mit etwas Stroh vom Lager des Schülers entzündet und in diese Opferflamme ein Kuchen besonderer Art geworfen. Dieser Opferkuchen bestand aus Erde, die ein Ameisenvolk aufgeworfen hatte, vermischt mit Honig, Fett, Mehl, Schilfrispen und Schmalz. Der Schüler mußte bei dieser Weihehandlung mit Sesamkörnern vermengtes Getreide essen, während der Lehrer die Beschwörungsformeln sprach.
Hatte ein Liebhaber etwa die Absicht, einer Frau oder einem Mädchen einen nächtlichen Besuch abzustatten und sollte dies möglichst heimlich geschehen, so mußte er einen Zeitpunkt abpassen, an dem er unbeobachtet seine magischen Riten in der Hütte der betreffenden weiblichen Person vollziehen konnte. Denn da galt es, aus einer mit Wasser gefüllten Schüssel, in die man die Reste von Butterspenden getan hatte, die Hütte zu be-

Nirgends begehen die Hindus die Beerdigung so prunkvoll wie auf Bali. Links: Der Verbrennungsturm eines Vornehmen wird getragen.

Rechts: Frauen bringen Opfergaben, die mit dem Toten verbrannt werden.

sprengen und den Rest des Wassers unter Hersagung der Formeln an der Innenseite der Türe auszugießen. Dabei war es wichtig, den Blick auf den rechten Vorderfuß des Bettes zu richten, in dem die Frau für gewöhnlich schlief. Der Zaubertext lautete: »Der tausendhörnige Stier, der aus dem Meer aufging (Mond), mit diesem Mächtigen schläfern wir die anderen Leute ein. Der Wind weht nicht über die Erde, niemand schaut über diese hin. Laß die Weiber und die Hunde tief einschlafen ... Die Frauen, die auf dem Sessel, auf der Bank oder im Bett liegen ... schläfere sie alle ein ... Wer sitzt und wer geht und wen man stehend sieht, deren Augen schließen wir, so wie diese feste Hütte. Laß die Mutter, den Vater, den Hund schlafen ... ihre Verwandten mögen schlafen ... O Schlaf, laß alle anderen Leute schlafen: nur mich laß wach sein, bis zum Morgenrot!«

Natürlich gab es auch Beschwörungsformeln und Zaubermittel, um sich der Liebe eines Mädchens zu versichern: zerriebene Holzspäne eines Baumes, der von Lianen umrankt gewesen war; Süßholz, das geraspelt wurde; eine abgebrochene Pfeilspitze, die man um den Hals trug; oder vom Sturm entwurzeltes Gras, das man als Amulett trug: Sinnbild Rudra-Shivas, zu dem man dann die Formel sprach: »Laß seinen Geist so um mich sein, wie dieses Gras, das er verweht hat!«

Es gab Salben, Tränklein und Pulver, die Liebe erwecken und Leidenschaft verursachen sollten.

Auf ähnliche Weise versuchte man, Wunden und Geschwüre zu heilen. Dazu verwendete man gerne Harz, Kautschuksaft, ein Gemisch von Milch und flüssiger Butter oder heilkräftiges Quellwasser, mit welchen man Wunden bestrich oder die man dem Patienten eingab. Dazu murmelte man die magischen Formeln. Die eng mit den religiösen Gebräuchen verbundene Medizin der Dorfpriester und alten Weiber entwickelte vielerlei Formen von Gesundbeterei, magischer Beschwörung und Übertragungszauber. So pflegten die Hindus etwa an Gelbsucht oder an Nierenkrankheiten leidende Patienten auf eine Weise zu heilen, wie sie zum Beispiel noch im letzten Jahrhundert auch in Oberbayern üblich war – nur, daß man hier alte christliche Gebetsformeln dazu sprach, während der Hindu eben seine Formeln aus alter Brahmanenzeit rezitierte. Der Urin des Kranken wurde in eine ausgehöhlte gelbe Rübe (Karotte) getan und an einen Baum gehängt, wo ihn ein »gelber Vogel« (ein Piral, eine gelbschnäbelige Amsel etc.) anpicken würde. Damit »übertrug« man die Krankheit von dem Menschen auf den Vogel.

War etwa ein Kind durch »böse Geister« gefährdet, war es von einem Fremden, einem Angehörigen niederer Kaste oder gar einem »Outcast«, einem »Unberührbaren«, berührt worden, so verscheuchte man die Dämonen durch das laute Tamtam der Priester, durch

Je vornehmer die Toten, um so reichlicher und farbenprächtiger sind bei den Balinesen die Opfergaben.

Umbinden von Amuletten oder durch lautstarkes Rezitieren litaneiähnlicher Gebete. Die Abwehrbewegung gegen den »bösen Blick« war ganz die gleiche, wie sie etwa primitive Sizilianer vollführen: das Ausstrecken von Klein- und Zeigefinger gegen den »Jettadore« und der beschwörende Ruf: »Geh fort, Dämon!«
Dies sind Riten, die zum Beispiel der Autor noch vor wenigen Jahren im Marathenland Indiens erlebt hat, die aber aus grauer Vorzeit stammen. Ebenso schreibt der fromme Hindu gewissen Substanzen große Wirkung zu: Es gilt für gefährlich, Persönlichkeitsattribute wie Haare, Fingernägel, Schweiß, Blut, Urin oder Hautfetzen in fremde Hände gelangen zu lassen. Das alles könnte zu Fernzauber und Machtgewinnung über die Person durch Zauberer ausgenützt werden und muß daher stets sorgfältig vernichtet werden.
Zur Abwendung von möglichem Unheil inmitten einer von dämonischen und göttlichen Mächten erfüllten Welt dienen auch die Vermummung des Gesichts, das Abwenden des Blickes, die Vermeidung von körperlichem Kontakt und die Vernichtung von Gegenständen, die von den überirdischen Kräften »gezeichnet« sind, wie etwa das Eingraben eines vom Blitz getroffenen Gegenstandes oder das sorgfältige Ausgießen von Wasser, das man zu körperlichen Waschungen benützt hat.
So mißtrauisch ist der Hindu, daß sogar der Bräutigam vor dem Vollzug der reinigenden Hochzeitsriten jeden Kontakt mit der Braut vermeidet, ja vorsorglich sogar ihr Hemd an einem Baum aufhängt, daß die Geister in dieses einfahren können und Braut und Bräutigam verschonen. Was jedoch zu tun, zu rezitieren, zu beschwören und zu verzaubern ist, wenn man Feinden schaden, Gefahr ableiten oder jemandem etwas Böses antun will, das hat schon 500 Jahre v. Chr. Kautilya in seinem »Arthacatastra« aufgeschrieben. Und alle diese Riten sind weitergewuchert und in Gebrauch geblieben bis in die Gegenwart. Rudyard Kipling und Lord Strickland, Ronaldshaw oder Pater Vaesth haben noch vor einem Menschenalter über das unveränderte Fortbestehen dieser magischen Welt berichtet.
Das Leben des Hindus wurde und wird von der Zeugung über Geburt, Kindheit, Erwachsensein bis zum Tode von religiösen Formen, den »Sakramenten« oder »Samskaras« des Hinduismus begleitet.
Diese Weihehandlungen begannen für den Hindu – vor allem der drei oberen Kasten, also der Brahmanen, Kshatriyas und Vaicyas – schon *vor* der Zeugung und Geburt, so wie ja auch das Lebensalter eines Hindus nicht vom Tage der Geburt, sondern von dem der Zeugung an gemessen wird. Diese in den einfachen Volksmassen bis heute fortdauernde Auffassung, daß im Strom der Wiedergeburten das Leben lange vor der Geburt beginnt und auch im ungeborenen Zustand heilig und unantastbar ist, hat zum Beispiel bei der Volksempörung

Die Opfergaben werden zum Sarg (hier in Stierform) gebracht und vom Brahmanen vor der Verbrennung eingesegnet. Rechts: Die Verbrennung.

gegen die Regierung Indira Gandhis eine große Rolle gespielt. Breite Volksmassen nahmen es der Regierungschefin übel, als diese angesichts des explosiven Bevölkerungswachstums Indiens mit modernen »Pillen«, mit Prophylaxe, ja Sterilisierung gegen die Kinderflut eingreifen wollte.
Das im Geiste des Hinduismus lebende Volk lehnt jeden Eingriff in den natürlichen Kreislauf von Zeugung, Geburt und Leben leidenschaftlich ab. Denn schon das »erste Samskara« oder Sakrament wendet sich der geplanten Wiedergeburt neuen Lebens und der »Befruchtung« zu. Ein jung verheiratetes Paar hat dieses »Samskara« sogleich nach dem Ende der ersten Menstruation der Frau vorzunehmen. Sie bereiten gemeinsam eine Reisspeise, die sie gemeinsam verzehren. Nach einem Butteropfer, das unter magischen Sprüchen dargebracht wird, spricht der Mann eine Formel, in der er Vishnu, Shiva oder welchem Gott immer er besonders zugetan ist, bittet: Der Gott möge der Zeugung gutgesinnt sein und mit göttlicher Kraft unterstützen, daß der Ehemann jetzt darangehe, einen Embryo in den Schoß der Frau zu setzen. »Mögen die Götter geben, daß es ein guter und hoher Geist sei, den ich jetzt durch Zeugung herbeirufe, auf daß er eintrete in den Kreis neuer Geburt und daß ich ihm einen gesunden Körper gebe!« (Upanishads und Brahmanas). Das klingt sehr ähnlich wie das lateinische: »Orandum est, ut sit mens sana in corpore sano!«
Im dritten Monat der Schwangerschaft findet das zweite »Samskara«, das des »Pumsavana«, statt. Jetzt bittet die Hindufamilie um einen Sohn. Die Frau muß gebadet, festlich geschmückt sein und mit dem Gesicht nach Osten (wo die Götter wohnen) vor dem Opferaltar Platz nehmen. Sie hält in der rechten Hand ein Gerstenkorn und zwei Bohnen (Hoden seid ihr!), dann spricht sie die Formel: »Du wirst ein Stier!« Anschließend ißt sie Gerstenkorn und Bohnen und erklärt den Ritus der »Manneszeugung« für vollendet. Das Fest des »Pumsavana« findet selbstredend an einem Tage statt, dessen Sternkonstellation von den Priestern für günstig erklärt worden ist. Das Bad und der Schmuck der Frau bedeuten die »Reinigung von der ererbten Sünde«. Diesen Zeremonien folgt dann das »Simantonnayana« — der Ritus der »Haarscheitelung«. Der junge Gatte kämmt das lange Haar der Frau mit den Stacheln eines Stachelschweines, die drei weiße Flecken (Symbol Shivas und Vishnus) haben müssen, von nun ab trägt die Frau ihr Haar gescheitelt und hochgesteckt — sie wird nun »Mutter lebender Söhne« genannt.
Der Brauch, die Haartracht der jungen Frau und werdenden Mutter zu verändern, kommt sicherlich aus sehr alten Indogermanen-Zeiten. Denn ähnliche Gepflogenheiten finden sich auch bei den Germanen, Romanen und Slawen, ja während des Mittelalters noch war es in ganz Europa üblich, daß die Frau mit der Heirat ihre Zöpfe oder Locken hochsteckte und nunmehr das Haar nicht mehr offen, sondern unter einer »Haube« trug. Sie war eben »unter die Haube gekommen«.
Kommt die Zeit der Geburt heran, so ist das Anlaß, abermals eine Reihe von Riten zu vollziehen. Zuerst

wird der Ort der Niederkunft von Priestern geweiht, damit keinerlei böse Geister anwesend sind. Alle im Hause befindlichen Knoten müssen gelöst werden, der Gatte besprengt alle Räume mit geweihtem Wasser und entzündet vor der Wochenstube ein Feuer, um den Dämonen den Eintritt zu verwehren.
Am 12. Tag nehmen Mutter und Kind ein Reinigungsbad, und das Haus wird neu ausgeweiht und gesäubert. Kommt ein Mädchen zur Welt, so werden die magischen Formeln des »Jatakarman« — spezieller Geburtsriten — gesprochen. Ein Sohn wird feierlicher empfangen. Der Vater »anerkennt« ihn, indem er ihn auf seinen Schoß setzt, ihm mit einem Löffel stärkendes Gemisch von Honig, saurer Milch und Schmelzbutter einflößt und ihm dann dreimal »Wort« ins Ohr flüstert. Denn von »Wort« und »Gedanke« her kommt alle Kraft des Hinduismus. Der Ritus der »Belebung und Erzeugung des Verstandes« — eine natursichtige Rückerinnerung an das Einhauchen des göttlichen Funkens in die biologische Form des Körpers (so die Schöpfungsgeschichte) — vollzieht sich, indem der Vater dem Kinde seinen Atem in den Mund bläst und dazu Verse aus dem »Grhyasutren« oder »Mantras« spricht: »Atme das Rig-Veda ein ... Weisheit gebe dir der Gott ... Vereine die Sprache mit dem Geiste ...«
Der letzte Akt ist die Namensgebung. Das Kind erhält stets *zwei* Namen, wobei der erste geheim ist, ihm nur

ins Ohr geflüstert wird und lediglich den Eltern bekannt ist. Das soll vor bösem Zauber schützen. Wie sollen die Dämonen einen Menschen verfluchen oder verzaubern, dessen wahren Namen sie nicht kennen? Ähnlichen »Namenszauber« finden wir schon bei den Altägyptern oder im Germanischen, wo es sich oft darum handelt, daß sich ein böser Zwerg oder eine Hexe hinter einem unbekannten Namen verbirgt (»Welch ein Glück, daß niemand weiß, daß ich Rumpelstilzchen heiß«).

Bis zum 16. Lebensjahr wächst das Kind im Familienverband heran. Dann kommt die Zeremonie des Bartscherens bei Jungen und des ersten Haarschneidens bei Mädchen. Die nächsten Riten werden vollzogen, sobald der Jüngling einem Brahmanen zu Unterricht und Erziehung übergeben wird. Der Unterricht — in Vedenweisheit, Brahmanas und Sutras, aber dann auch in Gesetzeskunde, Religionsgebräuchen und Mythologie — findet stets mündlich statt. Das »Studium« dauert zwölf Jahre, sofern es sich um den Sohn einer Hochkaste handelt. Denn der Hinduismus zeigt von Anfang an eine starke Neigung zur »Demokratie«, wenn man von der Kastentrennung absieht. Innerhalb der Kasten jedoch kann man zu Amt, Würde und hoher Position nur durch Wissen, Bildung und Geist, nicht durch bloße Abstammung, Herkunft und Vermögen aufsteigen. Nur wer zu den »Mantras«, den hochgelehrten Brahmanen oder Kshatryas oder zu den klugen Vaicyas zählt, steigt in

Die erotischen Skulpturen von Khajuraho (11. Jahrhundert) haben religiöse Bedeutung. Sie sind inzwischen weltberühmt geworden.

der sozialen Rangleiter innerhalb seiner Kaste empor. Dieses System wirkte sogar auf die Chinesen ein, die es dann in Form der Prüfungen und in der Rangordnung der »Mandarine« — der Gelehrten — übernahmen, sie freilich dann ohne die Kastentrennung und völlig demokratisch.

Ein Brahmanenschüler muß sich verschiedenen Bedingungen unterwerfen; denn der Hinduismus hält nichts von reiner Wissensvermittlung, auch nichts von antiautoritärer Moral, man ist überzeugt, daß sich die wirkliche »Bildung« eines Menschen nicht nur im Erlernen gewisser Informationen, sondern ebenso in der Disziplinierung und Erziehung seiner ethischen Persönlichkeit vollzieht. Deshalb ist der Brahmanenschüler gehalten, eine bestimmte Haartracht, absolute Keuschheit und gewisse Speisevorschriften einzuhalten. Er soll öffentliche Bäder, den Genuß scharfer und gewürzter Speisen, den Anblick nackter Frauen oder Verstümmelter meiden und allen Dingen aus dem Wege gehen, die ihn von der Konzentration auf sein Studium abhalten könnten. Hat er seine Lehre abgeschlossen, so wird er gebadet, ist nun ein

Links und oben: Die Einheit von Gott und Eros. Darstellungen an Dachbalken nepalesischer Tempel in Katmandu.

Rechts: Pilger in Khajuraho, Nordindien.

»Snataka« (= Gebadeter) und mit »Geistesmacht geladen«.
Heiratet ein Hochkastiger, so wird alles, von der Werbung, der rituellen Reinigung, magischen Beschwörung und Prüfung der Braut bis zu Askese, Meditation und Weihe des Bräutigams zahlreichen Formeln und Bräuchen unterworfen. Bei der Hochzeit wird der Braut ein Knabe auf den Schoß gesetzt, damit sie eine »Gebärerin vieler Söhne« wird. Aber die ersten drei Nächte nach der Eheschließung muß das junge Paar in Keuschheit und Askese verbringen. Erst am vierten Tage läßt sich dann das junge Paar Haare und Nägel schneiden und erbittet, unter einem Feigenbaume sitzend, von den Göttern Ehesegen. Der Kreis des Lebens hat sich geschlossen, und man beginnt damit, das Rad der Wiedergeburt neu in Gang zu setzen.
Dieser Kreis wird nur durch den Tod gesprengt. Es gibt ein sehr kompliziertes Ritual des Totenkults, das ebenso sehr dem ewigen Wohl des Verstorbenen wie dem Schutz der Hinterbliebenen vor dem Anhauch des Todes gilt.
In Urzeiten unterhielt der Arier drei heilige Feuer in seiner Hütte. Wurde jemand schwer krank oder lag er im Sterben, so mußten diese Feuer außerhalb der Dorfgrenze verlegt werden. Man wollte alles, was mit dem Tod und der Jenseitswelt zusammenhing, nicht innerhalb der Lebens- und Wohngemeinschaft dulden.
Aus diesem Grund beschworen die alten Griechen die Seelen der Sterbenden und Toten noch in den Tagen des Perikles mit dem Spruch: »Geh hinaus Seele, verlaß die Stätte der Lebenden!« Die alten Völker der Antike ließen keine Leiche innerhalb des »Pomariums«, der heiligen Stadtgrenze. Alle Friedhöfe oder Verbrennungsstätten wurden nach außen, fort von den Lebenden, gelegt. Man fürchtete sich vor der Wiederkehr der Toten, vor ihrer Erscheinung, vor den Geistern.
Der Hindu, der den Tod nahen fühlt, sucht sich eine reine Stelle außerhalb des Dorfes, läßt sich dorthin tragen und durch seine Familie das Gras säubern, auf das er sich zum Sterben niederlegt. Der Platz wird mit Blumen bestreut oder mit Kuhmist bestrichen; der Sterbende legt sein Haupt gen Süden, wo Yamas Totenreich ist. Die Erde und ihre Götter werden angerufen, dem Sterbenden Schutz zu gewähren.
Ist die Familie einigermaßen begütert, so schenkt sie dem Dorf-Brahmanen eine Kuh, die den Scheidenden dann über den Totenfluß hinübergeleiten soll. Die Verwandtschaft sitzt im Kreis um den Sterbenden und rezitiert Vedatexte: »Aus der Finsternis herkommend, sind wir gekommen, das höhere Licht der Götter zu schauen ...« Ist der Tod eingetreten, singen die Trauernden heilige »Mantras«: »Gehe aus dem Luftraum ein zur Sonne ...« Nun wird Yama, dem Totengott, ein Sühneopfer dargebracht. Der Tote wird gewaschen, geschmückt und bekränzt. Klageweiber heulen und schlagen sich Brust und Schenkel. Die Trauergesellschaft aber streut sich Asche oder Staub aufs Haupt und führt nun den feierlich in ein ungebrauchtes Kleid gehüllten Leichnam aus dem Dorfe. Ist es ein Brahmane, so verläßt er die Siedlung nach der Ostseite, ein Kshatrya geht nach Norden, ein Vaicya nach Westen.
Die Verbrennungsstätte ist seit vielen Generationen vorsorglich und nach magischen Gesichtspunkten ausgewählt. Sie wird vor der Ankunft des Leichenzuges gereinigt, das häusliche Feuer des Toten wird neben ihr aufgestellt. Zieht der Kondukt zu dieser Stätte, so darf niemand sich umblicken. Ein Scheiterhaufen ist errichtet, die Leiche hinaufgehoben. Ist der Verstorbene ein Brahmane, so wird er mit einem schwarzen Antilopenfell bedeckt, auf seinen Gesichtsöffnungen liegen Goldstücke. Das Opfertier wurde in alten Zeiten geschlachtet und Fleischteile (als Schutz) auf den Toten gelegt. In späteren Tagen vollzieht man das Opfer nur noch symbolisch, indem man die Kuh oder Ziege freiläßt.
Ähnlich geschieht es mit der Witwe des Toten. In alten Zeiten muß sie sich symbolisch neben den Leichnam niederlegen, bis der Brahmane die Formel spricht: »O du des Mannes Begleiterin, gehe mit ihm zu den Vätern ein, gib uns auf Erden Kinder ...« Dann aber sagt der Priester: »Und nun kehre zurück in die Welt der Lebenden!« Die Witwe darf sich dann erheben und in die Reihe der Trauergäste zuzücktreten.
Im Mittelalter haben die Brahmanen – unter fälschlicher Auslegung einer Stelle des Rig-Veda – in einigen Gegenden Indiens und besonders bei der Bestattung sehr hochkastiger Personen diesen Brauch zur »Witwenverbrennung« umgedeutet. Dann mußte die Witwe zusammen mit der Leiche ihres Gatten den Scheiterhaufen besteigen und mit ihm gemeinsam in der Flamme zu den Göttern auffahren. Mit der englischen Besetzung Indiens im 18. Jahrhundert wurde dieser Brauch dann verboten – jedoch da und dort heimlich weitergeübt.
Bei einem Kshatrya wurden sein zerbrochener Bogen und seine Pfeile neben ihn auf den Feuerstoß gelegt. Das mit drei Reihen dürren Grases bedeckte Opferfeuer wurde mit dem umgestürzten Hausfeuer des Toten entzündet. Der Brahmane sprach und spricht die letzten Segensworte: »Zur Sonne gehe ein dein Auge, zur Luft deine Seele ... die Maruts mögen dich hinanführen zu den Göttern ...« Die Umstehenden rezitieren den Text der »Yama-Legende«. Alsdann kehrt die Gesellschaft zurück in das Haus des Verstorbenen, wo zuerst mit Hilfe von Weihwasser, Kuhmist, Blumen und Rauch das Sterbehaus gereinigt wird. Die Verwandten dürfen zwei Tage lang nichts essen, keinem Vedastudium obliegen, keine Frau berühren und sich Bart- und Haupthaare nicht scheren lassen. Die Söhne sollen wenigstens zwölf Tage lang keusch leben, die Witwe muß es fortan ihr Leben lang. So betet, zaubert und komplimentiert man die Toten hinaus aus der Gemeinschaft der Lebenden. Man glaubt, daß sie nun in anderen Sphären den Weg neuer Wiedergeburt antreten oder zur Verklärung eingehen. Das Leben auf dieser Erde und inmitten der Menschenwelt aber füllt man mit Beschwörung der Götter, der Abwehr von Dämonen und der magischen Überwindung der Natur.

Die Tempelwände von Khajuraho sind übersät mit teils bizarren erotischen Darstellungen. Erotik wird als Weg gesehen, sich mystisch mit der Gottheit zu vereinen.

Sind es Wandermönche, Yogis oder nur bettelnde Scharlatane? Für den ungeübten Betrachter ist dies nur schwer zu beurteilen.

Alle Vorgänge des Daseins werden in die große Religion der vielen Götter eingebunden: Da gibt es Opfer und Festriten in Tempeln und Hainen, Soma-Riten der Ekstase und Meditation, Neumondfeiern, Weihen für Könige, Priester und Krieger und gelegentlich sogar Menschenopfer. Sekten bildeten sich, die der grausigen Göttin Durga Blut darbrachten: Die »Thugs« im Mittelalter und in der beginnenden Neuzeit gingen mit Fangschlinge und Dolch durchs Land, um dem großen Shiva Opfer darzubringen; in der neueren Zeit setzten die Sakaliten – vor allem in Bengalen und Kalkutta – diesen schrecklichen Kult fort, indem sie den dunklen Gottheiten und Dämonen das Leben ihrer Gegner im Mord darbrachten. Dazu kommen die Prozessionen, Wallfahrten und Gebetsversammlungen, die Indien und der Hinduismus über alle Jahrhunderte hin zur Ehre der Götter und zur Beschwörung des großen Lebensgesetzes »Dharma« darbringen.

Doch auch hier und in den äußeren Formen der Religion wachsen Riten, Zeremonien, Gottesdienste und religiöse Volksbräuche ins Dschungelhafte hinaus. Von der theologischen und philosophischen Weiterentwicklung des Hinduismus, wie ihn die sehr spekulative und visionäre Oberschicht großer Brahmanen vorantreibt, wird diese Dschungelwelt der vielen Kasten, Völkerschaften, Sekten und Götterkulte nur wenig berührt.

Der Hinduismus hat auch weiterhin zahllose Gesichter und geistige Ebenen; in allumfassender Toleranz und Zusammenschau vermag er jedoch alle Denk- und Lebensformen in einem einzigen, großen Weltgefühl zu vereinen und in sich zu integrieren.

Durch die Grundgedanken des Eingebettetseins in die *eine* Weltseele, des schicksalhaften Dharma, und im Streben nach Erlösung in einer Reihe von Wiedergeburten behält der Hinduismus trotz aller Unterschiedlichkeit seiner Gottes- und Heilsauffassung jene Einheit, die ihn zur wohl geheimnisvollsten der Weltreligionen macht.

Tantra und Sakti. Geheimlehren und mystische Sexualität

Mit dem Schema einer Datentafel ist der Geschichte des Hinduismus nur schwer beizukommen. Denn in seinem geistigen Bereich gibt es weder einen Religionsstifter noch namentlich bekannte Propheten oder »Begründer«, und seine Quellströme steigen aus den Tiefen der Vor- und Frühgeschichte. Bestenfalls wäre es möglich, den ungefähren Zeitpunkt als einen Beginn anzusehen, an dem sich die beiden Urquellen des Hinduismus — Ariertum und dravidisches Indien — miteinander zu mischen anfangen.

Das sogenannte »Vedische Zeitalter« umfaßt demnach etwa das 2. Jahrtausend v. Chr. Ihm folgt eine Epoche, in welcher die Lehre der Brahmanen, weiterführende Weissprüche, Geheimlehren, epische Darstellung und literarisch-philosophische Ausgestaltung der Religion die Veden der Urzeit fortsetzen und überwuchern: die sogenannte »Brahmaistische Epoche«, die ungefähr das 1. vorchristliche Jahrtausend und sicherlich noch drei- oder vierhundert Jahre der nachchristlichen Zeit umfaßt. In diesen Kinder- und Jugendjahren des Hinduismus wächst die Religion aus dem Stadium der »ungegliederten Einheit« zur »gegliederten Vielheit« empor. Ein Sammelbecken vieler Einzelreligionen, Kulte, Riten und Weltanschauungssysteme entsteht, dem jedoch stets der Charakter des »Beckens« erhalten bleibt, das heißt: die Einheit in den Grundtendenzen.

So tritt der Hinduismus in die dritte Phase seiner »Geschichte« — das Erwachsensein oder in die »gegliederte Einheit« — hinüber, die man etwa von 400 n. Chr. bis zur Gegenwart ansetzen müßte. Es ist die Stufe des »nach-epischen Hinduismus«.

In dieser dritten Phase der Religionsentwicklung, die sich ja nun schon im datierbaren und durch zahlreiche historische Aufzeichnungen erfaßbaren Raum der Weltgeschichte bewegt, wird die Gliederung der großen Einheit, also das Entstehen verschiedener Variationen hinduistischer Religions- und Lebensauffassungen sichtbar. Man könnte — wäre der Hinduismus nicht so sehr von Toleranz, Integration und dem Bewußtsein seines gemeinsamen Urgrundes geprägt — von der Ausbildung verschiedener »Sekten« oder doch wenigstens »Strömungen« sprechen.

Seit etwa 500 n. Chr. werden die Religionsbestrebungen Indiens — nicht nur der Hinduismus, sondern auch der aus ihm hervorgegangene Buddhismus — deutlich von zwei Grundströmungen erfaßt, die sich aber wiederum gegenseitig durchdringen, so daß man sie nicht selten für eine Einheit gehalten hat.

Es sind der »Tantrismus« und der »Saktismus«.

»Tantra« bedeutet im Sanskrit soviel wie »Lehre eines

Yogis auf der Rast in einem nepalesischen Städtchen. Von Indien ziehen sie in die Bergeinsamkeit des Himalaja.

Links: Betel und Haschisch werden in Indien öffentlich verkauft, dagegen ist Alkohol in vielen Bundesländern gesetzlich verboten.

Unten und rechts: Rauschgifte wie Haschisch werden zuweilen bei Tempelzeremonien verwendet; die Gläubigen wollen auf diese Weise in mystische Einheit mit der Gottheit treten.
Hier: Knaben unter Haschischeinfluß.

Systems«. Der »Tantrismus« besteht »in einer regelmäßigen, systematischen Folge von Riten und Zeremonien« (siehe Ch. Chakravarti, *Tantras,* Calcutta 1963, und Jan Gonda, *Religionen Indiens,* Bd. II, S. 26). Diese Glaubensrichtung, die sich bis zur Gegenwart fortsetzt, stützt sich auf eine Vielzahl von »Tantras« – konfessionelle Schriften der verschiedensten Götterkulte, brahmanischen Lehren und Liturgien –, die von namentlich bekannten oder auch anonymen »Rishis«, Religions- und Ritenlehrern, hervorgebracht werden.
Veda und Tantra ergänzen sich. Letztere sind die Fortsetzung der ersteren, nur mit dem Unterschied, daß die Tantras im Gegensatz zur Veda keine für alle Hindus verbindlichen Dogmen darstellen. Es ist etwa ein Verhältnis, wie es im Islam der Koran zur »Sunna« – der Überlieferung und dem Kommentar – einnimmt.
Die Tantras erklären, sie seien die heiligen Schriften des vierten Weltzeitalters, so wie es Vedas, Upanishaden und die Puranas in den vorhergehenden Epochen gewesen seien. Sie erklären sich als »Sruti«, die durch Rishis oder Weisheitslehrer mündlich überlieferte ewige Wahrheit, und als »Agama«, als »heilige Tradition«, eine »Art Veda der neuen Zeit«. Ihre Thematik umfaßt Kosmologie, Metaphysik und vor allem Anweisung für den richtigen Kult der Gottheiten. Sie befassen sich mit »Mantras« (Weissprüchen, magischen Formeln), Sprachlauten, Hymnen und Meditationsanweisungen, mit Regeln des Yoga und Anleitungen zum Tempelbau. Ihr Hauptgewicht liegt, wie es das innere Gesetz des Hinduismus von Anfang an gewesen ist, auf dem Wort und dem Gedankenzauber. Da sich die Tantras sehr eingehend mit dem Begriff des »Sakti« – der schöpferischen, kosmischen Energie – beschäftigten, hat man sie oft dem geistigen Bereich des »Saktismus« zugerechnet. Doch der Sinn des Tantrismus liegt viel mehr im Abstrakten als der des Saktismus, der zu Konkretisierung und zur Verehrung vor allem weiblicher Gottheiten strebt.
Die Seele des Tantrismus ist das magische Wort, die esoterische Doktrin. Sie hat vornehmlich rituellen Charakter und versucht mittels besonderer Zeremonien, magischer Handlungen, ja orgiastischer Akte eine geistige Wirkung zu erzielen, die es dem Menschen nach Überwindung seiner niederen Triebe und seiner primitiven Sinnenwelt möglich macht, engen Kontakt mit dem Überirdischen zu gewinnen. Ganz ähnlich wie der Buddhismus in seiner tantristischen Form strebt auch der tantristische Hinduismus letzlich nach Läuterung, Vergeistigung und Erlösung.
Nur glaubt das »Tantra«, daß es diesen Weg einzig durch magische Formeln, gewisse körperliche und geistige Übungen und vom »Wort« beherrschte Riten gehen könne, es möchte so die transzendenten Mächte bezwingen und damit zur Einheit mit der »Weltseele« gelangen.
Tantrismus zielt auf eine »Alleinheitslehre«. Im hochentwickelten Yoga versucht der Strebende seinen Körper zu überwinden und sein psychisch-geistiges Leben mit der Einheit des Kosmos zu verschmelzen.
Nach dem »Gopalatapani-Upanishad« entsteht die Welt aus einem »Mantra«, einem Zauberwort, das »Fleisch«

Links: Der Drache neben einem Hauseingang in Katmandu (Nepal) verrät den chinesischen Einfluß, zeugt von einer hinduistisch-buddhistischen Mischkultur.

Unten: Zeremonienstraße in Patan (Nepal). Hindutempel in chinesisch-buddhistischem Stil.

Rechts: Drache in chinesischem Stil, zusammen mit Shiva-Statue (Katmandu).

Rechts unten: Drache vor einem Palast in Patan (Nepal). Das gemalte Auge soll gegen den bösen Blick schützen.

wird; Sonne und Mond gehen aus einer bestimmten Lauteinheit – einem Wort – hervor.
Die sehr phantastische Weltentstehungslehre der Tantristen ist noch chaotischer als die der Shivaiten oder Vishnuiten. Für sie steht hinter dieser sicht- und greifbaren Welt eine rein phänomenale der Laute, der Wortverbindungen, ja magischen Silben – entfernt verwandt den »platonischen Ideen« oder den »Kategorien« des Aristoteles. Wenn Hegel sagt: »Alles, was denkbar ist, ist auch wirklich«, so übersetzt das Tantra diesen Gedanken dahin, daß es das »Sakti« oder die kosmische Energie als etwas in Worten gebanntes Geistiges voraussetzt und die Realität daraus ableitet.
Was die Pflichtenlehre der Tantras anbelangt, so hält man sich an das Überkommene. In diesem Sinn erinnert etwa das 8. Kapitel des »Mahanirvana-Tantra« immer wieder an Manus »Dharmacastra«, das alte Gesetz- und Regelbuch der brahmanischen Epoche. Nur in sozialer Hinsicht bekennen sich die Tantras zu einer freieren Auffassung.
Vielleicht vom »Saktismus« beeinflußt, ja durchdrungen, heben die Tantristen das weibliche Element auf ein höheres Podest. Gilt doch für den »Sakti-Gläubigen« das Weibliche in der Schöpfung als das eigentlich Wirkende und Göttliche. Deshalb erlauben die Tantras die Wiederverheiratung der Witwen, sie verbieten die Witwenverbrennung und lassen Frauen sogar zu Lehrerinnen und Veda-Studierenden aufsteigen.
Vom Buddhismus beeinflußt, reißen sie auch die Kastenunterschiede nieder. Für das Tantra gibt es nur zwei »Stände«: den des wirkenden und schaffenden Hausvaters und den anderen, des aus dem praktischen Leben hinausgetretenen und nur noch meditierenden Asketen.
Die frühesten nachweisbaren Werke der Tantra erscheinen bei den Hindus um 350 n. Chr. im bengalischen Raum – etwa zur selben Zeit, als auch der in seinem tibetanischen und burmesischen Zweig beeinflußte Buddhismus Werke der Tantra hervorbringt. Bis zum 9. Jahrhundert n. Chr. entfaltet sich vor allem unter den Shiva-Anhängern der Tantrismus zu einer umfangreichen Literatur. Die bekannteste Schule ist die der Kaula – vermutlich einer Brahmanenfamilie in Südbengalen. Im 16. Jahrhundert entsteht ein anonymes Werk der »Yogini-Tantra«, welches sich vor allem mit sämtlichen komplizierten Riten des Yoga, mit den magischen Zeremonien zur Selbsterlösung und allerhand tantrischen Lebensweisheiten befaßt. In diesem umfangreichen Buch wird der Kamakhya-Tempel in Assam gepriesen, der ein Hauptsitz der tantrischen Geheimnisse gewesen sein muß.
Etwa Anfang des 18. Jahrhunderts entsteht das Hauptwerk dieser Denkrichtung, das »Mahanirvana« (Tantra der großen Erlösung), in dem alle Formen der Brahma-Verehrung, der Mantras, Riten, Reinigungs- und Verehrungsformeln, der Amulette, der Bräuche bei Totenbestattung, Sühne und Weihe niedergelegt sind.
Aber schon seit dem 10. Jahrhundert hat sich der Tantrismus fast gemeinsam mit dem ebenfalls von tantrischen Denken ergriffene Buddhismus nach Tibet, Kambodscha, Indochina bis Java verbreitet.
Vielleicht war es eben das Geheimnisvolle und Unverständliche, das dem Tantrismus die Hinneigung der vielen Götterkulte und der Volksmassen verschaffte. Denn seine magischen Formeln und Hymnen sind in einer für Uneingeweihte beinah unverständlichen »Schattensprache« abgefaßt. Wort und Formel sind der Kern der Tantras. Im »Yamala Tantra« heißt es bezeichnenderweise: »Der Körper jedes Gottes geht aus dem Wortsamen hervor!« Oder im »Trailokyasammoha-Tantra« steht der Satz: »Der eingeweihte Mensch, der die Laut-Mächte richtig anwendet, tritt in Verbindung mit den Wesen der göttlichen Sphären.« Eine andere Regel lautet: »Die vedische Silbe OM vernichtet alle Hindernisse auf dem Weg zur Erlösung.«
Die tantrische Form des Denkens legt sich wie eine wandernde Nebelbank über die Kulte verschiedenster Richtung, am meisten jedoch wird sie von den unterschiedlichen Shivakulten angenommen.
Ganz dem alten brahmanischen Hinduismus entsprechend, teilt auch das Tantra die bedeutendste Rolle dem »Guru«, dem heiligen Lehrer, zu. Der »Guru« ist der irdische Vertreter des *einen* göttlichen Lehrers und hat dem Schüler selbst wie ein Gott zu sein. Denn er verkündet nicht nur die geheimen »Mantras«, sondern gibt auch die »Diksa«, worunter man die mystische Übertragung der Lebenskraft auf einen anderen begreift.
Die Lehre des Guru ist ebenso mit der Erlernung der Yoga-Praxis verbunden. Drei Stufen hat diese Schule der Asketen: das Mantrayoga, das im fortgesetzten, gebetsmühlenartigen Murmeln der »Mantras« besteht; das Hathayoga – die Schule der gewaltigen Anstrengung –, worunter man Atemübungen, Körperhaltungen und verschiedene Praktiken (auch sexueller Art) und der körperlichen Reinigung begreift; das Layayoga, die höchste Stufe der Auflösung des Individuums im All-Geist.
Bis zur Erreichung dieses Zieles der Erlösung hat der Schüler den Anweisungen seines Guru zu folgen; es spielt hierbei keine Rolle, ob er an Vishnu, Brahma, Shiva oder eine andere Hauptgottheit glaubt.
Es ist schwierig, den beinahe gleichzeitig – also in den ersten nachchristlichen Jahrhunderten – entstandenen »Saktismus« klar vom Tantrismus abzugrenzen. Was die Zielsetzung anbelangt, wäre vielleicht zu sagen, daß der Tantrist durch Läuterung und Selbsterhebung auf magischem Wege zur Erfahrung der Identität mit dem Weltengeist strebt, während der »Sakti« sich nicht im Göttlichen »auflösen« möchte, sondern es selber werden will.
Die kosmische Energie, aus der alles Seiende hervorgeht, ist »Sakti« – man stellt sie sich als weibliche Gottheiten vor, denen man den Weltprozeß und die Heilswirkung zuschreibt. So identifiziert der Saktismus etwa die Göttin Durga oder eine ihrer Erscheinungsformen mit dem Brahman der Upanishaden, also dem Absoluten.

Tempelbettler am Eingang des Tempels von Tirruparakundram (bei Madurai, Südindien).

Denn alles Wirkende erscheint dieser hinduistischen Denkungsart als eine ursprünglich weibliche Kraft. »Ohne Sakti ist auch Shiva nur ein Leichnam!« sagt das »Kularnava-Tantra«.

Es scheint, als erlebe im Saktismus der uralte, vermutlich dravidische Kult der »Großen Muttergöttin« Auferstehung. Diese Denkform erfaßt vor allem den Shivaismus und den Vishnuismus, denn Shivas Gemahlin Durga oder Kali gewinnt ebenso wie Vishnus Gattin Lakshmi oder Parvati eine Bedeutung, so wie auch »Sakti« personifiziert als Gemahlin Brahmas auftritt.

Der »Saktismus« hat das gleiche Ziel wie der Tantrismus, ja wie alle Formen des Hinduismus: die Erlösung, die mystische Vereinigung mit dem Göttlichen. Nur geht der »Sakti« dabei sehr unterschiedliche Wege, die viel realistischer sind, als die des magischen und abstrakten Tantrismus. Einigen dieser oftmals entartet, ja orgiastisch und primitiv erscheinenden Praktiken des »Saktismus« liegen akzeptable Vorstellungen zugrunde.

Man glaubt, daß man die animalischen Funktionen des Menschen, wie es Essen, Trinken, Fortpflanzung sind und die den Menschen an das »Rad des Lebens« fesseln, dadurch auf eine höhere Ebene heben könne, indem man sie in streng ritueller Weise vollzieht. So entsteht das Ritual der »fünf M« oder auch »Pancatattva« genannt. Der nach dem Höheren Strebende soll die Befriedigung seiner Triebe auf seltene, feierliche und rituelle Gelegenheiten beschränken. Dann werden ihm die »fünf M« zuteil: der Rauschtrank »Mada«; der Fisch »Matsya« als Stärker der Zeugungskraft; das Fleisch, gleich »Mamsa«, das die Körper- und Geisteskraft vermehrt; die »Mudra« genannten gerösteten Getreidekörner, die mit der Erde verbinden, und »Maithuna«, der Liebesgenuß.

Diese Auffassung führt natürlich im Laufe der Zeit zu rituellen Ausschweifungen und zu sehr volkstümlichen Auslegungen des Heilsweges. Im »Guhayasammaja Tantra« heißt es: »Niemand wird durch schwierige und langwierige Übungen selig werden; die Vollkommenheit läßt sich aber leicht erwerben durch die Befriedigung aller Begierden.« Und das »Kularnava Tantra« sagt: »Die Freuden, die sündig sind für die Nichteingeweihten, bedeuten Erlösung für den Yogin.«

Nicht nur in der Verehrung einer »Muttergottheit«, sondern auch in dem Zug zum Orgiastischen und zum Geist der Mysterien liegt eine dunkle Beziehung zum Altgriechischen, zum Kybelekult und zu den dionysischen Feiern der Mänaden und Mystagogen.

Der geschlechtliche Verkehr von Mann und Frau wird im Saktismus zum Ritual und zur mystischen Vereinigung des Ichs mit der höchsten Erkenntnis, der kosmischen Seinserfahrung. Im gleichen Sinne spricht die Bibel davon, »eine Frau zu erkennen«, indem sich der Gatte mit ihr vereint.

Indem das weibliche Element den Götterhimmel des Saktismus zu beherrschen beginnt und der Hinduismus den weiblichen Gottheiten den philosophischen Gedanken zuordnet, daß Geburt und Tod, Zeugung und Verfall des Lebens die beiden untrennbaren Seiten des gleichen Weltprozesses sind, nehmen gewisse Riten und Tempeldienste den Charakter der Erotisierung und der Prostitution an. Die religiöse Funktion der Lustdirnen kommt vor allem im Lakshmi-, Durga- und Kalikult auf.

Schon im 10./11. Jahrhundert n. Chr. ist es soweit, daß es Hindutempel gibt, in denen »die Dienerinnen des Gottes« (Devadasis) zu Ehren der »saktischen Göttinnen« singen, tanzen und die Pilger durch Liebesdienste erfreuen. Eltern geben ihre hübschen Töchter den Tempeln anheim, wo sie in symbolischen Handlungen dem Gotte oder einem seiner Attribute vermählt werden. Der antike Kult der babylonischen Mondgöttin Astarte, der semitischen Ischtar oder karthagischen Tanit scheint wiedergekehrt zu sein.

Der rituelle Vollzug der Sexualität wird zur Übung des Yoga, religiöse Erotik hat im Glauben der »Saktis« die Wirkung von Segen. Seit dieser Zeit bedecken sich die Wände mancher Tempel mit höchst realistischen Darstellungen des vielfältigen Liebesaktes; in stimulierenden Reliefs und Vollplastiken wird der Gläubige zur mystischen Vereinigung mit dem Gott durch Liebesspiele angeregt.

König Harsha von Kaschmir (1089–1101) umgab sich zum Beispiel mit zahlreichen jungen Sklavinnen, die in das »Kaula-Ritual« eingeweiht und ausgebildete »Liebeskünstlerinnen« waren, um im täglichen Umgang mit diesen »Göttinnen« langes Leben und innere Verklärung zu empfangen (Raja-Tantra 7. 1129). Eine Inschrift am großen Cola-Tempel von Tanjur besagt, daß im 11. Jahrhundert in diesem Heiligtum nicht weniger als 400 Tempelmädchen für die frommen Hindus zur Verfügung standen. Dieser Kult der saktischen Richtung des Hinduismus, der sich in Prostitution, überschäumender Erotik und oft orgiastischer Sexualität äußerte, hatte eine drastische Kehrseite, die dem allmächtigen Tod durch Blutopfer, ja durch Mord und Menschenopfer huldigte. Das beweisen die »Tantras« der Vamacara-Literatur aus dem 14.–18. Jahrhundert. So ist etwa im »Kalika-Tantra« (15. Jahrhundert) eine klare Ritenanweisung enthalten, wie Menschenopfer würdig darzubringen seien.

In der bengalischen Dichtung des 16.–18. Jahrhunderts stehen die beiden Erscheinungsformen von Shivas Gattin Kali oder Durga – die schädelbekränzten, auf Leichenfeldern tanzenden, vielarmig mordenden Göttinnen – im Mittelpunkt. Doch auch innerhalb dieser Strömung wandelt sich das Bild der »Großen Göttin«, neben der Schrecklichen und Vernichtenden steht die liebliche, mütterliche und gattentreue Gestalt, wie sie zum Beispiel der bedeutende Dichter Rama Prasada Sen (1718–1775) in Versen und Hymnen verehrt. Oft macht sich der besänftigende Einfluß des Vishnuismus bemerkbar, der eine asketischere und spirituellere Haltung gegenüber Zeugung und Tod einnimmt. Dann sind Kali und Durga nicht mehr die Zerstörerinnen, sondern die in »Bhakti-Haltung« anzuflehenden, liebenden und segnenden Beschützerinnen der Menschen, die beim Kampf gegen rohe Sinnenlust, Gebundenheit ans Irdische und den Tod beistehen.

Die widersprüchlichen Auffassungen des »Saktismus«

Auf den Phallus-Symbolen eines Tempels in Katmandu sind Hindugottheiten in Buddhasitzhaltung abgebildet. Hinduistischer und buddhistischer Stil vermischen sich.

durchziehen Philosophie, Theologie und Literatur des Hinduismus bis zur Neuzeit. Davon sind auch die Romane des bedeutenden indischen Schriftstellers Bankim-Chandra Chatterji (1838–1894) gezeichnet. In seinem Buch *Kapal-Kundala* (1866) hat er unter anderem eine ausgezeichnete Beschreibung der Sakti-Riten gegeben, und in diesem Werk steht auch die der »Großen Göttin« gewidmete Hymne »Bande Mataram« (Dir, o Mutter, bringe ich meine Huldigung dar . . .), die zur Nationalhymne des heutigen Indien geworden ist.
Viele Gebräuche und Riten des »saktischen Hinduismus« waren unter der britischen Kolonialherrschaft im 18. bis zum 20. Jahrhundert verboten worden. So sammelte sich gerade in den Tempeln der Durga und Kali, die Freudenhäuser und Blutopferstätten des »saktischen Shivaismus« waren, die national-hinduistische Opposition gegen die europäische Fremdherrschaft. Als nach der Teilung Bengalens (1905–1911) die nationalen Unruhen offen ausbrachen, wurde die schreckliche Göttin Kali als eine Personifizierung Bengalens aufgefaßt, und überall begannen wieder die »saktischen« Formen des Kultes neu aufzuwachen. Jetzt gingen die furchtbaren Geheimbündler der »Thugs« mit ihren Schlingen auf Menschenfang, die »Sakaliten« vollbrachten ihre Morde und Terroranschläge zu Ehren des ewig tanzenden Shiva und der blutdürstenden Durga, und der Liebesdienst der Prostitution in Tempeln und »geheiligten« Bordellen wurde abermals zum Heilsweg der Gläubigen.
Denn über all die Jahrhunderte hatte die Zeugungsfreudigkeit des hinduistischen Indiens, die ja im Dienste der Gottheit stand, niemals nachgelassen. Als aber europäische Zivilisation und Wissenschaft zum Sieg über Epidemien, über Pest, Cholera und Typhus geführt hatten, wurde die direkt mystische Verehrung der Zeugungskraft zur Bedrohung. Denn jetzt war der auf dem indischen Subkontinent bis dahin gewohnte Ausgleich zwischen Zeugung und Tod, Neuschaffung von Menschen und deren massenweiser Vernichtung aufgehoben. Gegen Ende des 19. und vor allem seit der Mitte des 20. Jahrhunderts setzte angesichts der ungeheuren Fruchtbarkeit Indiens jene erschreckende Bevölkerungsexplosion ein, an deren letztlich religiös gesteuerten Übermacht alle sozialen, politischen und wirtschaftlichen Bändigungsversuche moderner Regierungen scheitern. In Indien schwingt die »Große Mutter« das Szepter: »Bande Mataram!«

Hinduismus und Buddhismus. Gemeinsames und Trennendes

Es bedürfte eines dickleibigen Werkes, all die Tausende von »Sekten«, Geheimlehren, Kulte und Lehrsysteme im einzelnen zu schildern, die im wuchernden Religionsdschungel Indiens im Laufe der »nach-epischen Periode« — also etwa seit dem 4./5. Jahrhundert n. Chr. bis zur Gegenwart — entstanden, sich gegenseitig durchdrangen und die verschiedenen Landesteile von »India magna« (den hinduistischen Kulturkreis von Indien, Tibeto-Buddhismus, Hinterindien, Ceylon und die indonesische Inselwelt) mit dem Gefunkel vieler Facetten der Religion erfüllten.

Hier können lediglich die großen Grundlinien der geschichtlichen Entwicklung des Hinduismus, nicht die vielfachen Verästelungen des Denkens und Glaubens aufgezeigt werden, was natürlich Vereinfachung, aber auch Übersicht bedeutet.

Bis zu den ersten nachchristlichen Jahrhunderten hatten sich — meist schon in der »brahmanischen Epoche« — die Grundauffassungen des Hinduismus über Götter, Seele, Weltengrund und Verehrungsformen, Heilsweg, Ziel und Lebensführung, moralische Ideale und Riten zu einem trotz aller wuchernden Mythen überschaubaren System, ja zu einer gewissen Ordnung ausgebildet. Grundströmungen wie der »Tantrismus« oder »Saktismus« traten auf, aber auch die Wesenszüge einzelner Gruppen oder Einzelpersönlichkeiten wurden deutlich.

Der Hinduismus hatte sich in dieser Zeit bereits unter brahmanischer Führung über »India magna« ausgebreitet.

Aber etwa seit dem 3./4. nachchristlichen Jahrhundert wurden einzelne religiöse Richtungen innerhalb des Hinduismus sichtbar, denen ganz allgemein gemeinsam war, daß das überkommene Pantheon der vedischen und brahmanischen Zeit immer mehr abgewertet und durch die beiden Hauptgöttergestalten Vishnu und Shiva ersetzt wurde. Zudem trat in der Vorliebe der Massen auch das rein geistige »Brahman« der Weisheitslehrer als etwas zu Abstraktes und Ungreifbares vor dem konkretisierten Götterpaar Vishnu und Shiva zurück. Ja, es wurde eine Neigung deutlich, die vielen Götter in *einer* Gestalt zu konzentrieren, der man zuschrieb, identisch mit dem »Brahman«, mit der Schöpferkraft und dem erhaltenen Weltengeist zu sein. Das konnte Vishnu oder Shiva sein — jedenfalls durchtränkte sich der Geist des Hinduismus immer mehr mit einer Art von Monotheismus und kam damit den anderen großen Weltreligionen wie Judentum, Christentum und Islam entgegen.

Zahllose kleinere Kulte wurden in diesen Jahrhunderten von den großen, lebenskräftigeren Bewegungen aufgesogen, ungezählte lokale Gottheiten gingen als Identifizierungen oder Erscheinungsformen Vishnus oder Shivas im Größeren auf. Vishnuismus und Shivaismus eroberten das religiöse Feld, der »All-Gott« trat aus den schillernden Nebeln der Frühzeit mit ihrem vedischen Götterchor hervor. Das bedeutete jedoch innerhalb des Hinduismus, der allezeit fähig war, Vieles, Unterschiedliches und sogar Gegensätzliches in seinem umfassenden Lebensgefühl zu absorbieren, nicht etwa den echten Monotheismus der Massen. In der Vorstellungswelt des Volkes spielten nach wie vor vielerlei Mächte und Gottheiten eine Rolle, die man aber nicht mehr mit den alten »vedischen« Personifizierungen identifizierte, sondern durch andere populäre und meist nichtarische Göttervorstellungen ersetzte. Der Religionsdschungel wucherte trotz einer gewissen monotheistischen Grundtendenz fort.

Die Quellen für diese Entwicklung wurden die nun entstehenden »Puranas«, die »Agamas« und »Samhitas«. »Puranas« waren epische, meist in metrischer Form abgefaßte Erzählungen theologischen, kosmologischen und rituellen Inhalts, die in der Zeit vom 8. bis zum 13. Jahrhundert von verschiedenen gelehrten Männern verfaßt wurden. In den »Agamas« wurde die »heilige Tradition« der Veden- und Brahmanenzeit fortgeführt, kommentiert und gedeutet. Die »Samhitas« verbreiteten sich seit dem 8. Jahrhundert und stellten Schriften mit Erläuterungen der Vedensprüche, Mythen und Legenden dar. Die »Agamas« gehörten vornehmlich dem Shivakult an, die »Samhitas« dem des Vishnu.

Allen war gemeinsam, daß sie als »orthodoxe« Fortführungen des Hinduismus gelten könnten und ebenso eine fortschreitende Entfremdung von der »vedischen Denkungsart« aufwiesen.

Im 12. Jahrhundert entstanden die »Religionsbücher« des »saktischen Brahmana-Purana«, das »Linga-Purana« und das »Saura-Purana« als »Katechismen« des Shivaismus. Gleichzeitig bekamen die Vishnuiten im »Garuda-Purana« oder im »Matsya-Purana« ihre Lehrschriften. Der Zug zum »All-Gott« kam schon während der Guptazeit (etwa 4. Jahrhundert n. Chr.) zum Ausdruck. Hier wurden deutlich frühchristliche und iranische Einflüsse spürbar: Der alte »Sol-victrix« oder »Helios« der späten Römer oder der Mithras der Perser verschmolz nun mit Vishnu oder Shiva zum Weltengott. Nördlich von Delhi, in Multan oder Modhera, finden sich noch heute die Ruinen von Sonnentempeln, in welchen dereinst Brahmanen oder Magas (Magier) dem Zentralgott Opfer darbrachten. Dieser Gott, der mit den hinduistischen Obergöttern Vishnu oder Shiva identifiziert wurde, wurde in skythischer Kleidung mit der spitzen Mütze, dem Mantel und den schweren Reiterstiefeln der turanischen oder skythischen Völker dargestellt —

ein Zeichen dafür, daß seine geistige Heimat im Westen und Norden zu suchen ist.
In der nun vom Beginn der »nachepischen Zeit« bis zur Gegenwart reichenden Epoche des Hinduismus traten zahlreiche Kulte, Lehren und Strömungen auf, die unterschiedliche Varianten des Hinduismus darstellten. Vielen davon war jedoch ein Umstand gemeinsam, der in den älteren Perioden der Religion nicht sichtbar war: Die neuauftretenden Auslegungen, Sonderkulte und Richtungen gingen nunmehr auf namentlich bekannte *Stifter* zurück.
Diese Stifter neuer Sekten waren fast immer wandernde Asketen, durchs Land ziehende Prediger und Heilige — ähnlich wie Gautama Buddha es war —; sie hinterließen ihre Weissprüche, Verse oder Predigertexte der Schar ihrer Schüler oder Jünger, die diese dann in Schriften niederlegten. Die von ihnen überzeugten Dorfgemeinschaften erhoben solche Schriften zum Kanon und lebten nach den Riten, die der »Lehrer« verkündet hatte. Die reich durch Legenden, Wundertaten und Götterbegegnungen ausgeschmückten Lebensläufe der Stifter wurden durch Tradition, Überlieferung und Versepen weitergetragen, nicht selten erhob der Volksglaube den dahingegangenen »Saddhu« zur Ehre der Apotheose, zur Vergöttlichung.
In diesem Sinne verfuhr bereits die frühe Zeit (6./5. Jahrhundert v. Chr.) mit der Gestalt und Lehre Buddhas.
Buddha hatte sich allerdings ausdrücklich von Kastenwesen, Brahmanenherrschaft und überkommenem Hinduismus losgesagt und diesen in eine sehr abstrakte »Selbsterlösungslehre« mit einem atheistischen Nirwana oder »Nichtsein« fortgeführt. Aber das gewaltige Sammelbecken vieler Religionsauffassungen, das der Hinduismus eben darstellte, war stark genug an Integrationskraft gewesen, daß es auch den eine Zeitlang mächtig vorandringenden Buddhismus wie einen Teil der eigenen Religion absorbieren konnte. Da der Buddhismus zu geistig und zu wenig greifbar für die Volksmassen war, durchdrang und überwand der Hinduismus diesen schon sehr bald. Obschon es noch im 7. nachchristlichen Jahrhundert allein im Dekkhan an die 200 buddhistische Klöster gegeben hatte, gingen diese im Laufe der Zeit unter und machten dem immer stärker aufstrebenden Vishnuismus und Shivaismus Platz. Der Buddhismus verschwand bereits im 1. Jahrtausend nach seiner Gründung fast gänzlich aus Indien und wurde im »Mahayana-Buddhismus« so sehr von hinduistischen Vorstellungen und Riten, vom »Tantrismus« und der Mystifizierung und Konkretisierung des Hinduismus durchdrungen, daß er sich beinah zur Mischreligion wandelte.
Immer wieder erwies die große Religion des Hinduismus ihre ungeheuere Kraft, fremde Weltanschauungen und Religionsvorstellungen in sich aufzusaugen und zu verändern. Das wurde im Lauf der Geschichte besonders in der südindischen Provinz Kerala deutlich. Hier gab es seit der Zeitenwende die christliche Mission der Thomaschristen, auch hatten die Jains großen Einfluß, und endlich kamen von See her die Moslems. Doch der Hinduismus vermochte mit all diesen Religionen zu leben. Hinduistische Riten drangen zum Beispiel in das Heiratszeremoniell der Christen ein; heute noch tragen die Keralachristen das »Kastenzeichen« — den Tiluk — in Form eines schwarzen Kreuzes über der Nasenwurzel — so wie Brahmanen, Kshatryas oder Vaicyas das ihre. Hindufürsten erbauten mit schönster Großzügigkeit den Christen Kirchen oder den Jains Tempel, und fromme Hindus beten auch in den Moscheen der Mohammedaner. Denn letztlich fühlten sie sich alle eins in dem Glauben an einen Schöpfergott, dem sie vielerlei Gesichter und Erscheinungsformen zubilligten.
In all diesen Jahrhunderten erwies sich der Hinduismus mit seiner großen Toleranz und Integrationsfähigkeit nicht nur durch die fortwirkende Tätigkeit seiner Denker, Dichter und Priester, sondern auch durch seine festgemauerte Sozial- und Gesellschaftsordnung den fremden Religionen als überlegen. »Durch seine großen und eindrucksvollen Tempel und schönen Idole, seine vielseitige Literatur und seine imponierenden Feste beeindruckte er die Geister und Herzen der Bevölkerung; seine unerschöpflichen Mythen, Legenden und Erzählungen ließen nicht ab, deren Phantasie zu fesseln. Auch die kulturhistorische und soziologische Bedeutung der großen Tempel- und Wallfahrtsorte kann kaum hoch genug veranschlagt werden...« (nach Jan Gonda, *Die Religionen Indiens,* Bd. II, S. 75).
Selbst dort, wo durch das Auftreten anderer Religionen der Hinduismus in die Defensive gedrängt oder zunächst ganz überrollt wurde, ließen ihn seine Volkstümlichkeit und seine innere Kraft alle Widrigkeiten der Geschichte überstehen. Entweder entstand in diesen Räumen eine Mischung der Religionen, in welcher sich der Hinduismus meist dominierend behauptete, oder es kam zur Ausbildung von Mischreligionen, deren mythologische und rituelle Grundlage fast immer vom Hinduismus geliefert wurde.
Ein Beispiel für den ersteren Fall ist Nepal.
In diesem Gebirgsland, das so nahe an Buddhas Heimat und seinen späteren Wirkungsstätten liegt, hatte sich der Buddhismus durchgesetzt. Noch im 4. Jahrhundert n. Chr. war Nepal das klassische Land der buddhistischen Mönche. Von den tibetischen Bergen herab drang seit dem 5. nachchristlichen Jahrhundert der Lamaismus und die tantrische Form des Buddhismus in Nepal ein, was dem von großen Göttern und Berggeistern beherrschten, halbmongolischen Volk sehr entsprach. Trotzdem war die hinduistische Grundhaltung der Menschen auf die Dauer nicht auszulöschen. Überall vermengten sich hinduistische und buddhistische Formen, Riten und Anschauungen. Besonders seit dem 14./15. Jahrhundert vollzog sich ein unablässiger Vorgang der Einsickerung des Hinduismus in Nepal, so daß die drei Religionen Buddhismus, Lamaismus und Hinduismus schließlich nebeneinander bestanden, ohne sich gegenseitig zu beanstanden. Ja, die Kraft und Phantasie des Hinduismus überflutete sowohl Buddhismus wie Lamaismus so sehr, daß schließlich die religiösen Vorstellungen, die Riten, Prozessionsfeste, die Gottesdienste und Tempelbauten überall den Charakter des Hinduismus annahmen. Hinduistische Feste wurden von tibetischen Lamas ausgerich-

tet; Hindupriester des Kali-Tempels schmückten diesen mit buddhistischen Opfertischen; Prozessionen zu Ehren Shivas fanden unter Mitwirkung buddhistischer Mönche statt. Die Vermischung der Religionen war vollkommen und völlig friedlich.

Handelte es sich in Nepal, Assam oder in anderen Himalajagebieten um eine Vermischung und eine Durchdringung der verschiedenen Religionen, die auch örtliche Glaubensinhalte und Formeln in sich aufnahmen und wobei der Hinduismus in all seiner Integrationskraft und Vielfalt meist das äußere Gesicht bestimmte, so kam es in Orissa (südlich des Gangesdeltas) zur Ausbildung einer merkwürdigen Mischreligion, die »Pancasakha« genannt wird.

In der Provinz Orissa war zunächst die vishnuistische Form des Hinduismus vom Buddhismus verdrängt worden, so daß Orissa noch im 10. Jahrhundert als eine Hochburg der Buddhisten gelten durfte. Dann waren die »tantrischen« Formen der Religion – die ja der Buddhismus ebenfalls kannte und in sich aufgenommen hatte – in den Vordergrund getreten und hatten den Weg für eine Wiederkehr des Vishnuismus bereitet. Um die Mitte des 15. Jahrhunderts trat dann der gelehrte Brahmane Acyutananda Das († 1489) auf, der zusammen mit seinen vier Freunden die Gesellschaft der »fünf Freunde«, die »Pancasakha«, bildete. Diese Schule der Brahmanen schmiedete aus den vorhandenen Religionselementen eine ganz neue Mischreligion. Vom Buddhismus übernahm sie die Gottesauffassung, die sie im »Gott des Nirwana«, Sunya, entdeckten (dies wäre etwa mit »das Formlose« oder »das Leere« zu übersetzen). Doch aus diesem »Nichtsein oder Nirwana« ging die vishnuistische Erscheinungsform des Krishna als einer Erlösungsgestalt hervor. Die sowohl vom Buddhismus wie vom Hinduismus erstrebte Auflösung im Geist, die Erlösung des Selbst, erreichte man nach der Lehre der »Pancasakha« mit den buddhistischen Mitteln der Askese, Meditation, Versenkung und Konzentration, aber auch durch die »Mantras« und die Riten der Vishnuiten.

Diese ständig wiederkehrende und stille Durchdringung des zunächst siegreichen Buddhismus vollzog sich in ganz Indien, so daß der Urbuddhismus langsam aufgeweicht wurde und zum »Mahayana«-Buddhismus sich wandelte: einer Lehre vom »großen Schiff der Erlösung«, das aber schon weitgehend im hinduistischen Stil geformt und vom hinduistischen Geiste besetzt war. Bis zur Mitte des 12. Jahrhunderts hatte es der Hinduismus in seinen vielen Formen geschafft, den Buddhismus in Vorderindien zum Erlöschen zu bringen.

Bevor jedoch der endgültige Sieg des Hinduismus über den Buddhismus im indischen Entstehungsraum beider Religionen entschieden war, kam es zu schwierigen philosophischen Auseinandersetzungen zwischen den hochgeistigen Mönchen Buddhas und den gelehrten Brahmanen. Die Unterschiede in den Auffassungen bezogen sich vor allem auf den Begriff des Göttlichen und den Weg zur Erlösung.

Der Mahayana-Buddhismus hatte sich zwar bis zum 8. nachchristlichen Jahrhundert bereits stark mit hinduistischen Auffassungen und Formen angereichert, war jedoch der Grundidee Buddhas treugeblieben, daß die

Links unten: Tempelfest zu Ehren von Ganesha in Katmandu.

Oben: Die Wände dieses nepalesischen Hindutempels sind mit Blattgold überzogen. Katmandu.

Welt und ihre Erscheinungen überhaupt nicht »wirklich«, sondern nur »Ideen« seien, die der menschliche Geist selbst entwickle (Gedanken, wie sie im Abendland 1000 Jahre später Arthur Schopenhauer in *Die Welt als Wille und Vorstellung* ins Europäische übersetzte). Wenn niemand mehr da war, der die Wirklichkeit erkannte, empfand und dachte, dann gab es auch keine mehr.

Das Prinzip des »Illusionismus«, zu dem sich der Buddhismus bekennt, schreibt auch den Pfad der Erlösung vor: Er führt zur geistigen Überwindung der »Illusion« und zum Aufgehen im Nichts des »Nirwana«. Diese Auffassung vertrat im 8. Jahrhundert besonders der große buddhistische Mönchsgelehrte Dharmakiri, aber er lehrte damit eine so abstrakte und nur für hochgeistige, ja sich schon im Geiste auflösende Individuen erfaßbare Auffassung, daß er von vornherein keine Massenwirkung im Volke erreichen konnte. Der Hinduismus jedoch blieb auch jetzt konkreter, realistischer und volkstümlicher. Er fand Formeln, die dem einfachen, in seiner Götter- und Vedenwelt gefangenen Hindu faßbarer erscheinen mußten.

Der große Reformator des Hinduismus, Sankara (788 bis 820), wurde zum Sprecher einer vorsichtigen Erneuerung. Auch er stellte zwar, wie die Buddhisten, die echte Realität der Erscheinungswelt in Abrede, aber er erklärte die Wirklichkeit zugleich als die vielfältige Ausdrucksform des einzig ewigen Prinzips des göttlichen Brahman (etwa so, wie Goethe es später einmal ausdrückt: »Als der Gottheit schillerndes Kleid . . .«). Damit blieb dem Hindu seine Welt, die er sah und erlebte, erhalten; er wußte sich im Mantel eines göttlichen Prinzips oder der Götter geborgen, und man wies ihm als Weg der Erlösung den altgewohnten »Pfad der Veden« über die Riten, Bräuche und Gebetsformeln und die Tempel.

Dieser religiöse Weg verlor sich nicht – wie im geistig anspruchsvolleren Buddhismus – in den abstrakten Tiefen von Konzentration, Meditation und Selbstauflösung, sondern wählte die breitere Straße über den religiösen Werkdienst, zur Kollektive der Ritenausübung und der in Gemeinschaft vollzogenen Sakralhandlungen. Am Ende stand nicht das für den Hindu unfaßbare Nichts, sondern die Vereinigung mit der ewig atmenden, schöpferischen und vielgesichtigen Gottheit, die je nach dem Grade der geistigen Erweckung des Gläubigen Brahman,

Links: Das Hinduheiligtum Pahuspatinath gilt als das »Benares von Nepal«.

Rechte Seite: Shiva in Buddhasitzhaltung auf einem nepalesischen Phallus-Symbol.

Unten: Statue des Vogelmenschen Garuda, des Reittieres von Vishnu. Straßenszene in Katmandu.

Brahma, Vishnu, Shiva, Ganesha, Surya oder Durga heißen kann. Kein Wunder also, daß dieser sich ständig wandelnde und doch im Prinzip sich treu bleibende Hinduismus langsam aber sicher im rein hinduistischen Bereich den abstrakten und geistig anspruchsvolleren Buddhismus verdrängte.

Sankara war der Sohn einer Brahmanenfamilie aus Malabar, die der vishnuistisch-saktischen Form anhing. Vermutlich hatte er einige Zeit in einem Buddhistenkloster zugebracht, sich aber dann als Reformator und Lehrer wieder völlig dem Hinduismus zugewandt. Er durchzog, wie das in Indien allzeit üblich war, predigend, Askese betreibend und Bücher schreibend das Land, lebte lange in Benares und starb — vom Volke als Inkarnation Shivas verehrt — in einem Höhlenheiligtum des Himalaja bei Kedarnath.

Es ist bezeichnend, daß Sankara gewisse niedere Formen der Götterverehrung, wie etwa die Anbetung Shivas in einer Erscheinungsform als Hund oder die grausigen Menschenopfer im Durgatempel zu Kapalika, bekämpfte, daß er sowohl die tropisch aufgewucherten Lebensgebräuche und chaotisch rankenden Riten wieder zu vereinfachen und auf ihren ursprünglichen »vedischen« Gehalt zurückzuführen trachtete. Ihm ging es sichtlich um die Einheit des Hinduismus in der Auffassung des Brahman, des sich in vielerlei Gestalt manifestierenden Weltengeistes. So versuchte Sankara die Einheit des Göttlichen in der Vielheit dadurch wieder bewußt zu machen, daß er in die Sakralhandlungen die gleichzeitige Verehrung der fünf Hauptgottheiten Shiva, Vishnu, Ganesha, Surya und Durga einführte. Um die Religion vor einem weiteren Zerfall in tausenderlei Kulte, Göttervorstellungen und Rituale zu bewahren und ihr eine Art hierarchisches Gerüst zu geben, gründete er sogar — dem buddhistischen Vorbilde folgend — Mönchsorden und Klöster, die lange Jahrhunderte hohes Ansehen im Hinduismus besaßen. Den Lehrern, Brahmanen und Mönchen hinterließ er eine große Zahl von Schriften: die rein philosophischen Abhandlungen der »Upadesasahasri«, die zahlreichen Kommentare dazu sowie religiöse Gedichte und tantrische Traktate.

So ging der Hinduismus nach Überwindung und Durchdringung des Buddhismus weiterhin seinen Weg. Die vielerlei volkstümlichen Götterkulte entwickelten unter dem gemeinsamen Dach brahmanischer Gedankengebäude ihre Riten, Bräuche und Sakralformen, während die verschiedenen philosophischen Systeme der brahmanischen Oberschicht darin übereinstimmten, daß sie alle Gottheiten des traditionellen Pantheons als Ausdrucksformen des allumfassenden Brahman, des Weltengeistes, anerkannten (so ähnlich wie etwa der Katholik in den vielerlei Personifizierungen des Göttlichen durch Engel, Heilige und Selige nur die unterschiedlichen Kräfte, Wirkungen und Patronate ein und desselben Gottes anerkennt). Dabei sprengte es den unendlich weit gespannten Gedankenkreis des Hinduismus in keinem der kommenden Jahrhunderte, daß sogar »atheistische« (Nirisvara-)Schulen, wie die der Mimamsa oder der Samkhya, entstanden. Diese »Atheisten« sahen auch die Götter dem allgewaltigen Karman (dem Lebensgesetz) unterworfen, deshalb lehrten sie: Ein unpersönliches Gesetz regiere die Welt. Trotz solcher Leugnung göttlicher Macht blieb aber die Grundlinie erhalten und veränderte sich auch nicht in der Begegnung mit anderen Religionen und Denksystemen, die von Fremden nach Indien hereingetragen wurden. Im 16. Jahrhundert sprach ein brahmanischer Lehrer der »Vedanta« dieses gleichbleibende Prinzip der zahllosen Formen hinduistischer Sekten und Schulen allgemeingültig aus. Er war der weise Madhusudana, der in seinem Werk *Prasthanabheda* (deutsch bei Deussen, Bd. I, 1. 44) schreibt: »Alle Lehrsysteme leiten, sei es unmittelbar oder mittelbar, schließlich auf Gott als höchstes Ziel hin ...«

Hinduismus und Islam. Mehr Trennendes als Gemeinsames

Indien entfaltete eine riesige religiöse und philosophische Literatur, die bis zur Mogulzeit (ab 1526) sich vor allem auf den Vishnuismus und Shivaismus konzentrierte. Die Inkarnationen der Götter Krishna und Rama fanden zahlreiche Sänger und Dichter, die die Legenden weiterspannen und die sogar eine etwas verkünstelte Hofdichtung hervorbrachten. Das religiöse Leben gruppierte sich um Tempel, Wallfahrtsorte und Maharaja-Höfe und sank erst in den Tagen Kaiser Aurangzebs (1658 bis 1707) zu Sprachkünstelei, phantasieloser Orthodoxie und Guru-Zauberei herab. Im Volk entwickelten sich in dieser Spätzeit – als der Hinduismus von den mohammedanischen Mogulherrschern unterdrückt und verfolgt wurde – wieder dschungelhafte Formen. Sogar Mönche und Asketen, Fakire und Tempelpriester wurden dann gelegentlich Räuber und religiöse Freibeuter, die böse Praktiken wie Meuchelmord und Menschenopfer ausübten. Diese Bewegung in ein Wellental setzte sich bis zur britischen Kolonialherrschaft fort, um dann in deren letzter Phase wieder zu den reineren Kultformen und zu neuem Auftrieb der brahmanischen Philosophie, zu religiöser Dichtung und hinduistischen Kunsttätigkeiten zurückzufinden.

Die Begegnung der beiden Weltreligionen Hinduismus und Islam begann schon sehr früh und sehr kriegerisch, und hierbei waren die Gegensätze der religiösen und sozialen Anschauungen zwischen den beiden Lagern sehr bedeutend. Es gelang weder dem sonst so integrationsfreudigen Hinduismus, jemals den Islam in sich aufzusaugen, noch glückte es den militanten Moslems, die Hindus umzuwandeln. Der streng monotheistische, sehr realistische, bilder- und priesterlose Islam trat kriegerisch und weitgehend demokratisch in die Arena Indiens, wo er auf eine mehr polytheistische und bilderfreudige Religion mit brahmanischer Führerschicht, Kastenwesen und autokratischem Feudalismus traf.

Das waren und sind bis heute grimmige Gegensätze. Die Moslems verabscheuen das unreine Schwein, die Hindus essen keine Kühe, die Heiratsbräuche der Moslems sind den Hindus ein Greuel, die hinduistische Kultmusik und deren Einstellung zur Sexualität werden vom Islam abgelehnt. Während der Islam eine einmalige Gottesoffenbarung durch den Propheten, einen Schöpfungsakt nach jüdischer oder christlicher Auffassung und ein Jüngstes Gericht anerkennt, glauben die Hindus an einen anfangs- und endlosen Weltprozeß, eine Wiedergeburt der Seelen, an karmische Vergeltung. Die Moslems begraben ihre Toten, die Hindus verbrennen sie.

Eine gewisse Verbindung beider Religionen gibt es durch das Auftreten der »Sufis«, der »heiligen Männer«, der asketischen, in Mystik und Prophetie befangenen Prediger des Islams. Diese Sufis sind den hinduistischen Asketen, Saddhus und »Magas« ähnlich, denn sie teilen mit den indischen »Bhakti«-Gläubigen die Überzeugung, daß Gott überall und in vielen Formen und daß durch Liebe die Vereinigung mit Gott oder Allah möglich sei.

Von Anfang an betrachtete der autoritäre und absolute Islam den in seiner Grundtendenz toleranten, weltoffenen und allumfassenden Hinduismus als minderwertig und menschenunwürdig. Der Hinduismus aber war nur allzu bereit, Gottesanschauung und Religiosität auch bei den Andersgläubigen vorauszusetzen. Bei diesen ungleichen Anschauungen war es nur folgerichtig, daß die Hindus trotz ihrer zahlenmäßigen Überlegenheit von den Moslems zur »Raja« – zur Herde der Unterworfenen – degradiert wurden.

Schon im Jahr 712 kam es durch den Einfall Mohammed-ibn-Kasims im Sindh zu einer ersten Berührung der beiden Welten. Allerdings durchdrang der Islam das Indusgebiet erst, als Mahmud Ghazni († 1030) ins Panjab einrückte. Von nun an folgten die islamischen Erobererwellen dicht aufeinander, erfaßten jedoch meist nur Teile Nordwestindiens. Hinter den Herren kamen Verwaltungsbeamte, Gelehrte, Prediger, Imame, Mullahs und Mystiker.

Oft war der mohammedanische Griff nach indischem Lebensraum mit fanatischen Ausschreitungen religiöser Eiferer, mit Schändung hinduistischer Heiligtümer, Tempeln und Zerstörung von Kultbildern verbunden. Den Moslems war die hinduistische Lebensweise und ihre Ausdrucksformen ein Greuel. So verunreinigten die Eroberer häufig die Heiligtümer der fremden Rasse, verbrannten die religiösen Bücher, vernichteten Kunstwerke vor allem mit bildhaften, erotischen und monströsen Darstellungen und zerschlugen die Götterbilder. Vishnuitische Schriftsteller aus Bengalen berichten etwa aus der Zeit der Mogulherrschaft von der wiederholten Behinderung der hinduistischen Tempelzeremonien; unter Kaiser Aurangzeb (1658–1707) steigerten sich die Exzesse gar bis zur systematischen Verfolgung hinduistischer Religionsausübung.

Und doch brachte es vor allem die tolerante Haltung des Hinduismus dahin, daß sich Hinduismus und Islam immer wieder über weite Strecken der Geschichte zur Koexistenz zusammenfanden und sogar anfingen, sich ein wenig zu durchdringen.

Eine volkstümliche Ballade aus Bengalen, die zur Zeit der Mogulherrschaft entstand, besingt den Glauben der Eroberer als »Dharma«, als eine Schicksalsfügung, der man sich beugen müsse (1560).

Da der Islam die »ungläubige Raja« (Herde) mit großen Steuern und Pflichten belegte, während der gläubige Moslem Steuererleichterung und volles Bürgerrecht genoß, wurde für viele das Beugen vor dem »Dharma Islam« auch zur sozialen und wirtschaftlichen Aufwertung. Mancher Hindu nahm die mohammedanische Lebensform wenigstens so weit an, daß er leichter unter den Eroberern leben konnte. Auch der von den »Sufis« verbreitete und von den hinduistischen »Bhaktis« getragene Gedanke der Brüderschaft und Gleichheit aller Menschen, die in liebender Hingabe an Gott, Brahma oder Allah ihr Ideal fanden, gewann ebenfalls viele Hindus.

Als man 1948 bei der Teilung Indiens in einen hinduistischen und einen islamischen Staat etwa 95 Millionen mohammedanische Pakistanis zählte, denen 260 Millionen Hindus in Indien gegenüberstanden, so hieß das nur, daß fast zwei Drittel der Pakistanis zum Islam bekehrte Hindus waren.

Trotzdem blieb der direkte Einfluß des Islams auf den Hinduismus im Laufe der Jahrhunderte sehr gering, wesentlich geringer jedenfalls, als im umgekehrten Fall. Der Hinduismus besaß die innere Kraft, auch diese Begegnung und sogar die Durchdringung mit einer militanten Religion zu überdauern. Selbst unter den heutigen Pakistanis haben viele ihr Bekenntnis zum Propheten deutlich mit alten hinduistischen Bräuchen und Riten durchsetzt. Sie beteiligten sich auch in der Gegenwart noch an den großen Hindufesten, bringen etwa der Pockengöttin Sitala oder dem Krishna Opfer dar, ja sie behalten sogar ihre uralte Kastenordnung bei und halten die Kühe für heilig.

Unten: Straßenszene in Katmandu.

Rechts: Sehr viele Inder leben in Katmandu.

Die Sikhs

In der langen Zeit der islamischen Fremdherrschaft entstanden eine ganze Anzahl von Mischsekten, die auch heute noch ihre Bräuche pflegen. So befolgen etwa die »Momnas« alte Hindusitten: Sie begraben zwar ihre Toten, verrichten dabei aber Hinduzeremoniell, sie beschneiden die Knaben und lesen den Koran im alten Gujarati-Dialekt. Die »Sheikadas« laden bei Hochzeiten und Familienfeiern stets Moslems und hochkastige Hindus ein. Und die »Matia-Kumbis« in Gujarat beten zwar zu einem Moslem-Heiligen, haben aber brahmanische Priester. Es gibt im gegenwärtigen Indien genug Gruppen, die den Koran lesen, moslemische »Heilige« oder den Propheten verehren, dies jedoch mit allen alten Hindubräuchen, Gebeten und Riten tun oder große Persönlichkeiten des Islam in ihren Hinduhimmel aufgenommen haben.

Man begreift, daß in einem derartigen Lande, in dem eben alles zu Religion wird, alles toleriert und alles von einer ungeheuer weiten Weltschau integriert wird, Verschmelzungen großen Ausmaßes in Angriff genommen wurden. Den kühnsten Versuch unternahm zweifellos der Mogul-Kaiser Akbar (1542–1605), indem er durch seine Gelehrten eine »Weltreligion« begründen wollte, die Islam, Christentum, Parsiglauben und Hinduismus auf einen gemeinsamen Nenner bringen sollte. Dieses Unterfangen war freilich zum Scheitern verurteilt.

Den Versuch, das Gemeinsame und Große der Religionen in einer neuen, allumfassenden Weltschau zu überhöhen, machte auch Nanak-Guru (1469–1538), der Begründer der religiösen Gemeinschaft der Sikhs. Nanak war ein Hindu aus einer Kshatrya-Familie, die in Talwandi, einem kleinen Ort nahe von Lahore, lebte.

Lahore war der Hauptplatz der Hindus im Pandschab, einer Landschaft, die um diese Zeit vor allem von Moslems bewohnt wurde. Und auch Nanak wuchs ganz im Geiste des Hinduismus auf. Seine Heimat glich einer großen Insel der Hindus, die in einem Meer des Islams übriggeblieben war. Aber es gab auch zahlreiche Parsis, Christen und sogar Juden im Pandschab, und vermutlich hat Nanak, der als echter Hindu sehr an religiösen Dingen interessiert war, die Prediger all dieser Glaubensbekenntnisse gehört. Da er aus einer hohen Kaste stammte und seine Familie angesehen war, besuchte Nanak die Schule, lernte lesen und schreiben und wurde sogar – wie die Legende erzählt – Beamter eines Steuerbüros. Er heiratete nach Hinduritus und hatte Kinder, was ihn aber nicht hinderte, gelegentlich in der Gefolgschaft von Saddhus, wandernden Brahmanen oder anderen asketischen Wanderpredigern durchs Land zu ziehen.

Bei der Vielzahl der religiösen Richtungen, die auf ihn einwirkten, geschah es, daß Nanak bald die verblüffende Übereinstimmung der verschiedenen Weltanschauungen in den Grundlehren erkannte und nun anfing, all die von Brahmanen, Mullahs, Rabbis, christlichen Lehrern und Parsi-»Magas« verkündeten Prinzipien selbständig zu verarbeiten. Nach einer der zahlreichen Legenden, die sein Leben umranken, hatte Nanak – ähnlich wie Mohammed – im Alter von fünfzig Jahren eine Vision. »Gott schenkte ihm einen Becher Nektar«, wie die heilige Schriftensammlung der Sikhs, das »Japji«, berichtet, »und Gott befahl ihm, seinen Namen auszusprechen und auch andere Menschen dafür zu begeistern, es zu tun.«

Ähnlich wie die Glaubensformel des Islams beginnt die Lehre der Sikhs mit dem Satz: »Es ist nur e i n Gott, dessen Name wahr ist: der Schöpfer!« Aber dieser Gott Nanaks ist ein Hindugott, er ist dem »Brahman« mehr verwandt als Allah. Nanaks zentrale Idee ist die Einheit des Weltengottes, dessen einziger Name (Nam) und Geist die Wahrheit und das Seiende (Sat) ist. Die Eingangsstrophe des »Japji« definiert diesen rein geistigen Gott, dieses unaussprechliche und allgegenwärtige Eine mit den Worten: »Einzig Om, dessen Name die ewige Wahrheit ist, Täter alldurchdringend, ohne Furcht und ohne Feindschaft, dessen Gestalt zeitlos ist, nicht erzeugt . . .«

Diesem »Weltengeist« verdanken alle Wesen: Heilige, Propheten, Hindugötter und Boddhisattwas ihre Existenz. Durch diese Auffassung gleicht Nanak ebenso der höchsten und abstraktesten Philosophie der Brahmanen wie dem feurigen Geist des Propheten Mohammed. Da er aber sowohl von der Richtigkeit der »Karman-Lehre« wie von der Wichtigkeit des »Samsara« – der Schicksalsverknüpfung ebenso wie von der Erlösungslehre – überzeugt ist, bleibt er mehr im religiösen Bereich des Hinduismus als in dem des Islams.

Dabei wendet er sich in seiner Lehre deutlich gegen die volkstümlichen Äußerlichkeiten und Formen des Hinduismus, dessen Philosophie er anerkennt. Er verbietet die Anbetung von Götzenbildern, die der Zauberei verwandten Riten, die sinnentleerten Gebetsformeln und Litaneien ebenso wie die Pilgerfahrten zu heiligen Stätten: Er wendet sich gegen das Kastenwesen, das angesichts des einen Gottes töricht erscheint, gegen Witwenverbrennung, Einmauerung von untreuen Frauen. Er lehnt für sich und seine Gläubigen alle Rauschgifte wie Tabak, Alkohol, Somagetränk und Haschisch, die Menschenopfer, Kindesmorde der Durgapriester und all die dunklen und magischen Dschungelkulte um Shiva, Vishnu, Kali oder anderen Hindugottheiten ab.

So gesteht Nanak auch den höheren Hindukasten kein Vorrecht der Geburt oder der religiösen Bildung zu. Ähnlich wie einst Buddha wendet er sich gegen die Brahmanen, gegen die Spekulationen der Theologen, gegen eine auf rein körperlichen Übungen beruhende Askese, die Zaubereien des Yoga- und Fakirwesens, die endlose, flüsternde Wiederholung tantrischer Gebetsformeln. Für ihn ist wahre Erlösung nur im Namen und in der Ergründung des wahren, geistigen Gottes. Reine Lebensführung und geistige Annäherung an den einzigen, allumfassenden Gott sind die Methoden, das ewig wirkende »Karman« zu überwinden und auf der Leiter der Wiedergeburten zur Verklärung zu gelangen. Diesen Glauben können alle Menschen annehmen, diesen Heilsweg sollen alle Seelen wählen – in Nanaks neuer Religionsform gelten weder Rasse noch soziale Herkunft, nicht Kaste noch Nation: einzig die Menschen und ihre religiöse Qualität. So sind die »Sikhs« von Anfang an »weder die Angehörigen eines bestimmten Volkes, einer Rasse und einer Kaste, sondern nur die Angehörigen einer Glaubensrichtung« (Sir Patrick Fagan, *History of the Sikhs,* S. 51 f.).

Etwa seit dem Jahre 1500 ging Nanak, nach altindischer Sitte begleitet von einem Saitenspieler (namens Mardana), durch Nordwestindien und verkündete die Existenz des einen Weltengottes, der als Allah, Brahman, Gott, Jehova oder unter welchem Namen immer identisch sei. Wie weitherzig Nanak seinen Gottesbegriff zog, wurde deutlich, als er seine Predigten und Gebete ebenso in Moscheen wie in Shiva- oder Vishnutempeln sprach.

Seine soziale Reformertätigkeit gipfelte in der Gründung von öffentlichen Küchen für die Angehörigen aller Kasten und Religionen. Die Lehren schrieb er in einer »Japji« genannten Schrift, in Form von »Psalmen« und gebetsähnlichen Formulierungen, nieder. Zwar schaffte Nanak keine hierarchische Organisation, doch ernannte er einen Nachfolger, den man fortan »Guru«, gleich »Führer« oder »Meister« nannte und der die Gemeinschaft leiten sollte.

So schien es, als sei mit den Sikhs ein neuer Seitenzweig des allintegrierenden Hinduismus entstanden – eine Mischreligion, die besonders durch ihre Bilderfeindlichkeit, ihren strengen Monotheismus und ihre Neigung zu mehr Demokratie stark dem Islam zuneigte. Die Lehre Nanaks schien geeignet, dem von Religionsauffassung, Kastenwesen, Rassenwahn und sozialer Zerklüftung zerrissenen Mogulreich die Möglichkeit zur Koexistenz der Vielfalt zu geben. Und doch erwies es sich bald, daß die Bewegung der Sikhs sich sowohl vom Geist des Islams wie von dem des Hinduismus entfernte und zur militanten Opposition beider Religionen wurde.

Das Volk der nordwestlichen Provinzen um Lahore, das sich in seiner Überzahl den Sikhs anschloß, bestand zwar immer noch weitgehend aus Hindus, unterschied sich aber sowohl von den eingedrungenen mohammedanischen Eroberern wie von den dunkelhäutigeren Stämmen des Ostens, des Dekhans und der innerindischen Provinzen durch seinen Rassencharakter. Das Land der Sikhs war fast identisch mit dem am meisten von Ariern durchsetzten Teil Indiens. Hier waren die Menschen immer noch hellhäutiger, kriegerischer, selbstbewußter und »hochkastiger« als im weiter von der »arischen Eroberung« entfernten Teil Indiens.

Der Aufruf Nanaks und die sich rasch ausbreitende Sikhreligion bewirkten eine Art Renaissance des alten Ariergeistes, der sich in neuerstehender Führerschaft durch die Gurus, in straffer, beinah militärischer Organisation der Gläubigen, im Selbstbewußtsein »höherer Rasse« und in klaren Religionsgesetzen niederschlug. Schon zwei Menschenalter nach Nanak wurde von Gurus das Gesetzbuch »Granth« und eine feste theokratische Gemeinschaft geschaffen, deren Mittelpunkt der heilige Teich und Tempel von Amritsar waren. Langsam begannen sich im Nordwesten des von den Moguln regierten Indien die Umrisse eines Sikhstaates abzuzeichnen.

Unter Kaiser Akbar (gestorben 1605), der ja selbst den Versuch unternommen hatte, in einer neuen »Weltreligion« die Gegensätze der Bekenntnisse zu ebnen, waren die Sikhs als willkommene Helfer bei solchem Werk freundlich akzeptiert worden. Die Nachfolger des großen Mogul-Kaisers vermochten allerdings die unleugbaren Sympathien der Sikhs für den Islam und seine Herren nicht zu nützen. Sie glaubten in der Ausbildung einer Theokratie und Macht in Nordwestindien eine Gefahr für das Reich zu erkennen. Dabei stellten die Sikhs den Moguln die besten Regimenter für ihre Heere. Tegh-Bahadur, ein Guru der Sikhs, hatte sich sogar aus Zuneigung zur Mogulherrschaft im Jahr 1668 dem islamischen Heere bei einer Expedition nach Assam angeschlossen und einige Regimenter von Sikhs mitgebracht. Es waren aber die Tage Kaiser Aurangzebs, eines fanatischen Glaubenseiferers des Islams. Die Religionsverfolgungen begannen. Der »Goldene Tempel von Amritsar« wurde zerstört, die Sikhreligion verboten, Guru Tegh-Bahadur und seine Regimenter gefangengenommen und nach Delhi gebracht. Als Tegh Bahadur sich auch dort nach fünftägiger Folter weigerte, seinen Glauben aufzugeben, verurteilte ihn der Eiferer Aurangzeb zum Tode. Damals sprach der Guru jene Prophezeiung aus, die sich alsbald durch das Auftreten der englischen Kolonialmacht erfüllte: »Ich sehe, o Kaiser, eine Macht im Westen aufstehen, die Dein Reich in den Staub fegen wird ... und diese neue Macht wird den Sikhs ihre Religionsfreiheit wiedergeben!« Tegh-Bahadur wurde mit vielen Sikh-Offizieren in Delhi enthauptet. Seine Weissagung lebte unter den Sikhs fort. Darum waren es vor allem die dem Sikhglauben anhängenden Nordwestinder, die Stämme am Rand des Himalaja und hellhäutigeren Arierabkömmlinge, die den erobernd nach Delhi vorstoßenden Engländern ein Jahrhundert später als die besten indischen Hilfstruppen dienten.

Tegh-Bahadur hatte einen Sohn namens Govind hinterlassen, dem bei seiner Geburt geweissagt worden war, »er werde Spatzen in Falken und Schakale in Tiger verwandeln«. Govind wurde der zehnte (und letzte) der »großen Gurus«. Er erfüllte die Prophezeiung, indem er die in einer jahrtausendelangen Entwicklung friedfertig, tolerant und beinahe resigniert gewordenen Hindus wieder mit der erloschenen Flamme kriegerischer Ariervorfahren erfüllte. Die Sikhreligion entfernte sich nun in ihrer Lebenshaltung immer mehr vom großen Strom des Hinduismus.

Govind (gestorben 1708) befahl seinen Sikhs, ihrem Namen das Wort »Singh« – gleich Löwe – anzuhängen, denn wie Löwen sollten sie fortan kämpfen. Er begründete die »khalsa« genannte Vereinigung der Sikhs, die bald große Teile Nordindiens mit unauslösch-

In Nordindien verraten viele Hindubauwerke den Einfluß des Islams. Hier: Jaisalmer (Rajasthan).

lichem Haß gegen den Islam erfüllte und die sich zeitweise wie ein Staat im Staat zu größter Macht aufschwang. Fortan unterschieden sich Sikhs deutlich von Mohammedanern und Hindus. Ein Sikh wurde nunmehr mit gesüßtem Wasser, das mit einem zweischneidigen Schwert umgerührt worden war, getauft und fügte seinem Namen das Wort »Singh« an. Er trug das Haar im Knoten, einen Bart, Turban und die drei Eisenringe am Handgelenk. Die neue Religion nahm immer militantere Züge an und geriet, nachdem sie fast den Status einer selbständigen Macht errungen hatte, dann auch in Konflikt mit der britischen Kolonialherrschaft. So wurde 1849 ein Feldzug nötig, die kriegerischen Sikhs wieder dem indischen Imperium Großbritanniens einzugliedern.

Guru Govind-Singh hatte sich in Anlehnung an die »Avataras« (Wiedererscheinungen) Vishnus seinerzeit als dessen zehnte und letzte Wiedergeburt erklärt. Seither konnte es keinen weiteren Guru mehr geben. Zu seinem Nachfolger erklärte Govend-Singh die »Heilige Schrift« der Sikhs, genannt: »Granth-Sahib« (Herr Buch). In seinem Testament rühmte Govind die Bücher Indiens. Denn aus dem Wort entstanden die Veden, aus Lehrreden entstanden die großen Religionen, eine Unzahl Bücher brachte die brahmanische, buddhistische und nun auch die Sikh-Literatur hervor. So prägte Govind die Verse:

»Könnt' ich alle Inseln
in Papier verwandeln
und die sieben Ozeane
könnt' ich sie zu Tinte färben.
Schneiden wollt' ich dann aus allen Bäumen
die der Erde je entsprossen sind,
eine Feder.
Und befehlen wollt' ich dann Sarasvati,
Hüterin der Wissenschaften:
schreibe, schreibe, schreibe ...« (übers. v. Althaus)

Genau wie der Hinduismus, so hat auch die Sikh-Religion alle Stürme der Geschichte überstanden. Der Sikhismus gilt heute vom hinduistischen Standpunkt aus gesehen als eine Sekte innerhalb des Hinduismus. Die Moslems in Pakistan betrachten die Sikhs als eine Sondergruppe mit sozialen, politischen und wirtschaftlichen Interessen, die aber dem Islam verwandt ist. Und die christlich-westliche Auffassung von den Sikhs kennzeichnet sie als eine Mischreligion, die eher dem Hinduismus als dem Islam zuzurechnen ist.

Da die Sikhs im Zuge der nationalistischen Wiedererweckung Indiens und bei der Loslösung von der englischen Kolonialherrschaft vor allem seit 1914 eine bedeutende und militante Rolle gespielt haben, nahm ihre Zahl in einem von Nationalismus und Sozialismus geprägten Zeitalter stark zu. Heute rechnet man etwa sieben Millionen zu diesem Glaubensbekenntnis. Seit der Gründung der Staaten Indien und Pakistan mußten sehr viele Sikhs über die pakistanische Grenze nach Indien herüberwandern und sind nun gezwungen, in einer rein hinduistischen Umgebung zu leben – und seitdem zeigt sich bei ihnen eine gewisse Vernachlässigung der alten Bräuche und eine erneute Annäherung an den übermächtigen Hinduismus. Die große Mutter Indien ist dabei, ihre Kinder auch geistig ins Haus des Hinduismus heimzuholen.

Denn dieser allumfassende, alles in sich absorbierende und stets tolerante Hinduismus, der eigentlich ein Sammelbecken vieler Religionen und damit die wahre Seele des Vielvölker- und Rassen-Subkontinents Indien darstellt, ist sich bis zum heutigen Tage im Wesen treu geblieben. Er hat zwar viele Formen der Gottesverehrung, der Weltanschauung und des Erlösungsweges entwickelt, hat im Laufe der Jahrtausende nicht nur vielerlei Götter und Philosophiesysteme geschluckt, hat wechselnde Riten, Bräuche und Ausdrucksformen entfaltet und von allen fremden Religionen und Wissenschaften Gedanken, Vorstellungen und Gestaltungen aufgenommen, ist aber dennoch seinen Grundprinzipien verbunden geblieben. Der Hinduismus ist das Meer, in das zahllose Flüsse münden, ohne den Charakter des Meeres zu ändern.

Der Hinduismus und die Moderne

Schon seit der Islam nach Indien ausgriff, mehr noch, als im 15./16. Jahrhundert der europäische Westen, das Christentum, Judentum, der Geist der modernen Naturwissenschaften, dann Nationalismus und Sozialismus in Indien eindrangen, war der Hinduismus geistigen Zerreißproben ausgesetzt. Auch die Begegnung der abendländischen Kultur und Zivilisation wirkte in diesem Sinn, ebenso die Einbeziehung des Subkontinents in den Weltverkehr, die schließlich erlangte staatliche Souveränität und die rasch erfolgende Modernisierung der Produktion, der Wirtschaft, des gesellschaftlichen Lebens und der technischen Entwicklung (die ja schon bis zur Atombombe geführt hat). Doch all dies vermochte am inneren Wesen des Hinduismus kaum etwas zu verändern.

Denn aller »Fortschritt«, alle »Rationalisierung« erreichte in Indien immer nur eine sehr dünne Oberschicht – nicht aber die Massen des hauptsächlich in Dörfern lebenden indischen Volkes. 1948, als Indien selbständig wurde, zählte man ca. 280 Millionen Hindus. 1978 waren es bereits 550 Millionen. 1948 waren 87 Prozent der Bevölkerung Analphabeten, heute sind es noch mehr als 50 Prozent. Die Millionenmasse hängt an Brauchtum und Glauben der Vorväter und verharrt im weiten, vielfältigen Dschungel des Hinduismus. Daran ändern auch die zahlenmäßig geringen Schichten aus hoher Brahmanen- oder Kshatrya-Kaste nichts, die sich unterdessen zu modernen Wissenschaftlern, Forschern, Philosophen, Dichtern, Verwaltungsbeamten, Offizieren und Juristen ausgebildet haben und die angefangen haben, die volkstümlichen Formen des Hinduismus mit Skepsis zu betrachten. Der Brahmane steht auch heute noch hoch über den anderen sozialen Schichten, sein Stand ist auf der obersten Sprosse einer endlosen sozialen Leiter. Weder das Kastenwesen noch die Selbsteinschätzung der Menschen haben ihre praktische Auswirkung verloren, wenn gleich sie nicht mehr in Verfassung und Gesetz begründet sind. Mahatma Gandhi sagte einmal: »Indien wird erst dann frei sein, wenn der erste Sudra in der Regierung sitzt!«

Vorläufig jedoch wird das Land noch von Brahmanen, die sich an Rechtsanwälte, Professoren, Ministerialbeamte und Offiziere verwandelt haben, regiert. Im indischen Haus wohnt der Nobelpreisträger für Physik oder Literatur neben dem Gewimmel der frommen, gläubigen Hindus – aber sogar der Nobelpreisträger hat sich nicht ganz vom Hinduismus gelöst, sondern hat meist nur dessen Prinzipien abstrahiert und in moderne Wissenschaft übersetzt.

Was jedoch die Bevölkerung anbelangt, so ist Indien immer noch das Land, in dem der Taxifahrer oder der Gemüsehändler mit dem Kunden religiöse Probleme diskutiert, wo sich politische Parteien im Namen der religiösen Auffassungen bekämpfen, wo die Bauern ihren Pflug und Büroangestellte ihre Feder als Immanationen Vishnus oder Shivas verehren, wo tausend Tabus gelten, wo zahllose Riten und Gebräuche den Alltag begleiten. Weder die Zaubersprüche noch die Ernährungsgewohnheiten, weder die Gebete noch die Opferhandlungen haben ihre Gewalt über die Hindus ver-

Die rein ornamentale Kunst des Islams bestimmt oft die Fassade eines Hindupalastes. Jaisalmer.

loren. »Viele glauben noch immer, daß Selbstmörder, Geizige, pflichtvergessene Bösewichter als Gespenster wiederkehren und schreiben Unglück und Krankheit dem Treiben böser Geister zu, die von Exorzisten mittels Tier- oder Spirituosenopfern besänftigt werden können. Tausende und Abertausende schenken nicht nur den Dämonengeschichten der Folklore noch immer Glauben, sondern auch dem Dorfgerücht, daß ein bestimmter Baum einen Geist beherbergt, oder der Überlieferung, daß ein nächtlicher Dämon das Blut dessen aussaugt, der im Dunkeln angerufen wird... Weder das Kastenwesen noch die damit verbundenen Tabus, Ernährungsgewohnheiten usw. haben trotz einer gewissen Abschwächung, Modernisierung und Adaption ihre Gewalt über die Massen verloren« (zitiert bei Jan Gonda, Bd. II, S. 254).

Nach wie vor werden in allen Provinzen Indiens die zahlreichen Erscheinungsformen der Götter, aber auch die speziellen »Sondergötter« der Landschaft oder der Dörfer verehrt, werden Opfer aus Reis, Büffelmilch oder Fleisch dargebracht und die uralten Riten des Familienlebens, der Dorfgemeinschaft, bei Krankheit, Tod und Geburt, beim Jahreszyklus der Feste und im Kreislauf des Daseins vollzogen. Ganz allgemein kann man sagen, daß der Hinduismus nach wie vor die große Masse der Inder beherrscht, wobei es keine Bedeutung hat, daß sich die Namen göttlicher Mächte oder die Formen der rituellen Technik im Laufe der Jahrhunderte oftmals verändert haben. Das Wesen des Volks-Hinduismus besteht — abgesehen vom Bhakti (einer Art pietistischer Bewegung der reinen Frömmigkeit und Liebe) — immer noch im Vollzug zahlreicher Riten, im Hersagen geheimnisvoller Spruchweisheit und im Glauben, daß diese Beschwörung göttlicher oder dämonischer Kräfte das Wohl des Individuums und der Gemeinschaft fördern können. Dieses Streben hat lediglich mit der Zeit ein überwiegend »tantrisches« — also der Magie verhaftetes — Wesen angenommen.

Neben der Neigung zu mystischen Sexualkulten besteht bis in unsere Gegenwart das entgegengesetzte Verlangen des Hinduismus zu Askese, zur Disziplinierung des Körpers durch Fasten, Atemübungen und Selbstquälerei, die Überzeugung, daß man geistige Klärung und Erkenntnis durch Überwindung des Sinnenlebens erlangen könne. Deshalb gibt es auch im Hinduismus des 20. Jahrhunderts zahlreiche »Yogins«, »Saddhus«, »Fakire«, »Bhairagis« und »Gosains« — das sind religiöse Bettler, Gottsucher, Heilige, Büßer, Eremiten, Leidenschaftslose oder Erlösungsbedürftige, die meist hohe Verehrung unter der Bevölkerung genießen. Dies und die reichlich gespendeten Gaben haben natürlich dazu geführt, daß sich unter die Reihe der echten »Einheitssucher« und »Erlösungsadepten« auch viele Scharlatane, Sektierer, Betrüger und Jahrmarktzauberer gemischt haben, die manchmal als »weise Gurus« oder »Inkarnationen« von göttlichen Wesen nicht nur gutgläubige oder närrische »Erlösungssuchende« des eigenen Landes in ihre indischen Erwekkungs- und Ritualzentren ziehen, sondern neuerdings Amerikaner und Europäer anlocken, wobei die Sucht nach Ruhm oder Geld eine beträchtliche Rolle spielt.

Im heutigen Indien bilden die »Yogins« wie eh und je einen deutlichen Gegenpol zu den traditionellen Brahmanen und ritualistischen Dorfpriestern; denn die Wanderasketen, Heiligen und visionären Sänger brechen stets aus der Erstarrung der Riten aus, sind gleichsam der lebende, weiterwachsende Zweig des Hinduismus. Sie zeigen dem Volk vielerlei Wege, wie man Erlösung und Besserstellung im Jenseits durch persönliche Frömmigkeit, Befreiung von Tabus und geistige Übungen erlangen könne.

Nach dem Glauben der Hindus bringen die Übungen des Yoga, Askese, Entfaltung der Kräfte des Herzens, ja schon das Anschauen eines Heiligen, einer großen Persönlichkeit (Gandhi oder Nehru), der Anblick der in Prozessionen vorüberziehenden Götterbilder dem Gläubigen jene besondere Seelenmacht (Siddhi), die allem Göttlichen eigen ist.

So fühlen sich Millionen Inder als Angehörige eines religiösen »Ordens«, indem sie sich zu einem bestimmten »Lehrer« oder »Meister« bekennen.

Sie kennzeichnen sich selbst durch Symbolzeichen, die

In Jaipur hat der islamische Moghulstil die traditionelle Hinduarchitektur verändert.

für jedermann sichtbar machen, welcher Glaubensrichtung der Träger solcher Sektenzeichen angehört.
Die Vishnuiten malen sich eine aus zwei U-förmig von der Nasenwurzel zur Stirne verlaufende Linie auf, die je nach Glaubensrichtung durch einen roten oder schwarzen Strich ausgeschmückt wird. Das Zeichen bedeutet »Ürdhvapundra«, die »Fußspur Vishnus«.
Die Shiva-Anhänger tragen auf ihren Stirnen gewöhnlich drei waagrechte, ein wenig nach unten geschweifte Linien in weißer Farbe (das »Tripundra«). Die Zugehörigkeit zu besonderen Sekten wird durch Akzentuierung der Symbole dargestellt: Trägt der Vishnuit zu seinem U-Zeichen noch einen vertikalen Strich (Sri), so bedeutet dies, das er der Richtung der Sri-Vaisnavas angehört oder ein Freund Ramas ist; ist dieser senkrechte Strich gelb, so hängt der Vishnuit den Sri-Vaisnavas an, ist er rot, so weist dies auf Rama hin.
Der »Bhairagi« (Leidenschaftsüberwinder) trägt geflochtenes Haar und in seinem U-Stirnzeichen eine starke Verdickung; Angehörige anderer Sekten malen sich die heilige Silbe »Om« auf die Stirn oder lassen sich »Rudras Auge« über die Nasenwurzel zeichnen.
Heute stampft Indien – eine Großmacht kraft seiner 550 Millionen Menschen – Stahlwerke wie Rourkela, Atommeiler, Textilfabriken und moderne Universitäten mit Laboratorien und Bibliotheken aus dem Boden, Indiens Führungsschicht sucht das Problem seiner ungeheuren, religiös begründeten und durch westliche Hygiene gewaltig geförderte Fruchtbarkeit durch westlich orientierte Wirtschaftspolitik, Technologie und Industrialisierung zu bewältigen. Nehru hat einmal gesagt: »Bis ich die Arbeitsplätze für 5000 dieses Volkes geschaffen habe, hat es sich schon um 50.000 vermehrt.« Diese Kardinalfrage Indiens erwächst aus dem Konflikt zwischen Religion und moderner Welt.
Wie schon in den Tagen des »vedischen«, brahmanischen« und »nachbrahmanischen« Hinduismus hat diese Religion gewissermaßen zwei sich überlagernde Lebensströme: unten die dschungelhaft fortwuchernde, tief in Tradition und Riten verwurzelte Gläubigkeit der Massen und darüber die abstrakte, spekulative und geistige Schicht brahmanischer Philosophie. Die Millionenmasse der Inder, sei es unverändert in den zahllosen Dörfern oder nur leicht vom westlichen Lebensstil angekränkelt in den Riesenstädten, hat im Grund den alten Glauben und die überkommene Lebensform beibehalten. Aber die Oberschicht ist nicht unberührt von der übermächtigen westlichen Wissenschaft und von jener rationalistischen, progressiven Lebensatmosphäre geblieben, die sich vor allem seit der englischen Kolonialherrschaft über das Land ausgebreitet hat.
Nachdem der Hinduismus vor allem während der ausgehenden Mogulherrschaft gewisse Ermüdungs- und Erstarrungserscheinungen aufwies und ein Wellental seiner geistigen Lebenskurve zeigte, rührte ihn die intensivere Begegnung mit dem europäischen Kulturkreis zu neuer Bewegung auf. Besonders seit dem Beginn des 19. Jahrhunderts, als viele Angehörige der Oberschicht anfingen, Englisch zu lernen und die Bücher dieser Sprache zu lesen, regte sich die uralte hinduistische Tendenz der Aneignung fremder und so ganz anders gearteter Ideen. Die Frage, wie weit die Geisteswelt Europas für Indien von Bedeutung sein könne, ergriff die Gemüter. Bald zeigte sich das Bestreben, sich mit Religion, Weltanschauung und Wissenschaft des militärisch und wirtschaftlich so übermächtigen Westens auseinanderzusetzen und – nach alter Manier – diese Kraftströme möglichst dem Hinduismus zu integrieren.

Oben: Indiens hinduistische Maharadschas haben oft im islamischen Moghulstil gebaut. Hier: Inselpalast bei Udaipur, heute ein Luxushotel.

Links: Die Elefanten der Maharadschas dienen heute zuweilen als Reittiere für Touristen. Hier: Amber, bei Jaipur.

Rechts: Ein Diener vor dem Eingang eines Maharadschapalastes in Jaipur.

Es begann mit dem Auftreten des bengalischen Brahmanen Ram Mohan Roy (1772–1833). Dieser gelehrte Mann lehrte in Benares Sanskrit und Englisch, sprach und schrieb aber auch Persisch, Griechisch und Latein. Er drang tiefer in das westliche Denken ein und wagte es, als erster vornehmer Inder »über den Ozean nach Europa zu segeln und damit seine Kastenzugehörigkeit aufs Spiel zu setzen« (siehe Jan Gonda, Bd. II, S. 303). Doch auch Ram Mohan Roy nahm vorsichtshalber einen Hindukoch mit, um seine Ernährungsvorschriften genau einhalten zu können. Was er in England – wo er einer Krankheit erlag – lernte, war die Erkenntnis der Einheit der Menschheit und die Gemeinsamkeit aller Religionen. In seinen Büchern und Schriften rief er die Brahmanen seiner Heimat dazu auf, durch unablässiges Studium der Weisheit – auch jener des Westens – die Fackel der göttlichen Wahrheit weiterzutragen, das menschliche Wohl durch ethische Durchdringung der Gesellschaft zu fördern und im Streben nach Erlösung nicht nachzulassen. Indem er das europäische Nützlichkeitsdenken, das nach dem größtmöglichen Wohl der größtmöglichen Zahl strebte, mit den Ideen eines christlichen Humanismus verband und diese Ideen dem unendlich assimilationsfähigen Hinduismus einzufügen trachtete, bereitete er bei seinen Anhängern die Toleranz für gewisse britische Regierungsmaßnahmen vor, die tief in den traditionellen Hinduismus eingriffen. Dank dem Wirken Ram Mohan Roys konnte es der Generalgouverneur Lord Bentinck (1828–1835) wagen, die Witwenverbrennung oder den rituellen Kindermord zu verbieten und die Mördersekte der »Thugs« zu bekämpfen. Selbstredend trafen die idealen Gedanken Ram Mohan Roys sowohl auf den Widerstand der orthodoxen Brahmanen wie auch auf den der puritanischen und starren Christen-Missionare.

Erst als der hochgebildete Brahmanen-Philosoph Debendranath Tagore (1817–1905) die Führung der Gemeinde des Ram Mohan Roy übernahm und dessen Lehre als eine Form des Hinduismus, die sich mit Christentum und westlicher Philosophie angereichert hatte, neu formulierte, gewann die Bewegung einige Bedeutung. Das Buch des Debendranath Tagore wurde sogar in das Handbuch der heiligen Schriften (Brahmadharma) des Hinduismus aufgenommen. Aus diesem Kreise ging auch der Reformer Keshab Candra Sen (1833–1884) hervor, den das Volk alsbald vergöttlichte. Er ging noch einen Schritt weiter, indem er die Einführung englischer Kultur in das indische Leben und eine Durchdringung des Hinduismus mit christlichem Geist verkündete.

Unter diesen Einflüssen näherte sich die Philosophie der Brahmanen vielfach einem Theismus – der Vorstellung eines persönlichen Schöpfergottes –, wie ihn die westliche Welt glaubte. Der bedeutendste Gelehrte und Dichter aus diesem Kreis war Rabindranath Tagore (1861 bis 1941), der Sohn des schon erwähnten Debindranath und erster indischer Nobelpreisträger für Literatur (1913).

Diese neuen modernen Richtungen des Hinduismus nahmen auch die den Westen mehr und mehr bestimmenden sozialen Ideen in ihr Glaubensbekenntnis auf. Sie gründeten Sonntagsschulen, hielten gemeinsame Gottesdienste auch mit den Angehörigen anderer Konfessionen und Religionen ab, errichteten Waisenhäuser, Witwen-Asyle, Krankenstationen und leisteten Entwicklungshilfe-Arbeit unter »Primitiven«.

Die andere, das 19. Jahrhundert aufrührende Idee, die von Europa ausging, war der Nationalismus. Auch sie fand ihre Spiegelung im Bereich des Hinduismus.

Ein Asket namens Dayananda Sarasvati (1824–1883) gründete eine indisch-nationalistische Religionsbewegung, die »Arya-Samaj« (Gemeinde der Arier), die auf die Einfachheit der Veden zurückging und die reinen Prinzipien des traditionellen Hinduismus wiederherstellen wollte. Dieser geistige Anstoß fand vor allem bei der Jugend großen Anklang, die nun in zunehmendem Maße sich an europäischer Sprache, Wissenschaft und Denkungsart orientierte. Immer mehr Hindus gingen auf europäische Universitäten, schulten sich nicht nur an den Naturwissenschaften, an der Technik und Wirtschaftslehre des Westens, sondern trugen auch die Ideen der europäischen Philosophie, des Sozialismus und Nationalismus in ihre Heimatprovinzen zurück.

Zum erstenmal schlich sich auf solchem Wege in die riesige Landschaft des Hinduismus, die stets ihrer Toleranz, Integrationsfähigkeit und Aufgeschlossenheit gegenüber anderen Denksystemen und Lebensformen wegen berühmt war, etwa wie Rassenstolz, nationale Arroganz und Unduldsamkeit ein. Denn die »Arya Samaj« – aus denen nachmals die politischen Bewegungen zur Befreiung Indiens hervorgingen – hatten drei Ziele: Sie propagieren die Richtigkeit ihrer Lehre, wollten jedoch zugleich die Irrtümer aller anderen Religionen nachweisen und drittens die indische Lebensform wieder ganz auf die alte (vedische) Reinheit, moralische Höhe und vor allem auf den Monotheismus zurückführen. Sie sagten: »Gott dem Herrn muß ohne Symbole, Bilder, Tempel und Riten, nur durch Gebet, Meditation und frommes Leben gehuldigt werden.« In derartigen, dem 19. Jahrhundert entspringenden Religionsbewegungen kam schon das wiedererwachende indische Selbstbewußtsein zum Ausdruck. Der Hinduismus begann sich auf seine große Vergangenheit und seine umfassende Geisteswelt zu besinnen.

Mehr noch als die »Arya-Samaj«-Bewegung verkündete die »Ramakrishnan-Mission« die Ziele einer hinduistischen Renaissance. Der Begründer und geistige Inspirator dieser »Mission« war Gadadhara Chatterji (1836 bis 1886), mit seinem Ordensnamen »Ramakrishna« genannt. Dieser »Heilige« wurde als Sohn einer verarmten Brahmanenfamilie in Bengalen geboren und zeigte schon als Kind ekstatische Züge. Mit neunzehn Jahren trat er als Gehilfe seines Bruders, der Priester geworden war, in den Tempelbezirk von Daksinesvara bei Kalkutta ein. In diesem heiligen Bezirk gab es einen Tempel der Kali. Das Bild der Göttin trug um den Hals einen Kranz von Totenschädeln, ihre vier Arme hielten ein blutiges Schwert und einen abgehauenen Menschenkopf, doch mit zwei anderen Armen spendete sie Gaben und vollführte eine beruhigende Gebärde. Sie stand auf dem Körper des zerstörerischen Shiva und hieß »Bhavatarini«, »Erretterin der Welt«. Sie war die göttliche Allmutter, die aus dem in sich selber ruhenden »Einen« (aus Brahman) hervorkam und zugleich Leben gebar und zerstörte. Vor dem Bilde dieser Himmelsmacht meditierte und betete Ramakrishna inbrünstig. Er versenkte sich so sehr in ihr Wesen, daß er darüber die Verrichtungen seines Tempeldienstes vergaß. Eines Tages gelang ihm die Vision, das Wesen der Göttin hinter dem Bildnis zu erblicken. Diese Visionen wiederholen sich, und schließlich vermochte er Kali in allen Dingen zu erkennen.

Um alles Irdische, das ihn – den Menschen – vom Göttlichen trennte, zu überwinden, unterwarf sich Ramakrishna den niedrigsten Arbeiten: Er räumt mit bloßen Händen die Latrinen der kastenlosen Parias aus und fegte den Boden in Outcast-Hütten mit seinen Haaren. Das Volk begann ihn als »Heiligen« zu verehren.

Da er völlig ungebildet war und nicht einmal schreiben und lesen konnte, nahm sich seiner, als er fünfundzwanzig Jahre alt war, eine »Bhaivari« (eine gelehrte Büßerin, die alle Leidenschaften überwunden hat) an. Diese war in tantrischer Askese erfahren und lehrte ihn, wie man höchste Gottesschau und Gottesliebe erlangt. Da er rasche Fortschritte machte, stellte die Bhaivari den jungen Mann einer Versammlung von Brahmanen und Priestern vor, die ihn nach eingehender Prüfung als eine Inkarnation Gottes (Ramakrishna) erklärten. Nun ging er bei Christen und Moslems in die Schule und

Die Tempel der Jains lehnen sich im Stil sehr an die Bauweise der Hindus an. Hier: Mount Abu (Rajasthan), 11. Jahrhundert.

In Amritsar (Nordindien) befindet sich der »Goldene Tempel«, das größte Heiligtum der Sikhs. Die Sikhs besitzen eine eigene Religion, die sowohl Gedankengut aus dem Hinduismus als auch aus dem Islam entnommen hat.

Viele Dörfer Indiens sind von bitterer Armut geprägt.

erkannte, daß alle Religionen letzlich den gleichen Inhalt haben. Er sah Christus in völliger Vergeistigung neben dem Vater sitzen. Er erhob seinen Geist immer höher ins Abstrakte, bis er selber, gleich Christus, mit dem Brahman – dem Weltengeist – eins wurde.
Seine mystische Lehre verkündet die Spiegelungen des Göttlichen in aller Realität. Durch seine Demut, seine immer neu erprobte Nächstenliebe, die angeborene Güte und Herzenswärme, aber auch durch die Glut seiner Überzeugung und Hingabe gewann er in diesem religiös begabten Volk zahllose Freunde: vom Akademiker bis zum Hindubauern, vom Staatsmann bis zum kastenlosen Arbeiter. Als er die Mitte der Zwanzig überschritten hatte und ihn seine Familie verheiraten wollte, verfiel er abermals in Visionen und deutete auf ein ihm völlig unbekanntes fünfjähriges Mädchen hin, die seine Gattin werden sollte. Nachdem diese »Sarada-Devi« das vierzehnte Jahr erreicht hatte, kam sie zu Ramakrishna und blieb nun, in völliger Keuschheit lebend, als »göttliche Mutter« an seiner Seite.
Seine Lehre, in der alle Mystik und Geistigkeit des traditionellen Hinduismus wiederauferstand und damit dem ebenfalls erwachenden indischen Nationalismus und der Ablehnung des Fremden entgegenkam, verbreitete sich weithin. Auf seinem Sterbebett (1886) erteilte Ramakrishna seinem Lieblingsjünger Vivekananda (1862–1902) den Auftrag, die Gemeinde weiterzuführen. Dieser begabte Organisator schaffte nun die eigentliche »Ramakrishna-Mission«, die durch Errichtung von Waisenhäusern, Krankenanstalten, Klubs, Leihbibliotheken und Predigerzentren wirkte und die den Schritt in die nichtindische Welt hinaus wagte.

Vivekananda war ein hochgebildeter Akademiker, der in Kalkutta studierte und neben der alten Brahmanenweisheit auch die europäische Philosophie, speziell Hegel, Spencer und Stuart Mills, kennengelernt hatte. Nach typisch indischer Weise ging er jedoch nach Abschluß seiner Universitätslaufbahn für sechs Jahre in die Einsamkeit einer Himalaja-Höhle, um zu meditieren. Als 1893 in Chikago ein Weltkongreß der Religionen stattfand, wurde er als Vertreter des Hinduismus dorthin gesandt und erregte mit seinen Reden bedeutendes Aufsehen. Die Amerikaner – vor allem die Frauen – begeisterten sich für die hinduistischen Lehren so sehr, daß Vivekananda schon im folgenden Jahr in New York die »Vedanta Society« gründen konnte. Bedeutende Stiftungen flossen der neuen Religionsgemeinschaft zu.
Die Erkenntnis, daß die Ramakrishna-Form des Hinduismus eigentlich ein Sammelbecken und zugleich die Krönung aller Weltreligionen sei, brachte Vivekananda und seine Anhänger zum Gedanken einer Weltmission. Bald wurden Vivekananda und seine Prediger auch in England und auf dem europäischen Kontinent heimisch. In England trat die vom Puritanismus enttäuschte Miß Margaret Noble bei und wurde als »Sister Nivedita« eine leidenschaftliche Verfechterin der »Ramakrishna-Lehre«.
Diese Lehre wurde nun durch Vivekananda im Sinne europäischer Wissenschaft und Philosophie unterbaut und organisiert. Sie verkündete, daß sie die Gipfelphase jeder Religion sei, da doch Brahman das »ewig Seiende« allgemein wäre und ihre Weltschau völlig mit der naturwissenschaftlich-biologischen Evolutionslehre übereinstimme. Die Stufen der Erlösung seien jetzt ganz klar bezeichnet: Zunächst bilde über die Phasen der biologischen Entwicklung der Körper jenes Gefäß des Geistes aus, das fähig sei, den »göttlichen Funken des Menschengeistes« aufzunehmen. Dies sei die Phase der wissenschaftlich ergründeten Paläontologie, die nun in die

Bäuerlicher Schöpfbrunnen, der von einem dauernd im Kreis gehenden Rind in Gang gehalten wird.

Stufe der eigentlichen Menschwerdung, in der Kette der Wiedergeburten, hinüberleite. Religion als das wahrhaft Göttliche im Wesen des Menschen entstehe. Diese sei zunächst dualistisch, das bedeute, daß der Mensch nur erkenne, wie weit er von Gott entfernt und wie gebunden er sei. In einer zweiten Stufe werden dann Gott und Seele schon eins, seien aber dennoch voneinander unterschieden. Erst in der dritten Phase gelange der Gläubige zur gänzlichen Einheit mit Gott, dem Brahman.

Diesen schwierigen Pfad gingen die Ramakrishna-Gläubigen auf echt hinduistische Weise: Im »Bhakti« ergaben sie sich der Nächstenliebe, demonstrierten eine deutlich soziale Hingabe und priesen das Opfer für den Mitmenschen. Ihre praktischen Werke (Karmayoga) waren menschenfreundlich und sozial, und im »Rajayoga«, der psychologischen Selbstvertiefung, Meditation und Geistesübung, erstrebten sie die Erkenntnis von Gott und Welt.

Die allgemeine Tendenz der Zeit zum sozialistischen Denken und Handeln drückte sich auch in dieser hinduistischen Weltmission aus und brachte viele Anhänger zur Bewegung. Vivekananda sagte etwa: »Es hat keinen Sinn, den Menschen Religion zu lehren, ehe nicht ihre Armut und ihre Leiden behoben sind und ihr Selbstbewußtsein als Träger hoher Kultur wieder erwacht ist!« (Siehe bei Prabhavananda, *The spiritual heritage of India,* London 1962, S. 151 f.)

Die Durchdringung des Hinduismus mit abendländischer Wissenschaft und Geisteshaltung brachte die verschiedensten Denksysteme hervor. Wieder einmal absorbierte der Hinduismus in sich fremde Welten und Kulturen.

Mehr noch als Vivekanandas »Ramakrishna-Lehre« ergab sich die 1887 gegründete »Deva-Samaj« (Gottes-Gesellschaft) des europäisch gebildeten Brahmanen Satyananda Agnihotri (1850–1909) dem realistischen, ja atheistischen Geist des modernen Westens. Seine Lehre stellte ein Gemisch aus »abendländischer Naturwissenschaft und Naturphilosophie, Spiritismus, hauptsächlich indischem Atheismus, Guru-Verehrung und indischem Streben nach Selbstvervollkommnung dar, will mit aller religiösen Überlieferung brechen und diese durch ein wissenschaftlich begründetes System ersetzen« (Jan Gonda, Bd. II, S. 316).

An Stelle des Gottesglaubens setzte das »Deva-Samaj« den Glauben an einen mit überirdischen Kräften begabten Guru – was schließlich auf die göttliche Verehrung des Begründers Agnihotri selbst hinausläuft. Eine Menge ähnlicher Sekten, Gruppen und Gesellschaften entstehen, die meist auf Europa und Amerika übergreifen und gerade aus diesen Kulturkreisen, in denen Religion ausgehöhlt, erlahmt und vom Wissenschaftsdenken erdrosselt ist, eine große Zahl von Suchenden und Erlösungshungrigen anziehen.

Einen bedeutenden Versuch, die Kluft zwischen dem Hinduismus alter Prägung und dem Wissenschaftsgeist des Westens zu überwinden und eine Epoche des besseren Verstehens der Religionen untereinander einzuleiten, unternahm Sarvepalli Radhakrishnan, der spätere Staatspräsident Indiens (1962). Bezeichnenderweise ist auch Radhakrishnan ein Gelehrter hohen Grades, der u. a. Professor für vergleichende Religionswissenschaften in Oxford, später Botschafter in Moskau, Schriftsteller und Philosoph war, ehe er endgültig in die Politik ging.

Denn die wahre Religion dieses neuen Zeitalters erscheint ihm die Politik; die Visionen der früheren Zeit haben sich in Ideologien verwandelt. So glaubt der zutiefst vom Hinduismus durchdrungene Radhakrishnan,

Links oben und oben: In Indiens Dörfern lebt der Großteil der Bevölkerung. Die Bauern bearbeiten bis heute meist nach mittelalterlichen Methoden den Ackerboden, der in der Hälfte aller Gebiete sehr fruchtbar ist.

Links: Indische Bäuerin beim Kochen.

daß nur die Verschmelzung von Politik und Religion der zur Zukunft strebenden Menschheit Erlösung bringen könne. Auch er ist davon überzeugt, daß letztlich alle Religionen, trotz ihrer dogmatischen und rituellen Unterschiede, die gleichen Grundwahrheiten lehren. Für Radhakrishnan liegt das eigentliche Problem dieser neuen Welt nicht in den Unterschieden religiöser oder politischer Ideologien und Lebensformen einer tiefgespaltenen Menschheit, sondern in der Frage, ob die Menschen überhaupt das Göttliche anerkennen und sich ihm unterwerfen. Radhakrishnan warnt die Welt davor, sich weiterhin dem Materialismus, dem rein rationalistischen Trachten nach mehr Geld, Besitz, Wohlleben, Vergnügen und wirtschaftlichen Vorteilen hinzugeben, sich in Positivismus und Unglauben zu erschöpfen; denn für ihn ist das einzige, was die Seelen zu retten vermag: Religion.

Nur im innerlichen, mystischen Finden Gottes, im Geborgensein des Weltengeistes und im Besitz einer inneren Mitte wird der Mensch jenes Glück finden, das ihm weder wissenschaftlicher Fortschritt noch politische Heilsysteme bescheren können. Religion aber muß gelebt werden. So sucht Radhakrishnan in einer Synthese von christlichem Humanismus und Hinduismus und im gegenseitigen Verstehen der Rassen, Völker und Religionen den Weg, der über Dogmen, Parteiprogramme und Ideologien hinaus und zum Frieden in Gott führt.

Ähnliche Gedanken verkünden die großen Mystiker und Heiligen Indiens, wie Ramana Maharsi (1879–1950) oder der bengalische Brahmane Aurobindo Ghose (1872–1950). Auch der Hinduismus der Neuzeit ist ein ewig fortwucherndes, vielfältiges Gebilde von Gedanken, Visionen und Religionsvorstellungen geblieben – nur daß diese geistige Mannigfaltigkeit sich heute für die Führungsschicht in einer vom abendländischen Denken überwölbten Zeit vollzieht.

Unter dieser dünnen Dunstschicht der mehr oder weniger philosophischen und spekulativen Formen des »neuen Hinduismus« liegt jedoch immer noch die Erde, auf der die Millionen gläubigen Hindus nach altüberkommener Weise leben, fühlen und denken. Diesen Massen bedeuten die hochgeistigen Lehren der Professoren, Philosophen und Wissenschaftler so wenig wie dereinst die abstrakten Denksysteme der Brahmanen. Sie beten in tausenderlei Formen zu Shiva, Vishnu, Durga, Kali, Surya oder Ganesha, zu ihren Dorf- und Naturgottheiten, halten sich an die althergebrachten Riten und murmeln die überkommenen Zaubersprüche, Gebete und Mantras.

Diesen trotz aller Armut und Leiden im inneren Glück ihrer alteingeführten Religiosität verharrenden Massen wendet sich der große Reformator Mohandas Karamchand Gandhi (1869–1948) zu.

Er selbst, der einer gebildeten, aber traditionsgetreuen Vaicya-Familie aus Kathiawar entstammte, bezeichnete sich als einen Mann, der »im Gegensatz zu den religiösen Führern, die nur vermummte Politiker sind, als einen Politiker, der innerlich ein Mann der Religion ist«. Seine Familie war von echt hinduistischer Großzügigkeit, sie besuchte die Shivatempel ebenso wie jene Ramas, hielt Freundschaft mit Jains, die Mutter neigte zu Askese und rituellem Fasten, aber der Vater schickte den begabten Jungen auf die Universität Ahmedabad und später sogar zum Rechtsstudium nach London. Gandhi legte vor seiner Abreise in den Westen das Gelübde der Keuschheit und Enthaltsamkeit von Fleisch und Alkohol ab. Er studierte die heiligen Bücher des Hinduismus ebenso wie die Philosophie des Abendlandes.

Diese Bekanntschaft mit zwei Welten führte ihn dahin, zwischen dem tiefen ethischen und sozialen Gehalt des Hinduismus und seinen Auswüchsen im Volksgebrauch zu unterscheiden. Im Vergleich mit der christlichen Welt erkannte er, was der Hinduismus der Zukunft vermeiden mußte: Dogmatik, Intoleranz, Gewalt, Anspruch auf Ausschließlichkeit. Auch er begriff das Gemeinsame und Verbindende aller Religionen und Kulturen. So sah er früh schon die Sinn- und Wertlosigkeit mancher hinduistischen Riten, Gebräuche und Institutionen, vor allem der Kastentrennung, ein. Andererseits lehnte er – als er Europa kennengelernt hatte – die gesamte technische Zivilisation des Westens für Indien ab. Nachdem er eine Zeitlang im englisch verwalteten Südafrika Rechtsanwalt gewesen war und die herabsetzende Behandlung der Inder in der Welt erlebt hatte, trat er in die Politik ein. Aber er kämpfte nicht nur für die politische Befreiung Indiens von der Kolonialherrschaft, sondern mehr noch für die geistige Renaissance eines gereinigten Hinduismus.

1915 gründete er, nach Indien heimgekehrt, nahe Ahmedabad eine »religiöse Mustersiedlung«, in der er das Ideal alter indischer Dorfgemeinschaft verwirklichte. Bald erlangte er kraft seiner Predigten, seiner streng asketischen Lebensführung und persönlichen Integrität den Ruf eines »Guru« (Meisters oder Führers); das Volk verehrte ihn als »Mahatma« – das bedeutet »Mann der großen Seele«.

Er rief zum politischen Kampf der Gewaltlosigkeit gegen

die englische Besatzungsmacht auf, ebenso forderte er Rückkehr zu den religiösen Werten des Hinduismus und die Abwendung von der materialistischen Kultur des Westens. Denn nach einem seiner Worte »tötet Politik ohne religiöse Wertsetzung die Seele«. Als religiöser Führer lehnte er die vielfach entarteten und erstarrten Riten der verschiedenen Kulte ab, aber er erfüllte die Religionsgebräuche des Dorfes mit neuem Geist und Leben. Er lebte als Hindu und ganz im Sinne der alten Lehren.

Sein Glaube ruhte auf einigen Grundwahrheiten des Hinduismus. Er sprach sie aus, als er gefolgt von den zu Freiheit und nationalem Selbstbewußtsein erwachten Massen zu seinem Marsch ans Meer aufbrach, um das von den Engländern hochbesteuerte Salz selbst zu gewinnen – wie es die Väter taten. Er sagte: »Ehe wir den Marsch zum Meer antreten, will ich euch das Gelübde einschärfen, das dem Hindu teuer sein soll. Das Gelübde der Wahrheit: Keine Lüge darf angewendet werden, auch wenn es um das Beste des Landes geht... Dann: das Gelübde der Weigerung, irgendwelches Leben zu töten! Man soll sich wohl der Tyrannei widersetzen, nie aber dem Tyrannen Böses zufügen. Überwindet Tyrannei durch Liebe, verweigert der Tyrannei den Gehorsam bis zum Tode! Das Gelübde der Keuschheit: Man muß seine tierischen Leidenschaften beständig überwachen, auch in Gedanken... Das Gelübde der Überwachung des Gaumens: Man muß die Nahrung vereinfachen und nach und nach alle Nahrungsmittel aufgeben, die nicht unentbehrlich sind. Das Gelübde des Nichtstehlens: Es ist Diebstahl, Dinge zu verwenden, die man nicht unbedingt nötig hat... Das Gelübde der Eigentumslosigkeit: Es genügt nicht, nichts zu besitzen, man soll auch nichts behalten, was unseren körperlichen Bedürfnissen nicht absolut notwendig ist...«

Hatten die vorher geschilderten Weisheitslehrer, die Begründer neuer Denksysteme und spekulativen Reformer des Hinduismus sich an die geistige Oberschicht, an die Denkenden, Suchenden und Intellektuellen gewandt und versucht, dem Hinduismus neue Deutungen und Impulse zu geben, so wandte sich Mahatma Gandhi dem einfachen Volk zu und erneuerte den Hinduismus, indem er unter Reinigung der Riten und Beschneidung der Auswüchse auf die großen ethischen Grundideen der Religion zurückging. Er sprach seine Ideen in allgemein verständlicher und volkstümlicher Weise aus und vermied sowohl das Partei-Chinesisch der Politologen wie das Professoren-Kauderwelsch der Philosophen. Deutlich wurde seine Abwendung von dem Geist des Westens.

Wenn er die Wahrhaftigkeit anstatt der Lüge pries, setzte er den echten Hinduismus in bewußtem Gegensatz zur Verlogenheit der Politiker und der öffentlichen Medien. Indem er das Töten, ja jegliche Gewaltanwendung ablehnte, zog er eine pazifistische und humanitäre Konsequenz der Religion, zu der sich weder das Christentum noch der Islam jemals durchgerungen haben. Er predigte jene Keuschheit und Bezwingung der Leidenschaften, wie sie die Veden einst lehrten und erst die Entartung der Kulte verloren haben.

Indem er zu Einfachheit, Askese und Bescheidenheit aufrief, lehnte er das materialistische Streben der abendländischen »Verbraucher-und-Vergnügungsgesellschaft« ab.

Die Loslösung vom Besitzstreben und Gelddenken war sein sozialer Aspekt, der sogar die politische Idee der Kommune oder der Verstaatlichung geistig überflügelt. So begründete er auch einen neuen »Ritus«, indem er die Menschen aufrief, wieder zum altüberkommenen, dörflichen Spinnrad zurückzukehren. Er selber spann und webte seine Kleider selbst, wie es einst die vedischen Väter taten. Dies geschah nicht nur, um Indien von der englischen Textilindustrie unabhängig zu machen und den Boykott der britischen Waren auch auf die Kleidung auszudehnen. Gandhi wollte, daß durch die gleiche Tätigkeit des Spinnens und Webens sich alle Stände und Kasten demonstrativ mit den Ärmsten der Armen solidarisch erklären. Das selbstgesponnene Kleid sollte das Symbol des erneuerten Hinduismus werden.

Politisch erreichte Mahatma Gandhi gewaltlos, durch Askese, Fasten, geistige Mobilisierung der alten Volkskräfte, den friedlichen Abzug der Besatzungsmacht und die Wiedererrichtung des freien Indien. Aber größer noch war seine religiöse Fernwirkung auf einen wiederbelebten, gereinigten und mit neuen Idealen erfüllten Hinduismus.

Dieser neue Hinduismus führte seine Vielfalt in dem Gedanken zusammen, daß es dem Menschen als eine göttliche Verpflichtung obliegt, sich nicht nur über das animalische, sondern auch über das intellektuelle und rationalistische Dasein zu erheben und seine Persönlichkeit ins verklärte Licht der Wahrheit emporzuführen, die letztlich mit Brahman oder dem Göttlichen identisch ist.

Auf solche Weise hofft der Hinduismus, alle Erschütterungen der seit dem 19. Jahrhundert sich vollziehenden Zeitenwende unbeschadet zu überstehen. Wieder einmal hat er in all seiner Toleranz, Anpassungsfähigkeit und Großzügigkeit die Begegnung mit einer fremden Kultur ohne wesentliche Veränderung seiner Prinzipien überstanden.

In Indien – dem Land der Urreligion – haben auch heute noch Politik, Kunst, Wissenschaft und Handwerk sowie jede andere Lebensform eine gemeinsame, höhere Funktion: die Erlösung und Erhebung des Menschen, die Ausformung seiner Persönlichkeit durch Religion und die Zielsetzung im Eingehen ins Göttliche.

Der Hinduismus ist eine Religion, die sich zwar wandelt, aber unzerstörbar fortlebt.

Ein Tempelfries in Angkor. In dieser einst blühenden Metropole von Kambodscha regierten Hindukönige. Das Reich der Khmer bildete vom 11. bis zum 15. Jahrhundert ein bedeutsames Kulturzentrum Südostasiens.

Seit Kambodschas Bürgerkriegswirren von 1973 sind die großartigen Bauwerke dem Fremden nicht mehr zugänglich und werden wieder vom Dschungel überwuchert.

Die Kunst der Hindus von Indien bis Indonesien

Religion ist der Schlüssel zum Verständnis von Völkern und Kulturkreisen. In ihr manifestiert sich die Summe des Lebensgefühls und des Charakters einer Großgemeinschaft ebenso unverwechselbar, wie sich das Wesen der Einzelpersönlichkeit letztlich in deren »Weltanschauung« ausdrückt.
Der Hinduismus ist die aus Landschaft und Geschichte emporgewachsene Lebensform Indiens und zugleich seine Abstraktion, geistige Überhöhung und seelische Kristallisationsachse.
So wie das physikalische Klima alle Lebens- und Erscheinungsformen einer Landschaft und deren typischen Charaktere prägt, so wirkt sich auch das geistig-seelische Klima einer Religion auf alle Lebensgebiete aus. Der Raum, den die Kraftströme einer Religion erfaßt haben, wird in all seinen Erscheinungs- und Ausdrucksformen durch eine besondere Spannung und das spezielle Prinzip dieses Magnetfeldes durchdrungen.
Aus diesem Urquell alles Seienden gehen Geschichte, Volkscharakter, Politik, soziale Struktur, Lebensformen, Bräuche, Wirtschaft, Handwerk, Wissenschaft, Literatur, Musik, Denksysteme und Technik, vor allem aber die höchste und letzte Manifestation des Lebensgefühls in den Künsten hervor. In dem freien künstlerischen Spielraum der Phantasie und der Träume spiegelt sich am reinsten die volle Wirklichkeit der innersten Lebenssituation. Darum ist Kunst überall dort, wo sie groß, zeitlos und ergreifend ist, religiös.
Religion wird in ihrer abstrakten Form zu Theologie und Philosophie, im konkreten Ausdruck jedoch zu Kunst und Stil.
Die Römer schrieben mit dem silbernen »Stilus« auf ihre Wachstäfelchen. Man gewöhnte sich schon zu Ciceros Zeiten an, die besondere Art, wie ein Dichter, Rhetor oder Philosoph sich auszudrücken pflegte, mit dem Wort zu kennzeichnen: er schreibe einen »besonderen Stilus«.
Auch die verschiedenen Kulturkreise und ihre Religionen als deren Kern schrieben ihr Wesen in einem jeweils typischen »Stil« in die Annalen der Kunstgeschichte: das christliche Abendland anders als der Islam, Buddhismus oder Hinduismus. Nur das Judentum, als eine ganz abstrakte und nur dem Wort verhaftete Religion, blieb ohne eigenen Kunststil. Aber auch im historischen Ablauf dieses Gesetzes, daß sich die »religiöse Kristallisationsachse« eines Kulturkreises mit den ihr gemäßen Facetten künstlerischen Ausdrucks umgibt, bestehen Unterschiede.
Das Christentum, das über Griechen- und Römertum vor allem das Abendland auf die Dauer erfaßte, wandelte sich im Laufe der Jahrhunderte unter dem Einfluß immer neu sich gebärender Ideen, Lebensgefühle und des ewig unruhigen Strebens »faustischer Menschen« stärker und grundlegender als jede östliche Religion.

Oben: Prozessionsstraße mit Stadttor in Angkor.

Oben rechts: Das Zentrum von Angkor Wat mit seinen bis zu 70 Meter hohen Tempeltürmen. Foto von 1965.

Links: Buddhistische Mönche kommen zur Andacht in einen verfallenen Hindutempel von Angkor.

Rechts: Kambodschas Dschungel droht weite Teile von Angkor zu überwuchern.

Rechts außen: Tänzerin auf einer Säule von Angkor.

Hier gibt es den Wandel vom Klassisch-Antiken der Griechen und Römer zur germanisch geprägten Ausdrucksform der Romanik, zur hochmittelalterlichen Gotik der Normannen, Romanen und Germanen, zur Wiederkehr der Antike in der Renaissance und zum Kämpferischen des erwachenden Wissenschaftsgeistes im Barock, schließlich zur Aufklärung, um endlich durch Verlust des eigentlich Religiösen einzumünden in den letzten großen Kunststil einer abstrakten, nur noch dem Geiste angehörenden Epoche – einer Epoche, die ihre Kathedralen in Symphonien erbaut und durch Musik ausdrückt, was Stein, Farbe und Form nicht mehr zu sagen vermögen.
Das Abendland erlebt also in seiner Geschichte die Aufeinanderfolge von Stilepochen und den Wandel der Kunstformen. Das ist ein Kriterium, das für den Osten nicht zutrifft.
Zwar gibt es auch in der islamischen, buddhistischen und hinduistischen Kunstgeschichte Perioden, in welchen gewisse Einflüsse dominieren: persische, arabische, dravidische, chinesische oder europäische, aber im Wesen gibt es keine wirklichen, vom religiösen und geistigen Wandel bestimmte Stilepochen.
Der Hinduismus ist von Anfang an Sammelbecken und Dschungel vieler Religionsvorstellungen, in dem die Grundprinzipien und das Lebensgefühl sich gleich bleiben. Und so verändern sich auch die Ausdrucksformen der Künste nicht im Sinne deutlich voneinander zu unterscheidender Stile: sie wuchern lediglich über die Jahrhunderte hin, wechseln Themen und Gestalten, so wie die Sekten, Götterkulte und Riten und wie die aufwachsenden und niederstürzenden Gewächse des Dschungels, ohne jemals den Charakter des Dschungelhaften zu verlieren.
Der Dschungel hat keinen Stil, er hat nur Vielfalt.
Es gibt im Hinduismus keine Klassik, keine Romanik, Gotik oder kein Barock – es gibt nur die Zeitcharaktere des einen Hinduismus. Diese große Religion sucht freilich schon sehr früh ihre Spiegelung in Architektur, Plastik, Malerei, Kleinkunst und Musik, in Poesie, Epik, Drama, Roman und Weissprüchen. Sie konkretisiert sich in mehr als zwei Jahrtausenden zu künstlerischem Ausdruck, wobei jedoch die zeitliche Aufeinanderfolge nebensächlich bleibt.
Aus den ältesten Tagen der Vedischen Zeit (ca. 1300 bis 500 v. Chr.) sind nur wenige Zeugnisse erhalten geblieben, doch zeigen jene bereits die typische Neigung aller indischen Kunst zum Ausdruck in der Plastik. Da gibt es etwa die Kalksteinbüste eines Priesters oder die Steinfiguren tanzender Gottheiten, die bereits die gleiche Lebendigkeit und Naturhaftigkeit ausstrahlen, die späteren Erzeugnissen des Hinduismus eigen sind (3. Jahrtausend v. Chr.). Man fand ornamentierte Vasen, Kleinfiguren in Ton und Kupfer, deren Motive der Natur entnommen sind und die eine deutliche Neigung zeigen, in dschungelhaften Formen zu sprechen. Mit dem Auftreten des Buddhismus, der ja vorübergehend das Brahmanentum und die rein hinduistische Form der Religion zurückdrängt (um 500 v. Chr.), wählt die indische Kunstäußerung vornehmlich buddhistische Themen, sie schafft die großen Stupas, die stark mit Ornamentik und plastischen Darstellungen geschmückten Tore.
In der Zeit der Kushan-Herrscher (50–300 n. Chr.), als der Buddhismus immer noch den Vorrang genießt, entstehen vor allem Buddhabilder und Mönchsfiguren, Porträtbüsten, Ornamentstreifen und Reliefs mit Götterdarstellungen, bei denen häufig der griechische Kunsteinfluß in naturalistischer Ausführung von Köpfen, Gestalten und Gewändern deutlich wird. Aber diese Kunstwerke, die an Tempelbauten oder als Einzelfiguren in Hainen entstanden, gehören genau wie die frühen Werke der Guptazeit (300–600 n. Chr.) vornehmlich der buddhistischen Geisteswelt an. Und doch zeigen diese großen Schöpfungen – wie etwa die Höhlentempel von Ajanta (5.–7. Jahrhundert) – in ihrer Ornamentik, dem reichen Skulpturenschmuck und den riesigen Sakralfiguren völlig die Wesenszüge hinduistischer Stilistik.
Schon in der Guptazeit, als der Buddhismus immer stärker vom Hinduismus zurückgedrängt und aufgesogen wird, deutet sich eine Phase der Erneuerung des reinen Hinduismus an. Doch die Formen, Gestalten und Malereien unterscheiden sich fast überhaupt nicht von den buddhistischen Formen, so daß es oft unmöglich erscheint, buddhistische und hinduistische Kunst auseinanderzuhalten. Nur wenn die Götter- und Mythengestalten durch Attribute gekennzeichnet sind, vermag man sie zu unterscheiden. Da sich jedoch mit der Entwicklung des Mahayana-Buddhismus und dem Überwuchern des Hinduismus auch Legenden, Mythologie und Götterhimmel immer mehr vermengen, fließen selbst hier oft die Grenzen. Erst um etwa 600 n. Chr. kommt eine typische hinduistische Ikonographie auf. Shiva und Vishnu sind die am meisten dargestellten Gottheiten, während Brahma – wie in der praktischen Religion – deutlich zurücktritt. Eine besonders kraftvolle Darstellung Shivas ist ein Hauptwerk von Elephanta (bei Bombay), wo der Gott als dreiköpfiger Mahadeva erscheint (7. Jahrhundert).
Jetzt entsteht (7./8. Jahrhundert) der große Shivatempel von Elora (nahe Ajanta) in Westzentralindien. Die Silhouette des Berges, aus dem der Tempel mit all seinen Hunderten von Reliefskulpturen wie ein einziges plastisches Werk herausgeschlagen ist, ähnelt dem mythologischen Berg Meru, auf dem die Götter wohnen. Auch hier schaffen die unbekannten Künstler Bilder von vollendeter, naturalistischer Schönheit und ausdrucksvoller Kraft – aber alles zusammen ist Dschungel, Wucherung, tropische Überfülle. Es gibt bei diesen Kunstformen, die in Zahl und Großartigkeit der Skulpturen von einer Höhepunktzeit des Kunstschaffens sprechen, die in endlosen Ketten und Galerien Tempelwände und Höhlenfelsen bedecken, keine Künstlernamen, die würdig gewesen wären, gleich denen eines Michelangelo oder Sluyter, in die Geschichte einzugehen. Alles ist – ähnlich wie an gotischen Kathedralen – von anonymen Künstlern nur zur Ehre der Götter geschaffen.
Im südlichen Indien wird im Frühmittelalter (8./9. Jahrhundert) der riesige Tempelkomplex von Mahabalipuram erbaut (nahe Madras). Wie der »Weltenberg Meru« erhebt sich der Ufertempel zum Himmel und erinnert in

seiner Monumentalität und Größe an ägyptische Pyramiden oder die babylonischen Zigurrahs. Der heilige Bezirk dieser Weihestätte ist von Pavillons mit uralten Schreinen und Plastiken übersät. Besonders berühmt ist das aus einem einzigen Felsblock herausgehauene Relief der »Herabkunft der Ganga«: Man erkennt den Mythos wieder, nach dem Gott Shiva die Welt vor der Überflutung durch die Wasser gerettet hat, man sieht die Überfülle der Lebewesen, Tiere, Menschen und Götter, die Shiva ihren Dank entrichten, während ein riesiger, aus Stein geformter Elefant den ganzen Herabsturz des Lebens trägt. Ein anderes, sehr dramatisch aufgebautes Relief zeigt die Inkarnation des Shiva in seiner Gemahlin Durga, wie sie den Büffeldämon tötet.

In der Zeit, als im Abendland die tiefe Gläubigkeit der Menschen den Stein in Spitztürmen, Fialen, Kreuzblumen und himmelanstürmenden Figuren der gotischen Kathedralen zum Raum der Ewigkeit aufbrennen ließ, schuf auch der Hinduismus seine schönsten und märchenhaftesten Tempelbauten.

So entsteht etwa im 10./11. Jahrhundert der berühmte Kandariya-Mahadeva-Tempel von Khajuraho (in Mittelindien). Dieses Heiligtum beeindruckt schon durch seine Größe und die kühn zum Himmel aufstrebenden Tempeltürme, mehr aber noch durch die unzähligen Skulpturen, die seine Wände und Fassaden bedecken. Hier wird vor allem in zahlreichen Formen die Vereinigung göttlicher Liebespaare dargestellt, symbolisierend die innere Verschmelzung der Menschen mit der Gottheit. Moderne Pornoliebhaber fotografieren diese in unendlicher Phantasie wechselnden Positionen der Liebenden heute als Illustrationen zum »Kamashutra« und sehen darin nur noch die erotischen Möglichkeiten, die hinduistische Vorstellungskraft hervorzubringen imstande war. Auch dieser Dschungel von Reliefs und Tempelplastiken zeichnet sich durch vollkommene Schönheit der Körper und Bewegungen aus.

Eine andere bedeutende Tempelstätte des mittelalterlichen Indiens ist Bhubaneshwar in Orissa. Der Haupttempel ist dem Symbol des Shiva, dem »Linga«, geweiht und daher wird Bhubaneshwar auch von einem das »Linga« – das Zeugungsinstrument – symbolisierenden, gewaltigen Turmbau überragt. Auch hier erlebt man wieder das Auftürmen gewaltiger, nach Thesen der Mythologie ausgeformter Baumassen, wobei die entstehenden Innenräume nur eine untergeordnete Rolle spielen. Man sieht das Wuchern unendlicher Skulpturen, die plastische Bilderzählung hinduistischer Legenden in Stein, in Tonkuppeln, Reliefs und ornamentalen Skulpturen. Obschon die Tempel sich von außen sehr ähnlich sind und keinerlei besondere Stilform erkennen lassen, kann man dennoch Shiva- und Vishnu-Tempel gut unterscheiden.

Die Malkunst der balinesischen Hindus stand einst auf hohem Niveau. Hier ein Beispiel aus der Gerichtshalle von Klungkung.

Links oben: Gemälde in der Gerichtshalle von Klungkung.

Typisch balinesische Tempelanlagen.
Oben: in Ubud.
Links unten: in Mengwi.

Während in den fast immer düsteren, nur durch Öllampen erhellten Shivatempeln stets im inneren Heiligtum, das nur den Priestern zugänglich bleibt, ein »Linga« aufgerichtet ist und besondere Verehrung durch Opfergaben erfährt, sind die Vishnu-Heiligtümer heller und haben meist in ihrer Mitte eine plastische Darstellung eines »Avatara« (Erscheinungsform) Vishnus. Vor einem Shivatempel kauert meist das dem Gotte heilige Nandi-Rind in Stein oder Bronze, und auf der Spitze des Linga-Turmes glänzt Shivas Dreizack.

Ein Unterschied ist auch zwischen nord- und südindischen Tempelbauten hinsichtlich ihrer Grundrichtung zu sehen: Im Norden überwiegt die vertikale, himmelstrebende Tendenz, im Süden das Horizontale, das sich zur Fläche Ausdehnende.

Die ungleich größere Ausdehnung eines südindischen Tempels hat ihre Ursache auch darin, daß diese Bauten für den Gott mit seiner gesamten »Familie« errichtet sind, während der nordindische Tempel nur einem einzigen Gotte geweiht ist. In dem südindischen Heiligtum von Kantschipur, dem »Varadarajatempel«, ist das Hauptheiligtum von Vishnu und seiner Gattin Lakshmi besetzt, aber daneben gibt es noch »Seitenkapellen« für Krishna, den Gott Diskus und andere. In den Außenbezirken sind Läden für Opfergaben, Banken, Speisestätten und Hospitäler, Herbergen und Geschäfte für Votivgaben eingebaut. Große südindische Tempelbereiche, wie etwa jener von Madurai, sind von hohen Mauern und Toren umgeben, wobei die Innenhöfe symbolische Bedeutung haben: Der innerste und erste Hof ist immer die Zella des höchsten Gottes, der zweite Hof gehört den übrigen Göttern, der dritte den Menschen und der vierte den Dämonen. Zu diesen Anlagen gehört auch meist ein Teich, in dem die frommen Pilger ihre rituellen Waschungen vornehmen können. Der riesige Tempel von Sucindra nahe Kap Komorin ist ein Weihebezirk mit Museen, Spital, Banken, Ladenstraßen und Schulen in einem.

Schon im 9. Jahrhundert hat der Geist des Hinduismus nicht nur den Norden bis Nepal und den Süden bis Ceylon, sondern vor allem auch die östlich gelegenen Länder »Großindiens«, Burma, Thailand, Indochina und Indonesien, erfaßt. Hier allerdings verwendet er seine künstlerischen Ausdrucksformen überwiegend im Sinne des Buddhismus, so daß häufig Mischformen entstehen: Buddhismus ist umrankt von althinduistischen Architekturkörpern und Plastikschmuck.
Bezeichnenderweise entsteht etwa zu Beginn des 9. Jahrhunderts das größte Denkmal der buddhistischen Kunst — das im Sinne des »Mahayana« ganz von hinduistischen Vorstellungen durchtränkt ist — nicht in Indien selbst, sondern auf Java. Dort errichteten fromme Könige in der Ebene von Zentraljava den künstlichen Berg »Borobodur« — eine Vereinigung des buddhistischen Stupagedankens mit dem hinduistischen Götterberg Meru. Diese gewaltige Baumasse ist in Form eines magischen Diagramms angelegt, das ein riesiges Abbild des hinduistischen Kosmos darstellt, über dessen Terrassen und Stufen der Pilger im Sinne buddhistischer Erlösungslehre langsam aus der Welt der Sinne und Begierden zur Verklärung in Brahman oder zur Vereinigung mit dem kosmischen Buddha emporsteigt.
Während die zahllosen Stupas und Tempel, Pagoden und Cetiyas (gleich »Mahnungen«) der burmesischen Kunstlandschaft von Pagan, Rangoon oder Mandalay fast ausschließlich die Gedankenwelt des Buddhismus zum Ausdruck bringen, jedoch dazu hinduistische Kunstformen gebrauchen, gehören die etwa im 11./12. Jahrhundert zu Angkor Wat in Kambodscha entstandenen Tempelbauten ganz dem Hinduismus an.
Die Tempelbauten von Angkor Wat sind nicht nur die architektonischen Meisterwerke der großindischen Kunstgeschichte, sondern gehören durch ihren reichen Figuren- und Reliefschmuck auch zum Besten, was hinduistisches Kunstbemühen je hervorgebracht hat. Hunderte von begabten Bildhauern ohne Namen müssen an diesen sich oft über Hunderte von Metern erstreckenden Bilderzählungen in Reliefform mitgearbeitet haben. Die Bildfolgen erzählen nicht nur die gesamte Hindumythologie, sondern auch wichtige Vorfälle aus der Geschichte des Khmervolkes. Man begegnet in ungemein graziöser, ästhetischer und dabei künstlerisch eindringlich gestalteter Form den Gestalten der Hindugötter, der anmutigen »Asparas« oder himmlischen Tanzmädchen, Dämonen und den Königen der Khmer samt ihren siegreich voranstürmenden Armeen. Szenen aus dem »Mahabharata« wechseln mit Kampfschilderungen aus der Khmergeschichte, unendliche Reliefs mit den turmhohen Köpfen der Vergöttlichten. Angkor Thom ist schon wieder ein Bauwerk des Buddhismus (12./13. Jahrhundert) — dort spricht hinduistische Kunst aus, was buddhistische Mönche lehren. Dies beweist, wie sehr auch der sieghaft über Burma und Thailand nach Kambodscha ausgreifende Buddhismus aus dem Geist des Hinduismus hervorgegangen ist.
Um diese Zeit (13. Jahrhundert) wird auch die berühmte Tempelanlage von Konarak (Orissaküste) erbaut. Von dieser einstmals riesigen Anlage, die eben noch als letztes großes Bauwerk der nördlichen Hindukunst vor der islamischen Eroberung Indiens errichtet wird, ist nach dem Zerstörungswerk späterer, mohammedanischer Herrscher am besten der große Surya-Tempel erhalten geblieben. Ihn hat frommer Hindugeist in Form eines riesigen Prozessionswagens errichtet. An den ungeheuer reich ornamentierten, mit Reliefszenen bedeckten Wänden des Tempelunterbaus sind gewaltige, von verschlungenen Ornamenten überzogene Steinräder angebracht. Die mächtigen Steinrosse, die der Tempelbasis vorgespannt sind, stellen vollplastische Meisterwerke dar und zeigen ihre Funktion als Zugtiere. Denn der »Sonnentempel« war zugleich ein Prozessionswagen, wie ihn Indien heute noch gebraucht.
Auch an diesem »Sonnentempel« von Konakry gibt es wieder die bekannten »Mithunas« — die in vielerlei Positionen miteinander verschlungenen Liebespaare — als Touristenattraktion zu fotografieren. Aber so wie moderne Kathedralenbesucher in Europa meist im plastischen Schmuck, in Glasfenstern und architektonischen Anordnungen nur noch die äußere Form, die kunsthistorische Bewertung und bestenfalls noch die Ikonographie zu sehen vermögen und Gotteshäuser, die ekstatische Entflammung einst erbaut hat, nur wie Museen betrachten, so vermögen die gleichen Besucher auch an den indischen Tempeln vorwiegend nur die naturalistische Darstellung zu sehen: Illustrationen zu einer Sexfibel. Doch die »Mithunas« in all ihrer freundvollen Erfüllung fleischlicher Begierden sagen in ihrer erotischen Verzückung nur aus, welche Wonnen in der Vereinigung der Seele mit dem Göttlichen liegen. Wie die meisten der hinduistischen Plastiken gleichen die Figuren hinsichtlich ihrer Funktionen jenen der abendländischen Gotik: Sie sind niemals Selbstzweck, sondern Teil einer großen Harmonie, sind eingefügt in die Tempelwand oder Nische, Stückwerk der Architektur und haben nur eine Schauseite. Davon unterschieden sind die wenigen Einzeldarstellungen der Vollplastiken, die meist als Göt-

Die Tempel von Prambanan in Java entstanden im 10. Jahrhundert. Hier befand sich bis zum Eindringen des Islams das Zentrum hinduistischer Kultur auf Java und breitete sich bis Bali aus.

tergestalten in der Zella der Heiligtümer standen oder — wie das Nadirind — einsam in einem Pavillon vor den Tempeleingängen lagern.
Die Kleinkunst allein bringt eine größere Zahl von Rundplastiken in Bronze oder Messing hervor, meist Götter-, Dämonen- oder mythologische Gestalten mit ihren Attributen, die oft von Flammenaura umkränzt auf einem Lotossockel stehen, die Hausaltäre von Hindufamilien schmückten oder auf Reisen zur Gebetsverrichtung mitgeführt wurden. In den mit einer Kupferplatte verschlossenen Sockeln solcher Bronze- oder Messingfiguren verbarg der fromme Hindupilger übrigens seine Reisekasse: Goldstücke oder Edelsteine, die im Schutz des Götterbildes sicher blieben. Im Hohlkörper dieser Figürchen steckten stets die auf Leinen oder Palimpest geschriebenen »Mantras«, besondere Zaubersprüche und Segensformeln, so wie der Geist des Hinduismus eben die Seele der Kunstform ist.
Mit der seit dem 13. Jahrhundert stärker einsetzenden Invasion des Islams endet zunächst im Norden Indiens die große Zeit der Tempelbauten und der hinduistischen Kunst. Jetzt breiten sich die von Mohammedanern inspirierten Moschee- und Palastbauten aus. Arabische, turkmenische und persische Einflüsse ergreifen die indischen Ausdrucksformen. Die Hindus haben kaum noch Gelegenheit, neue Heiligtümer zu bauen, sie müssen zusehen, wie viele ihrer alten Tempelstätten zerstört, die dem Islam greuelhaften Bildwerke, Fresken, Reliefs und Götterfiguren vernichtet werden. Nur die Kleinkunst lebt noch fort.
In diese Zeit, die bis zur britischen Kolonialzeit andauert, blüht nur noch die Malerei, vor allem von Miniaturen (in Büchern und auf kleinen Tafeln). Die beliebtesten Motive dieser Epoche, wo Hindukunst gewissermaßen im verborgenen blühen muß, sind Krishna und sein liebliches Hirtenmädchen Radha, die Darstellung von Hindulegenden oder die Illustration von Liedern und Epen.
Länger dauert es, bis der siegreiche Islam nach dem Süden und nach Zentralindien ausgreift. Darum entstehen etwa im späten 13. Jahrhundert noch die schönen Tempelanlagen von Halebid in Mysore, die — vielleicht unter der Fernwirkung des vom Ornament her bestimmten islamischen Kunstausdrucks — in den vorwiegend ornamentalen und stilisierten Reliefbändern der Tempelwände einen schon manieristischen Stil entwickeln.
Der letzte ganz große Bau des Hinduismus ist zugleich der berühmteste Südindiens, der im 17. Jahrhundert errichtete Tempel in Madurai. Vier riesige Tortürme nach den Himmelsrichtungen angeordnet (sogenannte »Gopuras«) unterbrechen die Tempelmauern. Sie sind von der Basis bis zur Scheitelhöhe mit einem dschungelhaften Gewirr von Figuren, Reliefs, Ornamenten bedeckt, in deren Aussage sich noch einmal die Mythologie, Götterlehre und Legende des Hinduismus spiegelt. Aber die plastische Arbeit ist nun ganz neutralistisch, beinah von

fotografischer Qualität, bunt bemalt und irgendwie leer in ihrer Manieriertheit. Ein Hauch von beginnender Dekadenz liegt über dem Ganzen.
Architektur, Plastik und Malerei gehen von dieser Zeit an, parallel zur geistigen Erstarrung und Aushöhlung des Hinduismus, die sich unter Mogulherrschaft und darauffolgender englischer Besatzungszeit vollziehen, hinab in ein Wellental der Geschichte. Sie bringen keine großen Aussagen mehr hervor.
Erst mit dem Wiedererwachen des indischen Volksgeistes und Selbstbewußtseins Anfang des 19. Jahrhunderts und mit dem Auftreten großer Reformer des alten Brahmanentums und einer modernen Renaissance des Hinduismus regt sich auch wieder die indische Kunst. Doch nunmehr werden vor allem die westlichen Einflüsse deutlich. Der Hinduismus wendet sich nicht nur in seinen Missionsbewegungen und alle Religionen integrierenden Gedankengebäuden, sondern auch in seinen architektonischen, plastischen und malerischen Formen der Welt zu, die rings um ihn emporgewachsen ist. Trotzdem bleibt er im Prinzip das, was er immer war — er spricht es nur in moderner Formensprache aus. Diese Sprache eines geheimnisvollen, tropisch in Farbe, Formgebung und Inhalt wuchernden Hinduismus beeinflußt nun sogar das Schaffen moderner amerikanischer und europäischer Künstler, so wie er einst in den Tagen seiner vollen Kraft über die Himalajaländer, Burma, Thailand, Kambodscha, Indochina und Indonesien ausgestrahlt hat. Aber trotz Mission, neuer weltoffener Theologie, Philosophie und Eingliederung eines modernen Indiens in die Weltstruktur erweist sich auch am Hinduismus ein Gesetz, dem alle Weltreligionen unterworfen zu sein scheinen: das der Begrenzung auf den eigenen Raum. Der Hinduismus ist aus der Vermischung von Rassen und Völkern in einem tropischen Gebiet, in einem besonderen Klima und durch die unwiederholbare Einmaligkeit einer Lebenssituation aufgewachsen. So wie der Islam aus Steppe und Wüste kam und seine Grenzen dort fand, wo die innere Verwandtschaft der Völker aus Steppe und Wüste endete, so wie das Christentum im Raume von westlichen Hochkulturen, Städten und der mediterranen Welt ähnlichen Staatsgebilden seine Heimstatt fand und darüber hinaus, etwa in Afrika, Indien, Fernem Osten, immer nur missionierende, nicht aber bestimmende Kraft blieb — so ist auch der Hinduismus letztlich beschränkt auf den Kulturkreis, der von der Atmosphäre seines Ursprungs erfüllt ist.
Die Menschheit scheint — wie ja auch der moderne Hinduismus, der fortschrittliche Islam und die ökumenische Bewegung der Christenheit dies erkannt haben — in eine Phase ihrer Geschichte eingetreten, in der sich Weltreligionen nicht ferner bekämpfen und missionieren wollen, sondern das Gemeinsame suchen.
Die Zukunft ist Religion, nicht mehr Konfession. Die Errettung der Menschheit ist — wie sie vor allem der erneuerte Hinduismus sucht — nicht mehr Dogma und Ritus, sondern die Anerkennung des Göttlichen über uns allen.
Mahatma Gandhi spricht dieses letzte Programm aller Religionen aus, als er sagt: »Man muß frei sein von Furcht vor den Tyrannen, auch vor dem Volke ... und vor dem Tode. Ein Mensch ohne Furcht verteidigt sich und seine Welt nur durch die Kraft der Wahrheit und die Kraft seiner Seele. Er ergibt sich der Religion ...«

Zeittafel

Um 3000 v. Chr.	Das Neolithikum, die Jungsteinzeit, in Indien. Zu jener Zeit bildet sich bereits eine bedeutende Kultur im Industal.
Um 2700	In Ägypten wird die Cheopspyramide gebaut.
Um 2500 bis 1800	Im Industal entstehen schachbrettartig angelegte Städte, so Harappa, Mohendscho Daro und Taxila, die von Königen (Rajas) und Großkönigen (Maharajas) regiert werden.
Um 2100	Die Fürsten von Theben begründen in Ägypten das Mittlere Reich. Abraham zieht von Mesopotamien nach Palästina. Alten Quellen zufolge ist er der Stammvater des jüdischen Monotheismus.
Um 2000 bis 1700	Die minoische Kultur erreicht auf Kreta ihren ersten Höhepunkt.
Um 1900	Die ersten Stämme der Arier dringen von Persien her über die Gebirgspässe in das Industal ein und unterwerfen die alteingesessene Bevölkerung.
Um 1770	Das Zweistromland von Euphrat und Tigris wird zu einem Zentrum der Kultur. Das babylonische Reich entfaltet sich.
Um 1500	Die Arier dringen aus dem Nordwesten in die Gangesebene ein und unterwerfen in jahrhundertelangen Kämpfen die indische Urbevölkerung, die Dravida. Die ältesten Teile der Veden entstehen.
1500—1000	Frühvedische Zeit. Das Kastensystem beginnt sich herauszubilden. Die arischen Götter wie Indra, Agni, Rudra, Vayu und Yama werden bevorzugt verehrt, viele Götter der Dravida auf den Rang von Dämonen und Erdgeistern herabgedrückt.
Um 1290	Das ägyptische Reich steht unter Ramses II. in höchster Blüte. Moses führt die Juden aus der ägyptischen Gefangenschaft.
Um 1230	Moses stiftet am Berg Sinai die Zehn Gebote.
Um 1200	Der Trojanische Krieg.
Um 1000	Die indogermanische Kultur in Indien stabilisiert sich zu einer blühenden Zivilisation. Die Brahmanen erreichen nach und nach in der arischen Gesellschaft die führende geistige Stellung. Die ersten Teile des indischen Nationalepos »Mahabharata« entstehen. Der Shiva-Kult ist bereits ausgeprägt. Vishnu gilt aber noch als Gehilfe des arischen Hauptgottes Indra.
1000—600	Spätvedische Zeit. Die Arier beherrschen fest das Gangesgebiet. Arische Stämme bekämpfen sich untereinander. In dieser Zeit beginnt sich das Kastensystem in vier Großkasten zu festigen: 1. Brahmanen (Priester), 2. Khsatriya (Krieger), 3. Vaicja (Kaufleute, Bauern), 4. Sudra (Dienstklasse).
Um 800	Die älteren Teile der Upanishaden entstehen und enthalten bereits wesentliche philosophische Gedanken über das »Brahman«, »Atman« und »Karman«.
Um 620	Die Juden beginnen mit der Niederschrift des Alten Testaments.
Um 600	Übergang von der vedischen zur brahmaistischen Periode. Die älteren Teile des indischen Nationalepos »Ramayana« entstehen.
Um 560 bis 480	Gautama Buddha wird um 560 geboren. Er wandelt sich um 539 vom Fürsten zum Wanderasketen, stellt die Philosophie der Brahmanen in Frage und begründet eine neue Religion, den Buddhismus.
Um 560 bis 477	Mahavira mit dem Beinamen »Jaina« (Sieger) begründet die Religion des Jainismus, die geistig zwischen Hinduismus und Buddhismus steht.
Um 440	Unter Perikles beginnt Athens Blütezeit. Höhepunkt der griechischen Klassik. In Palästina entstehen die ersten fünf Bücher Mose in der uns heute bekannten Fassung.
Um 400	Zu jener Zeit läßt sich bereits ein weit verbreiteter Krishna-Kult nachweisen. Gott Vishnu wird neben Shiva zur wichtigsten Gottheit, beide verschmelzen mit dem Weltenschöpfer Brahma zur Dreieinigkeit. Die ehemaligen arischen Hauptgötter wie Indra und Rudra sind endgültig auf den Rang von Nebengöttern herabgesunken. Die jüngsten Teile des »Mahabharata« entstehen.
336—323	Alexander der Große erobert ein Weltreich. 327—325 dringt er im Industal ein. In der Folgezeit entsteht in der Kultur Nordwestindiens ein griechisch-indischer Mischstil: die Gandhara-Kunst.
321—185	Die Maurya-Dynastie schafft das erste historisch nachweisbare Kaiserreich in Indien mit der Hauptstadt Pataliputra. Ihr Begründer Chandragupta vermag die griechischen Eroberer zu vertreiben und fast ganz Nordindien unter seiner Herrschaft zu einigen. Er selbst tritt gegen Ende seines Lebens in ein Jain-Kloster ein.
273—232	Kaiser Ashoka, der bedeutendste Herrscher der Maurya-Dynastie, tritt zum Buddhismus über und wird zum größten Förderer dieser Religion. Während seiner Regierung verbreiten Missionare den Buddhismus in ganz Indien bis weit nach Ostasien. Dank Ashokas Arbeit wird der Buddhismus in seiner Verbreitung international, wird »Weltreligion«. Nach Ashokas Tod beginnt durch die Teilung des Reiches der Machtzerfall.

270 Ein Sohn Ashokas führt den Buddhismus in Ceylon ein.

Seit 250 Indiens Seehandel greift nach Sumatra und Java aus und bringt auf dem Weg der Mission Hinduismus und Buddhismus gleichermaßen nach Indonesien. In dem folgenden Jahrtausend bestehen dort hinduistische und buddhistische Königreiche nebeneinander; die Kulturen vermischen sich teilweise.

Um 200 Die jüngsten Teile des »Ramayana« entstehen.
In Ajanta, Nordwestindien, werden die ersten der berühmten buddhistischen Höhlentempel gebaut. In Sanchi, Zentralindien, entsteht die große Stupa, heute eines der bedeutendsten buddhistischen Baudenkmäler Indiens.

Seit etwa 200 Vishnu- und Krishna-Kult verschmelzen. Krishna wird zur achten Erscheinungsform Vishnus.

Um 100 Die jüngsten Teile der Veden werden verfaßt.

Um 33 n. Chr. Jesus wird in Jerusalem gekreuzigt.

Um 280 In Anuradhapura entsteht unter buddhistischer Herrschaft die größte Stupa Ceylons.

320—535 Die Dynastie der Guptas bringt Indien eine große kulturelle Blüte des Hinduismus. Während dieser Zeit bildet die hinduistische Philosophie monotheistische Züge aus.

Um 350 bis 700 In Ellora, Nordwestindien, entstehen bedeutende buddhistische Höhlentempel.

391 Das Christentum wird im Römischen Reich zur Staatsreligion.

Um 400 Die brahmaistische Epoche findet ihren Abschluß. Das nach-epische Zeitalter des Hinduismus beginnt.
Kalidasa, Indiens größter Dramatiker, schreibt sein vom Geist des Hinduismus diktiertes Werk »Sakuntala«.

Nach 500 Die Hunnen brechen in Nordindien ein und zerrütten das Gupta-Reich.

Um 550 bis 750 Die südindische Dynastie der Pallavas errichtet die Tempelanlagen von Mahaballipuram (bei Madras).

610 Mohammed beginnt in Mekka zu predigen.

Nach 632 Nach Mohammeds Tod beginnen die Araber ein Weltreich zu erobern. Bis um das Jahr 700 ist der Islam von Spanien bis an die Grenzen Indiens verbreitet.

Um 650 In Ajanta entstehen die letzten buddhistischen Höhlentempel.

Ab 700 Der Hinduismus erstarkt unter der geistigen Führung der Brahmanen neu und beginnt den vorherrschenden Buddhismus aus Indien zu verdrängen.

712 Islamische Eroberer dringen in Nordwestindien ein, können sich aber vorerst nur an den Grenzen des Pandschabs und Kaschmirs festsetzen.

750—800 In Java, bei Yogyakarta, entsteht der Borobudur, das größte Heiligtum des Buddhismus.

Nach 750 In Ellora entstehen hinduistische Höhlentempel.

800 Das Frankenreich unter Karl dem Großen ist bestimmende Macht in Europa, wobei die Kaiserkrönung durch den Papst sichtbares Symbol dieser Entwicklung wird. Die Grundlagen für das Aufstreben der christlich-mittelalterlichen Kultur sind gelegt.

Um 800 Die hinduistische Dynastie der Khmer gründet im Dschungel von Kambodscha die Tempelstadt Angkor.

Nach 800 Durch den machtvoll erstarkenden Hinduismus wird Indiens Buddhismus auf seine Heimatprovinz Bihar und auf Bengalen beschränkt.

Um 915 In Java bauen hinduistische Herrscher die Tempelanlagen von Prambanan.

950—1060 In Nordostindien errichtet die Dynastie der Chandela die Tempelanlagen von Khajuraho mit ihren berühmten erotischen Figurengruppen.

Um 1000 Die Khmer errichten in Angkor die eindrucksvollen Bauten von Angkor Thom.

1001 Sultan Mahmud von Ghazni (Afghanistan) erobert Peshawar und führt von dort aus Eroberungszüge nach Indien durch.

1031 Der prächtige Marmortempel der Jains, Vimal-Vasahi, wird auf dem Mount Abu (Nordwestindien) gebaut.

1033 Benares, die heilige Stadt der Hindus, wird von den Moslems erobert; viele Hindutempel werden zerstört.

Um 1050 Der Lingaraja-Tempel mit zahlreichen erotischen Skulpturen entsteht in Bubaneshwar (indische Ostküste).
In Frankreich bildet sich die Stilepoche der Romanik heraus und prägt während der folgenden zwei Jahrhunderte Kunst und Architektur Europas.

Um 1140 Die Khmer bauen in Angkor die großen Tempel von Angkor Wat. Um 1200 erreicht das Großreich der Khmer mit Zentrum in Kambodscha seine letzte Blüte.
In Frankreich beginnt das Zeitalter der Gotik.

Um 1180 In Polonnaruwa, zu jener Zeit die glanzvolle Hauptstadt Ceylons, entstehen die großartigen Kolossalstatuen des liegenden und sitzenden Buddha sowie seines trauernden Lieblingsschülers Ananda.

1202 Die moslemischen Eroberer dehnen ihre Macht von Nordindien bis Bengalen aus. Sie geben dem Buddhismus Indiens, der noch in Bihar und Bengalen verbreitet ist, endgültig den Todesstoß; sämtliche buddhistischen Klöster und Lehrstätten werden vernichtet.

1206 Delhi wird zum ersten Mal Hauptstadt einer islamischen Dynastie.

Um 1220 Im Deutschen Reich werden die ersten gotischen Kathedralen errichtet (bis etwa 1500).

1221 Mongolenheere unter Dschingis-Khan fallen in Indien ein und dringen bis zum Indus vor.

1231 Der Jaintempel Tejpal auf dem Mount Abu wird vollendet.

Um 1250 Der Sonnentempel von Konarak (indische Ostküste) wird gebaut.

1295 Im Norden Sumatras errichten moslemische Eroberer ihre erste Bastion und beginnen den Hinduismus zu verdrängen.

1297 Die moslemische Eroberung Zentralindiens beginnt, erste Vorstöße nach Südindien.

Um 1300 Unter der südindischen Dynastie der Hoysalla-Ballala entstehen die letzten Tempel von Halebid mit bedeutenden Skulpturen.

1336 Südindische Hindukönige schließen sich zusammen und gründen gegen die moslemische Bedrohung das Königreich Vijayanagar (»Stadt der Sieger«); das Reich kann sich bis 1565 gegen die Moslems behaupten.

1398 Der islamische Mongolenkhan Timur fällt von Persien aus in Indien ein und erobert Delhi. Die nächsten hundert Jahre sind von blutigen Kämpfen zwischen moslemischen und hinduistischen Herrschern erfüllt.

1414 Der Westen Sumatras und die Molukken werden islamisch.

Um 1420 In Florenz beginnt die Renaissance und breitet sich von dort über Europa aus.

Um 1432 Das hinduistische Khmer-Reich von Angkor (Kambodscha) wird durch den Angriff der buddhistischen Thai, ehemaliger Khmer-Vasallen, vernichtet. Die Tempelstadt Angkor gerät in Vergessenheit und wird vom Dschungel überwuchert. Über 200 massive Bauwerke bleiben der Nachwelt erhalten.

1492 Christoph Columbus sucht im spanischen Auftrag den Seeweg nach Indien und entdeckt Amerika.

1498 Die ersten Portugiesen unter Vasco da Gama erreichen auf dem Seeweg Indien.

Um 1500 Im Deutschen Reich beginnt der Geist der Renaissance zu wirken.

Um 1500 Moslemische Eroberer drängen den Hinduismus von Westjava nach Ostjava ab.

Nach 1500 Guru Nanak begründet den Sikhismus, eine Mischreligion, die geistig zwischen Hinduismus und Islam angesiedelt ist.

1517 Im Deutschen Reich beginnt mit dem Auftreten von Martin Luther das Zeitalter der Reformation.

1526 Babur, ein Nachkomme des Mongolenkhans Timur, fällt in Indien ein und besiegt die islamische Lodi-Dynastie. Er begründet die Dynastie der Moguln (»Mongolen«).

1555—1605 Akbar, der bedeutendste Herrscher der Moguldynastie, erobert und eint große Teile Indiens. Agra wird zu seiner Hauptstadt. Er scheitert allerdings an dem Versuch, Islam, Christentum und Hinduismus in einer Art »Über-Religion« zu einigen.

1564 Etliche islamische Herrscher Nordindiens verbünden sich gegen das südindische Königreich Vijayanagar und vernichten es. Hindukönige können sich nur noch im äußersten Süden Indiens halten, dort allerdings auf Dauer.

1580—1760 In Europa prägt der Barock Kunst und Architektur.

Um 1600 Die Sikhs erbauen den Goldenen Tempel von Amritsar.

1614 Der Hinduismus wird durch die Moslems endgültig aus Java verdrängt und kann sich nur noch auf der Insel Bali halten, dort allerdings bis heute. Die geistige Elite Javas, die nach Bali geflohen ist, legt dort den Grundstein für eine neue Blüte hinduistisch-indonesischer Kultur.

1618—1648 In Europa bekämpfen sich die religiösen Parteien im Dreißigjährigen Krieg.

1623—1666 In Madurai, Südindien, wird der Minakshi-Tempel im barockwirkenden hinduistischen Spätstil errichtet.

1630—1652 Der Mogulkaiser Shajahan läßt bei Agra das Taj Mahal erbauen.

1639 Madras fällt an die Engländer.

1658—1707 Kaiser Aurangzeb führt das Mogulreich auf den Gipfel seiner Macht. Aber er unterdrückt brutal Hindus und Sikhs wegen ihrer religiösen Überzeugung, provoziert ihren Widerstand und bereitet den Zerfall der politischen Ordnung vor.

1661 Bombay kommt an die Engländer.

1675 Guru Govind Singh formt die bisher friedlichen Sikhs zu einem militärischen Kampfbund um, damit er seine Religionsgemeinschaft gegen die Verfolgung durch die Moslems behaupten kann.

1698 Die Engländer setzen sich in Kalkutta fest; von dort aus dehnen sie in den folgenden Jahrzehnten ihre Macht auf ganz Indien aus.

1707 Nach Aurangzebs Tod beginnt das Mogulreich zu zerfallen. Hindukönigreiche gewinnen in Süd- und Zentralindien wieder an Boden.

1728 Jaipur, für damalige Gesichtspunkte sehr modern, heute noch eine der schönsten Städte Indiens, wird von einem Hindu-Maharaja gegründet.

1757 Die Engländer besiegen unter Robert Clive in der Schlacht von Plassey die Franzosen und die mit ihnen verbündeten Maharajas. Damit haben die Franzosen den Wettkampf um die Kolonialherrschaft über Indien verloren. Großbritannien dehnt seinen Einfluß von Bengalen nach Nordindien aus.

Um 1760 Großbritannien leitet als erster Staat der Welt die Epoche der Industrialisierung ein.

1789 Die Französische Revolution.

Um 1820 Ganz Indien steht unter der Herrschaft der

»Britisch-Ostindischen Handelsgesellschaft«. Der Borobudur in Java wird durch europäische Forscher wiederentdeckt.

1849 Die Engländer besiegen die Sikhs und haben nun ganz Indien fest unter politischer Kontrolle.

1857 Der Sepoy-Aufstand unter Nana Sahib wird durch die Engländer blutig niedergeschlagen.

1858 Die Regierung in London entzieht der Britisch-Ostindischen Handelsgesellschaft die Verwaltung über Indien und läßt das Land durch einen persönlich bestellten Gouverneur regieren. Der letzte Mogul, der ohnehin nur noch ein Schattenregiment führte, muß unter englischem Druck abdanken.

1861 Die Tempelstadt Angkor im Dschungel Kambodschas wird von einem französischen Forscher wiederentdeckt.

1885 Der indische Nationalkongreß wird gegründet. In den folgenden Jahrzehnten erstrebt er Indiens Befreiung von der Kolonialherrschaft.

1912 Neu-Delhi wird als neue Hauptstadt Indiens gebaut. Bisher war Kalkutta Hauptstadt und Regierungssitz der britischen Kolonialmacht.

1914—1919 Der Erste Weltkrieg schwächt Großbritanniens Machtstellung in Indien.

1920 Mahatma Gandhi ruft zum gewaltlosen Widerstand gegen die britische Kolonialmacht auf.

Seit 1933 Jawaharlal Nehru ist Führer der indischen Kongreßpartei und der Unabhängigkeitsbewegung.

1939—1945 Der Zweite Weltkrieg schwächt abermals die britische Kolonialmacht in Indien.

1947 Die indischen Moslems fordern einen eigenen Staat. Es kommt zu Massengemetzeln zwischen Hindus und Moslems. Großbritannien gibt dem Druck nach und verleiht Indien die Unabhängigkeit. Aber nun existieren zwei selbständige indische Staaten: das hauptsächlich von Hindus bewohnte Indien (Ministerpräsident wird Nehru) und das ausschließlich von Moslems bevölkerte Pakistan. Über eine halbe Million Inder verlieren bei den nun folgenden Unruhen ihr Leben.

1948 Mahatma Gandhi fordert eine Versöhnung zwischen Hindus und Moslems und wird deswegen von einem Hindu-Fanatiker erschossen.

1950 Indien erhält am 26. Januar eine neue Verfassung und ruft die Republik aus. Ministerpräsident ist Nehru, der Indien modernisieren möchte, aber für »Blockfreiheit« gegenüber den Großmächten USA und UdSSR eintritt.

1964 Nehru stirbt, Shastri wird sein Nachfolger.

1965 Die Streitigkeiten zwischen Indien und Pakistan um das islamische Kaschmir, das in indischem Besitz ist, führen zum Krieg. Die Gebiete bleiben bei Indien. Shastri stirbt.

1966 Indira Gandhi, Nehrus Tochter, wird zum Ministerpräsidenten gewählt. Auch nach der Spaltung der Kongreßpartei kann sie ihre Stellung behaupten und gewinnt 1970 überzeugend die Wahlen.

1971 Es kommt zum Konflikt zwischen Ost- und Westpakistan. Indien unterstützt die Unabhängigkeitswünsche Ostpakistans, wodurch es abermals zum Krieg kommt, den Westpakistan verliert. Aus Ostpakistan wird ein selbständiger Staat: Bangla Desh.

1973 Kambodscha wird in die Wirren des Vietnamkrieges hineingezogen. In der Folge sind die Tempelruinen von Angkor dem Tourismus versperrt und werden wieder vom Dschungel überwuchert.

1974 Während die sozialen Probleme Indiens ungelöst bleiben, gelingt dem Staat die Zündung der ersten indischen Atombombe.

1975 Indira Gandhi wird von einem Gericht wegen Wahlvergehens angeklagt. Um ihre Macht zu halten, ruft sie den Ausnahmezustand aus und entmachtet das Parlament. Sie regiert nun diktatorisch.

1977 Indira Gandhi läßt Wahlen ausschreiben, da sie sich ihres Sieges sicher glaubt und vor den Augen der Welt als »Demokratin« dastehen möchte. Überraschend verliert sie die Macht an die Oppositionspartei Dschannata.

1980 Indira Gandhi übernimmt nach triumphalem Wahlsieg über die völlig zerrüttete Oppositionspartei abermals die Macht. Ihre Partei besitzt nun die Zweidrittelmehrheit.
Indien schickt seinen ersten Satelliten in den Weltraum.

1981 Nach einem Jahr Regierung zeigt sich, daß die einst so erfolgreiche Indira Gandhi keines ihrer Wahlversprechen hat einlösen können. Fast die Hälfte aller Inder leben unterhalb der Armutsgrenze.

Personen und Sachwörter

Der Pfeil (→) verweist auf ein anderes Sachwort.

Agni, Gott des Feuers: Im Zeitalter der → Veden war er eine der Hauptgottheiten der → Arier. Später, in der → Brahmaistischen Periode, verlor er an Bedeutung und wurde eine der vielen Volksgottheiten. Dargestellt wird er mit einem langen Bart, sein Leib oder sein Gewand ist blutrot, in seinen vier Händen hält er die Flamme, den Dreizack, den Rosenkranz und den Wassertopf. Er reitet auf einem Widder.

Akbar (1542–1605): Bedeutendster Herrscher der islamischen → Moguln, er regierte seit 1556. Unter seiner Herrschaft gab es eine der größten kulturellen und wirtschaftlichen Blütezeiten Indiens. Er scheiterte allerdings in dem Versuch, die so gegensätzlichen Religionen Hinduismus, Islam und Christentum in einer »Über-Religion« zu vereinen.

Arier: In Indien brachen zum erstenmal arische Völker um 1900 v. Chr. als Eroberer aus dem persischen Raum ein. Sie unterjochten in jahrhundertelangen Kämpfen die → Dravida und bildeten die Oberschicht. Aus dem Gegensatz zwischen Herren- und Unterschicht entwickelte sich schließlich das → Kastensystem.
Der Sammelname »Ariya« stammt aus dem → Sanskrit und bedeutet zunächst nur soviel wie »die Blutsverwandten«, erhielt aber bald in der Begegnung mit fremden Völkern und Rassen den Sinn von »die Auserwählten« oder »die Edlen«. Im 19. Jahrhundert erkannten europäische Sprachforscher die Verwandtschaft des Indischen (Sanskrit), Persischen, Altgriechischen, Latein, Germanischen und Slavischen; sie nannten alle Völkergruppen, die zu dieser Sprachfamilie zählten, »Arier« oder auch »Indogermanen«. Die Nationalsozialisten haben dann den Begriff »Arier« in verengtem und stark verfälschendem Sinn gebraucht.

Atman (Atma), Sanskrit = Atem: Begriff der indischen Geistesgeschichte mit verschiedenen Bedeutungen: das Geistige im Menschen; der Weltgeist des → Brahma bzw. → Brahman.

Aurobindo, Sri (eigentlich: Aurobindo Ghose, 1872 bis 1950): Bedeutender indischer Philosoph, der eine Synthese von Hinduismus und abendländischem Idealismus lehrte. Er war Mitglied der revolutionären Nationalbewegung und wünschte wie → Gandhi den gewaltlosen Widerstand gegen die britische Kolonialherrschaft. 1910 gründete er in Pondicherry bei Madras eine bedeutende Yoga-Schule.

Bhagavadgita, Sanskrit = der Gesang der Glückseligen: Religiös-philosophisches Lehrgedicht in 18 Gesängen, das in das 6. Buch des → Mahabharata eingefügt ist und in seinen Anfängen bis ins 4. vorchristliche Jahrhundert zurückgeht.

Bhakti: Liebende Hingabe an einen Gott. Der Begriff aus dem → Sanskrit meint »sich eins wissen« mit einer Idee oder dem Göttlichen. »Bhakti« wurde zum wichtigsten Heilsweg des Hinduismus.

Bharata Natyam: Der bekannteste und berühmteste der klassischen indischen Tänze hat seinen Ursprung in Südindien. Sein Name leitet sich von Bharata her, dem Verfasser eines »Lehrbuchs der Schauspielkunst« mit einer Abhandlung über das Sanskritdrama (um 200 n. Chr.). Der Tanz wird heute noch in südindischen Tempeln getanzt, mehr aber in Konzertsälen aufgeführt, neuerdings auch vor einem wachsenden Publikum in Europa und Amerika. Die Tänze erzählen in stark stilisierter Gebärdensprache dramatische Handlungen aus Göttersagen und dem Altagsgeschehen. Mindestens zehn Jahre hartes Training sind nötig, um die Vielfalt an Tanzbewegungen und die differenzierte Symbolsprache zu erlernen.

Brahma: Die Kaste der → Brahmanen begann etwa um 600 v. Chr. die kriegerische Hauptgottheit → Indra ins Geistige zu überhöhen. Je kultivierter und weiser die Priesterkaste der Hindus wurde, um so mehr gab sie dem eher abstrakten Prinzip des »Brahma« den Vorzug vor dem rauhen, allzu personifizierten Indra. Brahma besitzt nur vage Umrisse eines persönlichen Gottes und wird im Lauf der hinduistischen Geistesgeschichte immer mehr zum völlig abstrakten Prinzip des wirkenden Weltgeistes, des → Brahman. Für die breiten Volksmassen bleibt diese Obergottheit zu wenig greifbar, weshalb sie ihr wenig kultische Verehrung entgegenbringen. Sie wenden sich konkreteren Gottheiten wie → Vishnu und → Shiva zu. Den Brahmanen gelingt es, Vishnu und Shiva in ihr philosophisches System einzugliedern, indem sie diese beiden populären Götter zu den höchsten Erscheinungsformen des »Brahma« bzw. »Brahman« erklären. – Gott Brahma, der Weltenschöpfer, wird mit vier Köpfen, vier Armen und rotem Leib dargestellt. Verheiratet ist er mit → Sarasvati, der Göttin des Wissens.

Brahmaistisches Zeitalter: Jenes Zeitalter, in dem die → Brahmanen die ungegliederte Göttervielfalt in einem philosophischen System ordnen und das Prinzip des → Brahman in die hinduistische Geistesgeschichte einführen. Dieser langwierige Prozeß zeigt seine ersten Anfänge um 600 v. Chr., erreicht etwa 100 v. Chr. seinen Höhepunkt und findet um etwa 400 n. Chr. seinen Abschluß.

Brahman: Ursprünglich die dem religiösen Wort innewohnende magische Kraft. In den → Upanishaden wurde das Brahman zum Urprinzip der Welt, die alles schaffende Allseele. Personifiziert wird dieses völlig abstrakte, für die Volksmassen kaum faßbare Prinzip in der Gottheit → Brahma. Brahma wiederum tritt den Gläubigen in den noch konkreteren Erscheinungsformen von → Vishnu und → Shiva gegenüber, diese

Götter wiederum offenbaren sich in volkstümlichen Gestalten wie → Krishna, → Rama usw. Stufenweise immer leichter faßbar, sinnlich immer plastischer entfaltet sich das Weltprinzip. Das Brahman ist aber nicht nur Sinnbild für die Einheit hinter all der Vielfalt der hinduistischen Götterwelt, sondern umfaßt die Vielfalt aller Religionen. Auch der christliche Gott, auch Jehova und Allah, auch die Religionsstifter Jesus, → Buddha und Mohammed werden als Inkarnationen des Brahman gesehen. Diese philosophische Überzeugung gibt dem Hinduismus eine Toleranz allen fremden Bekenntnissen gegenüber, die bei anderen Weltreligionen keine Entsprechung findet. Der → Islam in Indien hat sich am entschiedensten dieser Auffassung widersetzt.

Brahmanas: In → Sanskrit geschriebene Werke zur Deutung von Kulthandlungen.

Brahmane: Angehöriger der besonders geachteten höchsten Kaste der Hindus. Ursprünglich stellten die Brahmanen nur die Priester, später auch Gelehrte, Politiker, Beamte und Berater von Herrschern. An politischem Einfluß wurden sie früher oft von der Kaste der → Kshatriya, heute teils auch von den → Vaicja überflügelt, unbestritten bleibt jedoch in jedem Fall ihre Autorität in religiösen Fragen. Auch ist es kein Zufall, daß Brahmanen heute sehr viele Intellektuelle stellen. Andererseits gibt es gerade in ihren Reihen viele, die besonders hartnäckig auf ihren Vorrechten im überalterten → Kastensystem beharren. → Nehru und Indira → Gandhi stammen aus der Brahmanenkaste, aber sie empfanden die Privilegien der oberen Kasten als überholt und strebten eine Demokratisierung an.

Buddha: Religionsstifter des → Buddhismus. Er lebte von 560 bis 480 v. Chr. Seine Lebensgeschichte ist allerdings nur zu einem geringen Teil historisch nachweisbar überliefert; Legenden überwuchern die tatsächlichen Geschehnisse. Eigentlich hieß er Siddharta, war ein Prinz im Norden Indiens nahe der nepalesischen Grenze und wurde im Alter von 29 Jahren ein »Gautama« (= Wanderasket). Nach langen Jahren der Askese wandelte er sich vom „Boddhisattwa" (heiligen Menschen) zum »Buddha«, dem »Erleuchteten«. Seine Lehrtätigkeit begann bei Benares. Mit seiner Lehre setzte er sich stark in Gegensatz zum → Kastensystem des Hinduismus. Buddha durchzog vier Jahrzehnte das Land und starb achtzigjährig, wahrscheinlich an einer Pilzvergiftung.

Buddhismus: Von → Buddha gestiftet, entwickelte sich die Religion auf den philosophischen Grundlagen des Hinduismus, setzte sich aber von Anfang an in Gegensatz zu diesen. Buddha lehnt das überbetonte Ritual der → Brahmanen ab, ebenso jegliche Trennung in ein → Kastensystem. Für ihn bilden alle Menschen eine brüderliche Einheit, weshalb ihm der »Unberührbare« (→ Paria) soviel gilt wie der oberste Priester. Diese dem Christentum ähnlichen Grundsätze trugen wesentlich zum Erfolg des Buddhismus in Indien während der ersten Jahrhunderte bei. Ziel dieser Religion ist es, die leidvolle → Seelenwanderung zu beenden und einzugehen in das → Nirwana (das dem hinduistischen Prinzip des → Brahman verwandt ist). Jeder Mensch kann dieses Ziel erreichen, indem er alle weltlichen Begierden in sich abtötet. Die zweitletzte Stufe der Vervollkommnung ist die des Boddhisattwa (des heiligen Menschen), die letzte die des »Buddha«, des »Erleuchteten«. Nach diesem letztmöglichen Stadium folgt die Rückkehr des völlig wunschlos gewordenen Menschen in das Absolute, das »Nicht-mehr-existieren-müssen«. Der Begriff »Buddha« bezieht sich somit nicht nur auf den Religionsstifter, sondern auf jeden Menschen, der die höchste Erleuchtungsstufe erreicht hat. Im Gegensatz zu allen anderen Weltreligionen kennt der Buddhismus keinen persönlichen Gott, weshalb er gerne mit dem paradoxen Begriff einer »atheistischen Religion« umschrieben wird.
Diese ursprüngliche Radikalität konnte nur bei einer kleinen geistigen Elite überdauern. Im übrigen nahm der Buddhismus, wo er sich festigen konnte, volkstümliche Formen an: Buddha stieg in den Rang eines gottähnlichen Wesens, ja eines Gottes, ja des Hauptgottes auf; ihn umgeben zahlreiche Nebengötter mit einem Heer von Schutzgeistern und Dämonen (womit der Hinduismus in anderer Form weiterlebt). In Indien fand der Buddhismus unter Kaiser Ashoka (272—231 v. Chr.) besondere Verbreitung; unter seiner Regierung begann sich diese Religion kräftig bis nach Ostasien auszubreiten. Im 8. und 9. Jahrhundert brachte die von den Brahmanen eingeleitete Gegenreformation den Buddhismus auf indischem Boden fast zum Verschwinden. Stark verbreitet ist der Buddhismus heute in Nepal, Ceylon, Burma, Thailand, Laos, Kambodscha, Vietnam, China, Korea und Japan.

Candra (Chandra), auch Soma. Der Mondgott: Er ist mit den 27 Göttinnen der Mondhäuser verheiratet.

Dharma (Darma): Aus dem → Sanskrit. Vieldeutiger Zentralbegriff des Hinduismus: tragendes Prinzip, Wahrheit, Weltgesetz. Im → Buddhismus: Daseinselement.

Dhoti: Lendentuch der Inder.

Divali: Das Divali-Fest wird am Frühlingsanfang begangen, weil nach altem Glauben an diesen Tagen der Wachstumsgeist Bali auf die Erde zurückkehrt. Bei diesem Fest werden Schauspiele mit mythologischem Inhalt sowie Belustigungen für Kinder und Erwachsene aufgeführt. Karnevalsähnliches Treiben bildet den Höhepunkt.

Dravida (Drawide): Die Sprachgruppe, unter der sich die Ureinwohner Indiens versammeln. Mehr als 80 Millionen Inder sprechen heute noch dravidische Sprachen, vor allem in Südindien. Einige Dravida-Völker bildeten einst Reiche mit hoher Kultur, wurden aber von den → Ariern unterworfen und viele ihrer Gruppen in sozial niederstehende Ränge abgedrängt. Auf diese Weise entstand das → Kastensystem. Zu den Dravida-Sprachgruppen gehören das Tamil, Telugu, Kannara, Gond und Brahui — im Gegensatz zur heute wichtigsten Sprache Indiens, dem arischen → Hindi.

Durga, Sanskrit = »die Unzulängliche«: Gattin des → Shiva. Sie erscheint bald als gnädige, bald als furchtbare Gottheit. In der Gestalt der Durga sind eine ganze Reihe urprünglich voneinander unabhängiger

Göttinnen in eins geflossen, vor allem aus den Fruchtbarkeitskulten der → Dravida-Völker. Weitere Erscheinungsformen der Durga sind → Kali und → Parvati. Durga wird meist mit einem Halsband aus menschlichen Schädeln dargestellt. Sie hat zehn Arme und trägt oft die Waffen der Hauptgötter wie Shivas Dreizack und Vishnus Diskus, oft auch abgeschlagene Köpfe in einigen ihrer Hände.

Fakir (arabisch = »der Arme«): Ursprünglich Bezeichnung für einen Bettelmönch des Islams, später aber übernahmen die Hindus den Begriff für die Asketen ihrer Religion. Heute werden nicht selten die → Sadhu und → Yogi sowie die völlig veräußerlichten Bettler und Gaukler vor den Tempeln »Fakir« genannt.

Gandhi, Indira: Die Tochter von → Nehru wurde 1917 in Allahabad, Nordindien, geboren und stammt aus einer einflußreichen Brahmanenkaste Kaschmirs. Sie war mit dem indischen Abgeordneten Firoze Gandhi verheiratet; ihr Name bedeutet also keine Verwandtschaft mit Mahatma → Gandhi. Seit 1938 Abgeordnete des indischen Kongresses, 1959/60 Präsidentin der regierenden Kongreßpartei, 1964–66 Minister für Information und Rundfunk. 1966 wurde sie – als erste Frau in der Geschichte Indiens – zum Ministerpräsidenten gewählt. Auch nach der Spaltung der Kongreßpartei konnte sie sich bei den nächsten Wahlen 1970 in der Wählergunst behaupten. 1975 verwandelte sie die Demokratie in eine Diktatur, um ihre bedrohte Macht zu halten, stellte sie sich 1977 siegessicher einer weiteren Wahl durch das Volk und verlor überraschend ihr Amt an die Oppositionspartei. Nach einem triumphalen Wahlsieg 1980 kehrte sie mit Zweidrittelmehrheit wieder an die Macht zurück.

Gandhi, Mohandas Karamchand, genannt »Mahatma«, »Große Seele« (1869–1948). Der Sohn eines Rechtsanwalts stammte aus der Kaste der → Vaicjas, war 1893 bis 1914 Führer der südafrikanischen Inder, dann, nach Indien zurückgekehrt, wurde er zum Führer des gewaltlosen Widerstands gegen die britische Kolonialmacht. Er proklamierte erfolgreich den Boykott der englischen Waren, war ein leidenschaftlicher Gegner des → Kastensystems und erstrebte die soziale Aufwertung der → Paria, der »Unberührbaren«. 1947 erreichte er die Unabhängigkeit Indiens, lehnte aber alle politischen Ämter ab. 1948 wurde er von einem fanatischen Hindu erschossen, als er für eine Versöhnung zwischen Hindus und Moslems eintrat.

Ganesha (Ganesch): Der Gott der Gelehrsamkeit, Sohn des → Shiva und der → Durga. Er wird meist als zwergenhafte Gestalt mit Hängebauch, einzahnigem Elefantenkopf und mit vier Händen dargestellt, in denen er seine Attribute Stoßzahn, Lotos, Axt und Reiskuchen hält. Wenn Ganesha reist, benützt er eine Maus oder Ratte als Reittier – aus gutem Grund: Elefant, Maus und Ratte gelten in der indischen Mythologie als Überwinder von Hindernissen; der elefantenköpfige Ganesha ist der Gott, der alle Hindernisse beseitigt, sowohl äußere wie innere. Gelehrte und Dichter rufen ihn an, damit er bei ihrer schöpferischen Arbeit die geistigen Hindernisse wegräumt.

Garuda: In der indischen Mythologie ein adlerartiges Vogelwesen, König der Vögel, dient dem → Vishnu als Reittier. Das heute islamische Indonesien nennt sinnigerweise im Andenken an seine hinduistische Vergangenheit die staatseigene Fluggesellschaft »Garuda«.

Guru: Religiöser Lehrer, bei den Hindus oft als Verkörperung eines göttlichen Wesens verehrt.

Hanuman: Der Gott der Affen. Im Epos → Ramayana gilt Hanuman mit seiner Armee von Affen als ein wichtiger Helfer des göttlichen Helden → Rama, um den Dämonenkönig Ravana zu besiegen.

Hindi: Indogermanische Sprache, die urspünglich nur im mittleren Nordindien gesprochen wurde. Sie ist heute die Hauptverkehrssprache in Indien und wird von rund 150 Millionen Menschen gebraucht. 1950, drei Jahre nach der Unabhängigkeit Indiens, wurde Hindi zur Staatssprache proklamiert, 1965 zur Amtssprache neben dem Englischen. Diese Maßnahme, eine Sprache der → Arier zu bevorzugen, stößt bis heute auf den erbitterten Widerstand von Volksgruppen der Sprachfamilie der → Dravida. Und so bleibt in der Praxis allein Englisch die allgemein akzeptierte Amtssprache.

Hindu: Gläubiger des Hinduismus.

Indra: Gewitter- und Kriegsgott, der oberste Gott der → Arier im Zeitalter der → Veden. Je länger aber der Kampf der arabischen Eroberer mit den Ureinwohnern Indiens, den → Dravida-Völkern, andauerte, um so mehr vermengten sich die Religionsvorstellungen der Gegner. Nicht zufällig wollte es schließlich die Mythologie, daß sich der Ariergott Indra mit der dravitischen Fruchtbarkeitsgöttin → Lakshmi vermählte. Auch änderte er im Lauf der Zeit seinen Namen und hieß bei Ariern wie Dravida schließlich → Vishnu, wurde später auch als → Krishna in mystisch-erotischen Kulten verehrt. Die → Brahmanen vergeistigten ihn zu einer gewichtigen Erscheinungsform der »Weltseele«, des → Brahma bzw. des → Brahman.

Islam (arabisch = »Hingabe« [an Gott]): Um das Jahr 610 n. Chr. trat Mohammed in Mekka mit seiner Lehre an die Öffentlichkeit. Ein Jahrhundert nach seinem Tod hatten die Moslems in messianischem Sendungsbewußtsein bereits ein Weltreich begründet, das von Spanien bis an den Indus reichte. Nach dem politischen Zerfall dieser Reichseinheit blieb die Kultur des Islams erhalten und dehnte sich noch weiter aus. 712 drangen die Moslems zum ersten Mal nach Indien ein. Die erste folgenreiche Eroberung setzte jedoch erst um das Jahr 1000 durch Mahmud von Ghazni (Afghanistan) ein. In der Folge entstanden in Nordindien moslemische Fürstentümer und zerstörten ein Hindukönigreich nach dem anderen. Die einschneidendsten Erfolge erreichte die Dynastie der → Moguln, die ihren Machtbereich bis nach Südindien ausdehnte. Politisch sehr mächtig, konnten die moslemischen Eroberer allerdings nie die Masse der Inder zum Islam bekehren; in erster Linie vermochten sie nur etliche Niederkastige und Kastenlose für sich zu gewinnen (hier packte der im Grunde demokratische Islam das → Kastensystem der Hindus an seiner wunden Stelle). Religiös und philosophisch klaffen bis heute zwischen dem strengen Monotheismus des Islams und der Vielgötterei des Hinduismus unüberbrückbare Gegensätze, was sich nach wie vor in sozialen und politischen Explosionen entlädt. Als 1947 Indien aus der britischen Kolonialherrschaft entlassen wurde, kam es nach blutigen Bürgerkriegswirren sofort zur Teilung in ein hinduistisches Indien und ein moslemisches Pakistan. Die in Indien verbliebenen Moslems werden von den Hindus nur geduldet, nicht akzeptiert (und umgekehrt!). Dem sonst so toleranten Hinduismus gelingt es nicht, den militanten und bilderfeindlichen Islam als Erscheinungsform des → Brahman in ihr Religionssystem zu integrieren.

Jain (Jaina, Dschain, Djin): Angehöriger der Religion des → Jainismus.

Jainismus (Jinismus, Dschainismus), nach dem Ehrennamen Jaina (Sanskrit = der Überwinder, Sieger): Der Religionsstifter Mahavira war ein Zeitgenosse → Buddhas, sein Todesjahr ist 477 v. Chr. Die obersten Gebote sind: Unantastbarkeit alles Lebenden (selbst Insekten dürfen nicht getötet werden, und selbstverständlich sind die Jains strenge Vegetarier); Glaube an die Seelenwanderung; Läuterung durch gute Taten und Askese. Das Endziel ist die vollkommen gereinigte Seele, die in ewigem Frieden verweilen darf. Wie der → Buddhismus, so wollte auch der Jainismus den Hinduismus reformieren und wandte sich gegen die übertriebenen Rituale der → Brahmanen und gegen das → Kastensystem. Geistig steht diese Religion zwischen Hinduismus und Buddhismus (der Jainismus wird in dem Band BUDDHISMUS dieser Reihe näher behandelt). Heute leben in Indien etwa 1,6 Millionen Jains, vor allem im Westen.

Jenseitsglaube: Der Hinduismus kennt keinen Glauben an ein Jenseits wie etwa das Christentum, das Judentum und der Islam. An seine Stelle tritt die Überzeugung von der → Seelenwanderung. Anstatt in einem Paradies weiterzuleben, geht die geläuterte Seele in das → Brahman ein und erlischt dort in seiner individuellen Existenz. Die nicht geläuterten Seelen kommen nicht in eine jenseitige Hölle, sondern müssen in weiteren Erdenleben sooft alle Qualen des Diesseits auskosten, bis sie gereinigt sind.

Kali: Fruchtbarkeits- und Todesgöttin in einem, eine weitere Erscheinungsform der Göttin → Durga oder → Parvati.

Kalidasa: Indischer Dichter um 400 n. Chr. Über sein Leben ist nichts bekannt. Er führte die klassische indische Dichtung auf einen Höhepunkt und die Weltanschauung der → Brahmanen zu ihrer höchsten künstlerischen Verdichtung. Mit »Sakuntala« entstand das bedeutendste dramatische Werk der indischen Literatur.

Kama: Der indische Liebesgott. Dargestellt wird er wie Amor als Jüngling mit Pfeil und Bogen, er reitet auf einem Papagei. Nach Überzeugung der → Brahmanen ist er der älteste der indischen Götter.

Karma (Karman), Sanskrit = die Tat: Einer der Zentralbegriffe nicht nur des Hinduismus, sondern auch des → Buddhismus und des → Jainismus, kurzum aller indischen Religionen. Nach dem Weltgesetz des Karma werden die guten wie die bösen Taten belohnt: Durch gute Taten kann man im nächsten Leben in eine höhere Existenz (etwa eine bessere Kaste) aufrücken, letztlich in das → Brahman eingehen (beim Buddhismus in das → Nirwana); böse Taten verheißen im nächsten Leben eine schlechtere Existenz.

Kastensystem: Die Kaste ist eine streng sich abschließende Gesellschaftsschicht mit besonderen Sitten und rigorosem Heiratsverbot außerhalb der eigenen Gruppe. In Indien gibt es heute das noch einzige intakte Kastensystem der Welt. Im Unterschied zur Klassengesellschaft ist im System der Kasten kein Wechsel von der einen zur anderen Gruppe möglich, der soziale Stand ist vielmehr ein für allemal festgelegt. Die Kastenzugehörigkeit der Inder läßt sich an einem Zusatz ihres Namens erkennen. Offiziell ist das Kastensystem in Indien abgeschafft, praktisch aber bleibt das Verbot ohne Wirkung, da sich besonders viele Höherkastige gegen jeden Verzicht ihrer angestammten Vorrechte wehren. Das Kastensystem entstand, als die → Arier Indien erobern und sich als Herrenschicht von den Unterworfenen abgrenzen wollten. Es haben sich vier große Kasten herausgebildet, die aber in sich in zahlreiche Unterkasten aufgegliedert sind: 1. die → Brahmanen (Priester, Gelehrte), 2. die → Kshatriya (adlige Krieger, Fürsten), 3. die → Vaicja (Kaufleute, Bauern und Handwerker), 4. die → Sudra (niedere, dienende Kaste). Jenseits der Kasten gibt es noch die Masse der »Unberührbaren«, die → Paria. In den ersten beiden Kasten hat sich vornehmlich die Erobererschicht der Arier manifestiert. – Gemildert ist das Kastenwesen in der hinduistischen Gesellschaft der Insel Bali.

Kathakali: Dieser Tanz, in seinen Ursprüngen über ein Jahrtausend zurückreichend, stammt aus dem südindischen Staat Kerala. Die Tänzer tragen farbenprächtige Kostüme, ihre Gesichter sind oft zu grotesken Masken geschminkt. Der Tanz erfordert eine besondere Beherrschung des Gesichtsausdrucks sowie der Finger- und Beinbewegungen, er ist eine hochentwickelte Form der Pantomime. Begleitet wird der dramatische Ausdruckstanz, bei dem bis zu zehn Personen auftreten können, von Musik und einem das Geschehen kommentierenden Sänger. Themen sind Episoden aus den großen indischen Nationalepen → Mahabharata und → Ramayana.

Khsatriya: Die zweithöchste Kaste im indischen → Kastensystem. Sie besteht aus adligen Kriegern und Mitgliedern des wehrhaften Landadels. Im Lauf der Jahrhunderte hat sich diese Kaste wie alle anderen in zahllose Unterkasten aufgefächert. Ein Großteil der hauptamtlichen Soldaten, auch Polizisten rechnen sich dazu. Von seiner einstigen Bedeutung ist nicht mehr viel geblieben. Die führenden Politiker kommen heute aus den Kasten der → Brahmanen und der → Vaicja.

Krishna (Krischna): Mehr mythisch als historisch faßbarer indischer König, Herrscher von Mathura. Seine Heldentaten und Liebesabenteuer sind sehr häufig in der indischen Literatur und Dichtung dargestellt worden, besonders im → Mahabharata. Krishna gilt als die achte Erscheinungsform des Gottes → Vishnu. Bereits um 400 v. Chr. läßt sich eine große Krishna-Verehrung nachweisen.

Kubera: Der Gott des Reichtums. Dargestellt wird er meist mit einem dicken Bauch und einem weißen Kleid, reich mit Schmuck behängt.

Lakshmi: Die Göttin der Schönheit und des Glücks. Sie ist mit → Vishnu verheiratet. Dargestellt wird sie mit vier Armen, die Lotosblumen, Diskus und Muscheln halten. Sie sitzt auf einem Lotos.

Linga (Lingam), Sanskrit = Zeichen, Geschlechtsglied: Indisches Symbol der Fruchtbarkeit und der Zeugungskraft, entspricht dem griechischen Symbol des Phallus und ist dem Gott → Shiva zugeordnet. Der Linga wird in Form einer Säule dargestellt, oben gewölbt, an den Seiten oft mit Figuren verziert; er fehlt in keinem Shiva-Tempel.

Mahabharata: Sanskrit-Epos. Die ältesten Teile entstanden um 1000 v. Chr., die jüngsten wurden im 5. vorchristlichen Jahrhundert aufgezeichnet. Die Dichtung besteht aus 18 Büchern und einen Anhang, was zusammen etwa 90.000 Verse ausmacht. Im Mittelpunkt steht ein Heldenepos: Kämpfe der Kaurawas, Nachkommen des Bharata, gegen die Sippe der Pandawas. Eingefügt sind Göttersagen, Tierfabeln und philosophische Gesänge (das → Bhagavadgita). Das Epos gilt als das bedeutendste religiöse und moralische Dokument des Hinduismus.

Maharaja (Maharadscha), Sanskrit = Großer Herr = Indischer Großfürst: In der Gegenwart besitzen Maharajas kaum mehr politische Bedeutung, vereinzelt verfügen sie allerdings noch über beträchtliches Vermögen.

Maharishi, Sanskrit = Großer Weiser: Titel für einen → Yogi, der bei seinen Anhängern besondere Verehrung genießt.

Mahatma, Sanskrit = Große Seele: Ehrentitel für geistig hochstehende Persönlichkeiten, die nicht selten als Erscheinungsform eines Gottes verehrt werden (so z. B. »Mahatma« → Gandhi).

Mantra, Sanskrit = geistig erregt sein: In den → Veden die Bezeichnung für Zaubersprüche, magische Opferformeln und Gebete.

Mogul: Islamische Herrscherdynastie, die sich von Timur (Tamerlan), dem mächtigsten Mongolenfürsten des 14. Jahrhunderts, herleitet. 1526 brach sie von Persien aus in Indien ein und errichtete in der Folge das größte und dauerhafteste islamische Großreich auf indischem Boden, das bis nach Südindien reichte. Ihr bedeutendster Herrscher war → Akbar. Die Moguln hinterließen eine eindrucksvolle islamische Architektur, unter anderem das weltberühmte Taj Mahal (17. Jahrhundert). 1857 zwangen die britischen Kolonialherren den letzten Mogul zur Abdankung.

Nach-epischer Hinduismus: Diese dritte große Periode in der Geistesgeschichte des Hinduismus beginnt etwa um das Jahr 400 n. Chr. und reicht bis in unsere Gegenwart. In dieser Phase wird das Entstehen vieler religiöser Sekten und Strömungen innerhalb des Hinduismus deutlich, wovon keine dieser Richtungen den weiten Rahmen des Hinduismus sprengt. Dem nachepischen Hinduismus vorausgegangen ist das → Brahmaistische Zeitalter.

Nanak (1469–1538): Der Sproß einer reichen Hindufamilie von der Kaste der → Khsatriya lebte und wirkte in der Nähe von Lahore (heute Pakistan). Er wurde zum Begründer des → Sikhismus, einer Religion, die geistig zwischen Hinduismus und → Islam steht.

Nandi: Der weiße Stier Nandi gilt als Symbol der Zeugungskraft und ist das Reittier des Gottes → Shiva. Er ist neben dem → Linga das zweite große Attribut des Gottes der Fruchtbarkeit und Zerstörung.

Nehru, Jawaharlal (1889–1964): Indischer Ministerpräsident seit der Unabhängigkeit Indiens 1947 bis zu seinem Tod 1964, Vater von Indira → Gandhi. Er, ein → Brahmane, war einer der Führer der indischen Unabhängigkeitsbewegung und engvertrauter Anhänger von Mahatma → Gandhi. Seit 1933 führte er die sozialistisch ausgerichtete Kongreßpartei. Er wollte Indien modernisieren, vor allem aber das → Kastensystem beseitigen – ein Versuch, der angesichts der alteingewurzelten Traditionen in den Anfängen steckengeblieben ist.

Nirwana (Sanskrit = erlöschen, verwehen): Auflösung des Seins als erhoffter Endzustand des gläubigen Buddhisten. Ins Nirwana geht nach langer leidvoller → Seelenwanderung derjenige ein, der alle irdischen Begierden in sich abgetötet hat. Der Frieden des Nirwana hat nichts mit den Wonnen des christlichen Paradieses gemeinsam, die geistigen Wurzeln liegen vielmehr im hinduistischen Prinzip des → Brahman.

Paria: Europäische Bezeichnung für kastenlose Inder. Diese »Unberührbaren« bzw. »Outcasts« stehen noch weit unter der niedrigsten Kaste, der → Sudra, sie haben die schmutzigsten Arbeiten wie Kloakenreinigen, das Schlachten von Tieren und die Verwertung von Tierkadavern zu verrichten. Innerhalb der indischen Gesellschaft sind sie völlig rechtlos. Mahatma → Gandhi trat leidenschaftlich für eine rechtliche Gleichstellung der Paria mit den übrigen Indern ein und nannte sie »Haridschans« (»Kinder Gottes«). Die Regierung eines unabhängigen Indiens versuchte die rechtliche Gleichstellung auf dem Gesetzesweg durchzusetzen – aber praktisch scheiterte der gute Wille am Widerstand der Höherkastigen.

Parse: Anhänger des → Parsismus.

Parsismus: Eine Spätform der Lehre des persischen Religionsstifters Zarathustra (6. vorchristliches Jahrhundert). Die Zarathustrier haben mit ihrem strengen Monotheismus und ihrem Dualismus von Gut (Ahura Mazdah) und Böse (Ariman) auf das Judentum und von dort auf das Christentum und den Islam gewirkt. Nachdem die Moslems Persien erobert hatten, wichen die Zarathustrier nach Indien aus. Heute leben in Bombay und Umgebung noch um die 130.000 Parsen. Besonders auffällig ist ihr Totenkult: Die Toten werden weder bestattet noch verbrannt, sondern auf den »Türmen des Schweigens« den Geiern zum Fraß ausgesetzt.

Parvati: Eine Erscheinungsform der Göttin → Durga. Siehe auch: → Kali.

Raja (Radscha): Indischer Fürstentitel, dem → Maharaja untergeordnet.

Rama: Der königliche Held Rama, der gegen den Dämonenkönig Ravana kämpft, ist die Zentralfigur des zweiten großen indischen Nationalepos, des → Ramayana. Rama gilt als die siebte Erscheinungsform des Gottes → Vishnu.

Ramakrishna (1834–1886): Indischer Philosoph und Mystiker. Sein eigentlicher Name war Gadahar Chattopadhyaya. Er lehrte, daß alle Religionen (u. a. Hinduismus, Christentum und Islam) denselben ideellen Ausgangspunkt hätten: die transzendentale Erfahrung des Göttlichen und die Nächstenliebe. Als erster moderner indischer Philosoph fand er Anklang im Abendland.

Ramayana: Neben dem → Mahabharata ist dieses Epos, in der Sprache des → Sanskrit geschrieben, das zweite große Nationalepos Indiens. Die Dichtung ist vermutlich zwischen 600 und 200 v. Chr. entstanden. Das Ramayana schildert vor allem die Taten des Helden → Rama, der als eine Verkörperung des Gottes → Vishnu gilt. Dem Kampf Ramas gegen den auf Ceylon lebenden Dämonenkönig Ravana liegt als historischer Hintergrund die Eroberung Südindiens und Ceylons durch die → Arier zugrunde. Die Arier werden zu Helden, die → Dravida zu Dämonen. Das Thema wird dichterisch überhöht zu einem mythischen Kampf zwischen Gut und Böse. Der Inhalt: Sita, die Gattin Ramas, wird von Ravana entführt; mit Hilfe des Affengottes → Hanuman vermag Rama die Entführte zu finden und den Dämonenkönig zu töten. Szenen aus dem Ramayana sind auch heute noch das Objekt zahlloser Tanzdramen – und dies nicht nur in Indien, sondern auch auf der hinduistischen Insel Bali, ja sogar im islamisch bekehrten Java.

Rigveda: Ältestes Teilstück der → Veden, enthält in zehn Büchern 1028 Hymnen, die bei Opferfeiern gesungen werden.

Rishi, Sanskrit = Weiser: Titel für einen besonders verehrten → Yogi oder Heiligen.

Rudra: Im Zeitalter der → Veden Gott des Sturmes und des Todes. Er ist ein furchtbarer Bogenschütze, der Krankheit schickt und vertreibt. Aber noch während jener Jahrhunderte, in der die Veden entstehen, wandelt Gott Rudra seinen Charakter und wird zur universaleren Gestalt des Gottes → Shiva umgeformt.

Sadhu (Saddhu), Sanskrit = gerade, rechtschaffen: Ehrenname der frei umherziehenden Asketen Indiens.

Sakti (Shakti): Die hinduistische Sekte der Saktas entstand in den ersten nachchristlichen Jahrhunderten und verehrt in der Göttin Sakti die kosmische Energie, aus der alles Seiende hervorgeht. Die allschaffende Weltseele, von den → Brahmanen als → Brahman definiert, wird bei der Sekte der Saktas zu einem weiblichen Element. In diesem Denken hat sich der alte Glaube der → Dravida-Völker an die »Große Muttergöttin« erhalten, weshalb es nur folgerichtig ist, daß die Göttin → Durga oder → Kali als eine Erscheinungsform der Sakti begriffen wird. »Ohne Sakti ist auch Shiva nur ein Leichnam«, besagt die Lehre. Zu den Ritualen der Saktas gehören ins Mystische gesteigerte Sexualkulte, die vor allem im Mittelalter eine große Rolle spielten. Besonders die Tempelbilder von Khajuraho geben einen Eindruck von der religiösen Verehrung einer mystisch überhöhten Erotik.

Sanskrit: Altindische Schriftsprache, die zur indogermanischen Sprachfamilie zählt und von den → Ariern gebraucht wurde. Sanskrit war im 2. vorchristlichen Jahrtausend die Volkssprache der Arier, wurde dann zur Hochsprache der Priester, Gelehrten und religiösen Dichter; vermutlich wurde sie schon während der jahrhundertelangen Epoche der arischen Einwanderung vom einfachen Volk nicht mehr verstanden. Bis ins 20. Jahrhundert herein hat sich das »klassische« Sanskrit als Gelehrten- und Literatursprache erhalten (ähnlich wie das Latein lange Zeit im Abendland). Allerdings unterscheidet sich das altertümliche Sanskrit der großen Epen → Mahabharata und → Ramayana vom später gebräuchlichen Sanskrit.

Sarasvati: Göttin des Wissens und der Beredsamkeit, Gattin des Schöpfers → Brahma. Sie besitzt vier Arme und hält in ihren Händen ein Buch, einen Rosenkranz, eine Laute und einen Wassertopf. Meist wird sie auf einem Schwan reitend dargestellt.

Sari: Übergewand der Inderin, aus einem vier bis neun Meter langen Tuch kunstvoll gewickelt und auch den Kopf verhüllend. Bis heute ist der Sari die Nationaltracht der Inderin geblieben.

Seelenwanderung: Hinduismus, → Buddhismus und → Jainismus glauben nicht an eine einmalige Existenz der Seele (wie etwa Christentum, Judentum und Islam) – nach ihrer Überzeugung wandert vielmehr die Seele, sobald ein Mensch gestorben ist, in einen anderen Körper und beginnt dort eine neue Existenz. Dies wiederholt sich solange, bis die Seele geläutert und gereinigt ist von allen irdischen Begierden. Hat sich die Seele vervollkommnet, so existiert sie nicht in einem Paradies weiter, sondern ist erlöst aus dem Kreislauf der Wiedergeburten und »erlischt« im wunschlosen »Nichts«, löst sich auf in der »Weltseele« (siehe → Brahman und → Nirwana). – Ähnliche Vorstellungen gibt es bei etlichen Naturvölkern, aber auch in der griechischen Philosophie der Antike, so bei den Pythagoräern, Orphikern und Stoikern. In neuerer Zeit haben theosophische Richtungen in Europa und Amerika den Gedanken an die Seelenwanderung aufgegriffen.

Shiva (Schiwa): Der Name stammt von dem Sanskrit-Adjektiv »shiv« = »freundlich, wohlwollend«. Die Gläubigen nennen den Gott so, um ihn zu beschwichtigen, denn seine Eigenschaften sind eher furchterregend: Shiva ist der Bringer von Schrecken, Krankheit und Tod. Wenn er ausatmet, bedeutet dies Sturm, Regenflut, Katastrophe, wenn er tanzt, bebt die Erde. Shiva wird als tanzliebend bezeichnet und gerne in Tanzpose an Tempelwänden dargestellt, aber er tanzt einen grimmigen Totentanz und symbolisiert den Untergang des Universums. Er ist kein Gott, der geliebt wird wie → Vishnu, sondern ein Weltenherr, vor dem man zittert und ihm darum mit Verehrung schmeichelt. Im Zeitalter der → Veden gab es als schreckliche Gottheit lange Zeit nur → Rudra, den Sturmgott der → Arier, aber so nach und nach wandelte er sich zu dem universaleren Prinzip des Shiva. Um 1000 v. Chr. ist der Shiva-Kult bereits ausgeprägt. Aber diesem Gott wachsen nicht nur negative Eigenschaften zu. Er bringt neben Tod und Verderben auch die überquellende Fruchtbarkeit; wo er zerstört, schafft er auch wieder neues Leben. So verkörpert er in sich die dämonischen und trostreichen Seiten des Lebens, er wird zu einem Grundprinzip des Daseins und gilt neben → Vishnu als die wichtigste Erscheinungsform des Gottes → Brahma oder des → Brahman. Dargestellt wird er mit einem oder fünf Köpfen, oft trägt er eine Kette aus Menschenschädeln oder Schlangen. Er reitet auf dem Stier → Nandi und trägt als Waffen meist Dreizack und Bogen. Seine Gattin ist → Durga (siehe auch → Kali und → Parvati). Seine Attribute sind der Dreizack, Symbol der Zerstörung, und der → Linga, das phallische Symbol der Fruchtbarkeit. Neben Vishnu genießt Shiva bei den Volksmassen die meiste Verehrung. Die Shiva-Anhänger malen sich als Erkennungszeichen drei senkrechte weiße Streifen auf die Stirn.

Sikh (Hindi = »Jünger«): Gläubiger des → Sikhismus.

Sikhismus: Die Religionsgemeinschaft wurde von → Nanak Anfang des 16. Jahrhunderts gegründet. Nanak war bestrebt, die Gegensätze des → Islams und des Hinduismus in einer neuen, einer Mischreligion zu versöhnen. Ähnlich wie die Glaubensformel des Islams beginnt die Lehre der Sikhs mit dem Satz: »Es ist nur e i n Gott, dessen Namen wahr ist: der Schöpfer!« Aber dieser Gott Nanaks ist mehr dem hinduistischen Prinzip des → Brahman verwandt als Allah. Wie die Hindus glauben die Sikhs an das → Karma und die → Seelenwanderung, lehnen aber das → Kastensystem strikt ab, alle Menschen werden als gleich angesehen. Toleranz gegenüber den anderen Religionen ist wichtiges Gebot, da sämtliche Bekenntnisse als ein Teil der »einen« Religion angesehen werden. Von seiten der Hindus wurden die Sikhs stets geduldet, aber durch die Moslems hatten sie zeitweise grausame Verfolgungen zu erdulden, besonders unter dem fanatischen → Mogul Aurangzeb (17. Jahrhundert). Dies veranlaßte den zehnten → Guru Govind Singh (1675–1708), die Gemeinschaft der Sikhs zu einem kriegerischen Kampfbund umzuformen. Zeitweilig konnten die Sikhs kraft ihrer militärischen Organisation in der Provinz Pandschab einen eigenen Staat errichten. 1849 wurden sie von den Engländern unterworfen, stellten dann aber die besten Kolonialtruppen. Heute leben in dem indischen Bundesstaat Pandschab um die acht Millionen Sikhs, das sind 1,5 Prozent der indischen Gesamtbevölkerung. Trotz der geringen Zahl üben sie großen Einfluß auf das öffentliche Leben in Indien aus. Ihr geistiges Zentrum ist Amritsar mit ihrem größten Heiligtum, dem Goldenen Tempel. Die Sikhs haben sehr strenge religiöse und moralische Gesetze, sie sind in Indien besonders geschätzt wegen ihrer Ehrlichkeit und Arbeitsdisziplin. Sie gewähren den Frauen mehr Freiheiten als die anderen indischen Religionen. Rauchen und Alkohol ist verboten, ebenso Luxus. Äußerlich sind die Sikhs an ihrem Turban zu erkennen, den sie sogar in Europa zur europäischen Kleidung tragen müssen. Die Sikhs dürfen sich weder rasieren noch das Haar schneiden, weshalb sie das lange Haupthaar unter dem großen Turban zu einem Knoten festgebunden haben. Religiöses Oberhaupt war bis ins 17. Jahrhundert der → Guru, dann aber erklärte der zehnte Guru Govind das Amt für abgeschafft und allein die »Heilige Schrift« zur richtungweisenden Autorität.

Singh, Sanskrit = Löwe: Die → Sikhs führen diese Bezeichnung gerne als Anhang zu ihrem Namen, ebenso die → Kshatriya.

Skanda: Der Kriegsgott. Alte Epen beschreiben ihn als Sohn des Feuergottes → Agni, später wurde er zu einem Sohn von → Shiva umgedeutet. Er besitzt einen, vier oder sechs Köpfe und wird mit vier oder mehr Armen dargestellt. Er reitet auf einem Pfau.

Soma: Berauschender Opfertrank, der die Gläubigen in mystische Einheit mit der Gottheit führen soll.

Sudra (Shudra): Innerhalb des → Kastensystems stellen die Sudras die vierte und niederste Großkaste; in ihr sind die einfachen Arbeiter und Kleinbauern sowie die niedrigsten Dienstleistungsberufe versammelt. Gerade sie stellen einen großen Teil des indischen Volkes. Unter ihrem Rang stehen allerdings noch die Kastenlosen, die → Paria.

Surya: Der Sonnengott. Er wird meist lächelnd dargestellt. In seinen Händen hält er Lotosblumen.

Sutra, Sanskrit = Leitfaden: Lehrbücher des Hinduismus, die teils auf die → Veden zurückgehen. Sie beinhalten knappe, zum Auswendiglernen bestimmte Sätze. Im → Buddhismus benennt man mit Sutra die → Buddha zugeschriebenen Lehrvorträge.

Tagore, Debendranath (1817–1905): Philosoph der → Brahmanen. Er reicherte den Hinduismus mit Erkenntnissen des Christentums und westlicher Philosophie an. Sein Hauptwerk wurde in den Kanon heiliger Schriften des Hinduismus aufgenommen.

Tagore, Rabindranath (1861–1941): Indischer Dichter und Philosoph, der aus einer bengalischen Brahmanenfamilie stammt. Sein Vater ist Debendranath → Tagore. Er verwarf das → Kastensystem und die Lehre vom → Karma und engagierte sich auf sozialem Gebiet. Er gehört zu den bedeutendsten indischen Dichtern des 19. und 20. Jahrhunderts und war ein wesentlicher Erneuerer der indischen Literatur. Seine Werke weisen die Einflüsse der europäischen Neuromantik und des Expressionismus auf. 1913 erhielt er den Nobelpreis für Literatur.

Tantra: Lehrschrift des → Tantrismus.

Tantrismus: Die Heilsbewegung entstand im 7. Jahrhundert n. Chr. Die Seele des Tantrismus ist das magische Wort und hat vornehmlich rituellen Charakter. Sie versucht mittels besonderer Zeremonien, magischer Handlungen, ja orgiastischer Akte eine geistige Wirkung zu erzielen, die es dem Menschen möglich macht, nach Überwindung seiner niederen Triebe Kontakt mit dem Überirdischen zu gewinnen. Der Tantrismus besitzt innerhalb des Hinduismus große Breitenwirkung, ist aber nicht für jeden Gläubigen verbindlich, sondern stellt nur einen Heilsweg unter vielen dar. Das komplizierte Ritual des Tantrismus hat später auch auf den → Buddhismus besonders in Nepal, Tibet, China und Japan eingewirkt.

Upanishaden: Philosophische und theologische Abhandlungen am Ende der einzelnen → Veden. Die älteren Upanishaden (um 800 v. Chr.) bieten grundlegende Gedanken über → Brahman, → Atman und → Karman. Die jüngeren Upanishaden (bis ins 16. Jahrhundert n. Chr.) spiegeln die hinduistische Sektenbildung wider, vor allem aber behandeln sie die Systeme des → Yoga.

Vaicja (Vaischya): Die dritte Großkaste innerhalb des → Kastensystems. Zu ihr gehören die Kaufleute, die Handwerker und die größeren bis mittleren Bauern. Die Großkaste fächert sich in zahlreiche Unterkasten auf, so daß sich in ihr ein breites soziales Panorama entfaltet. Die wirtschaftliche Macht einiger Unterkasten übt besonders in der Gegenwart beträchtlichen Einfluß auf das politische Leben Indiens aus. In unserem Jahrhundert ist der prominenteste Abkömmling dieser Kaste Mahatma → Gandhi.

Varuna: Der Wassergott. Er hat einen dunkelblauen Leib und trägt in seinen Händen Schlinge und Sonnenschirm. Meist wird er auf einem Krokodil reitend dargestellt.

Vayu: Der Windgott. Er hat einen weißen Körper und trägt in seinen Händen Pfeil und Fahne. Er reitet auf einer Antilope.

Veden (Weden), → Sanskrit: Veda = Wissen (vgl. lateinisch: vidi = ich habe gesehen): Umfangreiche Sammlung heiliger Texte, die von den → Brahmanen erstellt wurde. Die ältesten Teile sind vermutlich schon um 1500 v. Chr. entstanden, die jüngsten Hauptteile entstanden noch vor der Zeitenwende. Ergänzungen aber folgten bis 1500 n. Chr. Die Sprache ist → Sanskrit. Die Sammlung besteht aus vier Samhitas (Lied- und Spruchsammlungen), dem → Rigveda (Götterhymnen), Sama-Veden (Opfergesänge), Jaschur-Veden (Opfersprüche) und Athara-Veden (Zauberlieder). Daran schließen sich die → Brahmanas und die → Upanishaden an.

Verbreitung des Hinduismus: 85 Prozent der Inder sind Hindus. Einst war der Hinduismus über ganz Südostasien verbreitet (Ceylon, Indochina, Indonesien), aber noch während des Mittelalters verdrängten ihn dort Buddhismus und Islam weitgehend. Heute findet man Hindus außerhalb Indiens nur noch in Nepal (mehr als die Hälfte der Bevölkerung), in Ceylon (ein Viertel der Einwohner) und auf der Insel Bali, die inmitten des islamischen Indonesiens die alte Religion bewahren konnte.

Vishnu (Wischnu): Er ist die meistverehrte Gottheit des Hinduismus und gilt neben → Shiva als die wesentliche Erscheinungsform des Gottes → Brahma oder des → Brahman. Stellt Shiva in erster Linie das zerstörende und dämonische Element dar, so nimmt Vishnu die Rolle des Welterhalters ein. Er ist allgegenwärtig, der schützende Herr und letztlich der Erlöser von allem irdischen Unheil. In den → Veden trat Vishnu noch als ein Gehilfe des arischen Hauptgottes → Indra auf und auch im → Mahabharata stand Vishnu noch hinter Indra, auch hinter Shiva zurück. Seine Bedeutung wuchs erst, als sich seine Legende mit dem Kult des → Krishna verband. Etwa seit 200 v. Chr. läßt sich die Verschmelzung beider Kulte und ihre große Verehrung nachweisen. Krishna gilt als achte Erscheinungsform Vishnus in der irdischen Welt, → Rama als die siebte. Als neunte Erscheinungsform wird → Buddha angesehen, den der Hinduismus kühn in seinen Götterkosmos einbezieht. Die zehnte Erscheinungsform wird die des Weltenrichters sein, sobald die Welt untergeht. Vishnu ist meist mit gelbem Körper dargestellt, er (oder Rama) trägt als symbolisches Zubehör die Axt. Die Verehrer Vishnus malen sich drei waagrechte weiße Streifen auf die Stirn oder zwei U-förmig von der Nasenwurzel zur Stirn verlaufende Linien.

Vivekananda (1862–1902): Der bedeutendste Schüler von → Ramakrishna erhielt von seinem Lehrer den Auftrag, die Gemeinde weiterzuführen. Er verstand es, die Philosophie Ramakrishnas in Europa und Amerika populär zu machen und weiterzuentwickeln. 1894 gründete er in New York die »Vedanta-Society«. Typisch westlich beeinflußt ist seine indische Weisheitslehre, wenn er fordert, zuerst die sozialen Verhältnisse zu ändern, dann erst könne sich das Bewußtsein der Menschen auf eine höhere Ebene erheben.

Yama: Der Todesgott. Er wird mit einem grünen Leib und einem roten Gewand dargestellt. In seinen Händen hält er die Keule und das Netz. Er reitet auf einem Büffel.

Yoga (Joga), Sanskrit = Verbindung, Anschirrung: Das philosophische System des Yoga will die Vereinigung mit Gott bzw. der Weltseele, dem → Brahman, bereits in diesem Leben durch bestimmte Konzentrationsübungen erreichen. Diese Übungen sind also in ein religiös-mystisches Ziel eingebunden und nicht, wie dies viele Europäer mißverstehen, ein Fitneßtraining für Streßgeplagte. Um die Konzentration auf Gott zu erleichtern, sind Atemübungen, Beherrschung der Sinne, gewisse anstrengende Körperstellungen und eine bestimmte Art von Nahrung erforderlich. Es gibt verschiedene Arten von Yoga, wobei jeder Mensch seinem Naturell gemäß eine dieser Arten wählen kann: so den Karma Yoga (für arbeitsame, tatkräftige Charaktere), den Jnana Yoga (für stark verstandesbetonte Menschen), den Bhakti Yoga (für gefühlsbetonte Menschen). Allerdings beschränkt sich Yoga nicht auf den Hinduismus, er kann nach Meinung der Yogis von Angehörigen aller Religionen ausgeübt werden, so von Buddhisten, Christen, Moslems; entscheidend ist nur das mystische Ziel des Einswerdens mit dem Göttlichen. Jene Lehren, die sogenannte »Maharishis« (große Weise) oft einem gut zahlenden westlichen Publikum als Yoga verkaufen, haben meist nichts mit echtem Yoga zu tun.

Yogi (Yogin, Jogi): Ein Asket, der → Yoga betreibt. Vergleiche auch → Fakir.

Literaturhinweis

Bei der Fülle der Literatur sind nur die deutschsprachigen Ausgaben berücksichtigt.

Andersson, J. N. D.: Jesus, Krishna, Mohammed. Christentum und Weltreligionen in der Auseinandersetzung. Wuppertal 1972.

Antes, P./B. Uhde: Aufbruch zur Ruhe. Texte und Gedanken über Meditation in Hinduismus, Buddhismus und Islam. Mainz 1974.

Antes, P./W. Rück, B. Uhde: Islam, Hinduismus, Buddhismus. Eine Herausforderung des Christentums. Mainz 1973.

Frauwallner, E.: Geschichte der indischen Philosophie. Bd. I. Die Philosophie des Veda und des Epos / Der Buddha und der Jina / Das Samkhaya und das Yoga-System. Bd. II. Die naturphilosophischen Schulen und das Vaisesika-System / Das System der Jaina / Der Materialismus. Salzburg 1953 und 1956.

Garrison, O. v.: Tantra, Yoga des Sexus. Freiburg o. J.

Glasenapp, Helmuth von: Heilige Städte Indiens. Die Wallfahrtsorte der Hindus, Jainas und Buddhisten, ihre Legenden und ihr Kultus. München 1928.

Glasenapp, H. v.: Die Religionen Indiens. Stuttgart 1955.

Glasenapp, H. v.: Glaube und Ritus der Hochreligionen in vergleichender Übersicht. Frankfurt 1960.

Glasenapp, H. v.: Das Indienbild deutscher Denker. Stuttgart 1966.

Glasenapp, H. v.: Die Philosophie der Inder. Wiesbaden o. J.

Goetz, H.: Indien. Fünf Jahrtausende indischer Kunst. (Kunst der Welt. Ihre geschichtlichen, soziologischen und religiösen Grundlagen.) Baden-Baden 1960.

Gonda, Jan: Die Religionen Indiens. 2 Bde. (Die Religionen der Menschheit, Bd. 11–12) Stuttgart 1960–63.

Hauer, J. W.: Glaubensgeschichte der Indogermanen. Stuttgart 1937.

Hauer, J. W.: Die Anfänge der Yoga-Praxis. Stuttgart 1922.

Herbert, J.: Wege zum Hinduismus. Zürich 1951.

Hillebrandt, A.: Vedische Mythologie. 2 Bde. Breslau 1927–29.

Hürlimann, Martin (Herausgeber): Indien und seine Kunstdenkmäler. Freiburg 1966.

Hürlimann, M.: Indische Kunst. Freiburg 1964.

Jons, Veronica: Indische Mythologie. Wiesbaden 1967.

Kirfel, W.: Symbolik des Hinduismus und Jinismus. Stuttgart 1939.

Klostermaier, K.: Hinduismus. Köln 1966.

Koester, H.: Indien zwischen Gandhi und Nehru. Mannheim 1957.

Krämer, Adelheid: Christus und Christentum im Denken des modernen Hinduismus. Bonn 1958.

Mangold, Ursula von (Herausgeber): Yoga – heute. Eine Hilfe für den Westen. Weilheim/Obb. 1971.

Melzer, Fr.: Indien greift nach uns. West-östliche Begegnungen mit dem modernen Hinduismus. Stuttgart 1962.

Nehru, Jawaharlal: Indiens Weg zur Freiheit. Frankfurt 1962.

Oldenberg, H.: Die Religion des Veda. Berlin 1923.

Oldenberg, H.: Die Lehre der Upanishaden und die Anfänge des Buddhismus. Göttingen 1923.

Radhakrishnan, S.: Wissenschaft und Weisheit. München 1961.

Rieker, H. U.: Das klassische Yoga-Lehrbuch Indiens. Zürich 1957.

Rogister, L. v.: Indien ist anders. Düsseldorf 1964.

Rolland, R.: Der Göttermensch Ramakrishna und das universale Evangelium des Vivekananda. Zürich 1964.

Schweitzer, Albert: Die Weltanschauung der indischen Denker. Mystik und Ethik. München 1965.

Steche, H.: Indien (= Geistige Länderkunde, Bd. 19). Nürnberg 1966.

Stürmer, Ernst: Paradies Rishikesh. Die Hochburg der Gurus – einst und jetzt. Salzburg 1980.

Upanishaden. Altindische Weisheit aus Brahmanas u. a. Düsseldorf 1958.

Vogel, H.: Die Zeit der Öllampen ist vorbei. Indien zwischen Religion und Technik. Berlin 1967.

Wolff, O.: Indiens Beitrag zum neuen Menschenbild: Ramakrishna, Gandhi, Sri Aurobindo. Reinbek bei Hamburg 1957.

Wolff, O.: Sri Aurobindo in Selbstzeugnissen und Bilddokumenten. Reinbek bei Hamburg 1967.

Yogananda, P.: Autobiographie eines Yogi. Weilheim/Obb. 1971.

Zimmer, H.: Philosophie und Religion Indiens. Zürich 1961.

Bildnachweis

Sämtliche Bilder: Dr. Gerhard Schweizer, Wien

Lektorat: Dr. Gerhard Schweizer
Schutzumschlag und Layout: Herbert Schiefer

Gesamtherstellung: Druck- und Verlagshaus R. Kiesel, Salzburg
ISBN 3-7023-4001-7